크리에이터
편집디자인

박찬자 저

크리에이터
편집디자인

박찬자 저

도서출판
디자인

Preface

포스트 코로나는 전 세계의 산업체계를 완전히 바꾸어 놓았습니다. 우리는 4차 산업을 주도하는 핵심의 빅 데이터, 인공지능, 로봇공학, 사물인터넷, 무인 항고기 3차원인쇄, 나노기술등 6대 분야의 기술 혁신이 토대를 이루어 4차 산업혁명이라는 독일 경제학자 클라우드 슈바프(Klaus Schwab)에 의해 2016년 세계 경제포럼(World Economic Forum, WEF)에서 세계적인 경제학자들이 모여 주창된 정의입니다.

컴퓨터 네트웍을 타고 인터넷 환경에서 정보가 경제산업의 주체가 될 것이라는 자원론을 동반한 것입니다.

우리는 1차 산업혁명에서 그 속도를 알 수 있듯 18세기 영국을 중심으로 촉발 된1차 산업 혁명은 19세기 유럽과 북미로 확산 되어 동력이 노동력을 대체하면서 공업화 통한 대량 생산 시스템은 디자인 통일이라는 대량 생산성을 구축하여 좀 더 저렴하고 편리한 혜택을 누렸으나 많은 실직자를 생산하는 부재를 낳았습니다.

2차 산업혁명은 증기를 전기가 에너지로 바꾸면서 기술의 진보와 생산 방법의 대량화를 더 가속하면서 물질 만능 시대로 더욱더 저렴하고 풍부한 시대를 만들어 많은 산업에서 대중화를 구축하였습니다.

3차 산업 혁명은 컴퓨터를 기반으로 지식정보 혁명의 커다란 물경에 휩싸인 앨빈 토플러가 제3의 물결로 명명로 명명한 제 3차 산혁명은 전자기술 및 IT를 활용한 공장 자동화로 PLC 전기부품을 집접 하였고 논리를 프로그램으로 구현하여 400명의 노동력이 필요한 공간을 8명이 구현 가능 하도록 대체 되면서 자동화는 축소와 속도를 다루는 소프트웨어에 주목하는 혁신을 이루었습니다.

우리가 주목할 것은 4차 산업 혁명 인공지능 기반의 만물 초 지능의 혁명입니다.

포스트 코로나는 4차 산업 직후의 코로나 이전과 이후의 혁명으로 편승하고 자리매김 한지 4년이라는 회기로 정착되고 있습니다. 정치, 경제, 사회 문화 의 생태계를 코로나 이전과 이후로 문명의 발전 가져다준 3세기의 혁명 회기를 단 3년만에 바꾸어 놓았습니다.

갑자기 닥친 포스트 코로나 환경은 많은 시행착오를 통해 정착되어 가고 있는 추세 이지만 우리가 해결할 당면 문제는 대면과 비대면에서 오는 부지와 격리와 분리의 사회적 환경에서 이루어지는 교류와 소통, 공감으로부터 경계에서 오는 부재를 타고 나타난 신흥 슈퍼리치와와의 경계는 1인 미디어 환경에서 격차를 해소하고 간극을 줄여줄 수 있는 격려와 연대로 그 안에서 정치경제산업 보건 환경등 모든 곳에서 극복하고 있습니다.

혁명의 회기는 차수가 중요한 것이 아니라 문명이 주는 14세기 중세 유럽의 봉건 제도를 무터뜨린 흑사병, 1차 세계 대전의 평화를 가져온 스페인 독감, 이후 코로나 이후 환경은 문명의 사조를 변화시킬 3대 혁명의 변곡점으로 정의 되기도 합니다. 코로전 이전과 이후로 인한 문명의 교차에 있다고 보는 것입니다. 그러므로 본 교제에서 다루는 문명과 문화를 바꾸는 사회적 소통의 도구로서 미디어 환경에 노출된 플랫폼의 스테이션에 모여 공감대를 형성하고 소통할 수 있는 코로나 환경의 디자인 플랫폼을 개발하고 연구하여 발전할 수 있는 방향성을 제시하기 위한 공감과 소통의 디자인 수단과 기법 방법론 연구를 기반이 동기가 되었습니다.

본문 제 1장에서 소통을 위한 디자인 필수 요소 디자인 역사와 발전 제 2장 에서 무엇으로 소통할 것인가? 디자인 도구와 소구 제 3장에서 디자인을 개인 브랜드화과정의 필수 요소들을 이해하고 제 4장에서 브랜드는 타겟을 목적으로 제작 되어야 한다. 제 5장 벤치마킹은 퀄리티를 살리는 비교에서 출발한다는 이론을 바탕으로 제 6장 디자인 실무에서 타이틀 텍스트디자인 기획과 설계는 보는 만큼 실력이 나온다는 실무 디자인과 제 7장 분리 비교할 줄 모르면 디자인 디자인 감각을 살릴 수 없다. 라는 주제로 디자인 감각을 익히고 제 8장 시선 고정은 컬러의 레이아웃 으로 시선과 집중력을 잡는 디자인 구성기법과 제 9장의 컨텐츠 가치를 높이는 채널 선택 제 10장 메타버스는 3D 가상 공간에서 출발한다는 공간감을 키우고 11장, 나만의 아바타, 모델링 만드는 다양한 프로그램 선택과 실습으로 개성과 감성적 테크닉을 기르는데 중점을 두었습니다. 다음으로 제12장 인트로는 시청율의 핵심이다. (타이틀, 컬러, 레이아웃, 섬네일), 주제로 개성과 차별화를 두고 편집의 강점과 약점을 이해하고 마지막 13장에서 공간을 넘나드는 디자인 소프트웨어 활용에 있어 개성을 살리는 3D캐릭터를 제작해보고 확장자 선택과 포맷 기법 저장 기법으로 유연한 관리기법으로 마무리하였습니다. 이러한 구성 원리는 프로그램의 개념과 이해와 기본 UI 구성과 옵션 기능을 이해하고 다양한 속성을 익히고 예제를 활용하여 현대 트렌드에 맞는 차별적인 컨셉을 구성하여 감각을 키우고 창의적인 크리에터로 한 발 더 발전할 수 있는 기회가 되기 위해 기초이론과 실무이론을 트랜드에 맞게 프로그램 실행과 동시에 반복적인 실습으로 예제를 응용할 수 있는 프로세스로 구성하였습니다.

Contents

PART 01 편집이론

PART 02 편집실무 일러스트

부록

편집기초 SKILL

PART 01
편집이론

CHAPTER 01

디자인 역사와 발전 소통을 위한 디자인 요소

1. 디자인 역사와 발전

디자인은 주어진 목적을 달성하기 위해 여러 조형적 요소를 의도적으로 선택하여 합리적으로 배치 구성하여 용도와 목적에 맞는 창의적 과정으로서의 실체가 디자인입니다.

디자인의 어원은 라틴어 데시그레(designare) 에서 유래되어 '표현하다'라는 은유적 표현과 de/ 분리 Sigen/사인 분리된 노출의 형용사적 이미도 포함하고 있어 분리라는 포괄적 표현은 근대에서 현대로 이어지는 다양한 디자인사로 발전할 수 있었던 어감이 담겨 있습니다.

18세기 후반의 프랑스 혁명과 영국의 산업혁명은 귀족과 성직자의 부패를 시민 혁명으로 상업과 무역의 신흥부호에 의해 군주제를 무너뜨려 산업혁명을 촉발시켰고 혁명과 진보의 상징이었던 철도를 중심으로 도시가 형성되어 대량생산 공장 생태계[1]를 이루게 되었습니다.[1]

왕과 교황의 귀족의 소유물이었던 미술가 음악가에 한정되었던 예술 활동이 미술가들의 당대 정치, 사회, 철학 계몽사상을 배경으로 르네상스 바로크, 낭만주의 사실주의 계보를 이루어 미

1) [명사] [천문] 생계, 소모품, 육체적 및 정신적 안정을 주기 위하여 우주 비행체 내에서 생명을 유지하는 데에 적합한 환경을 마련해 주는 계통.

술 공예운동(Art & Ctsgy movement, 1850-1914), 아르누보[2](Art nouveau, 1880-1910)[2], 모더니즘(Modernisem, 1880-1940), 입체주의(Cubism, 1900-1914), 독일 공작연맹(Deutsche Werkbund, 1907-1934), 아르데코 (Art deco, 1910-1939), 구성주의 (Constructivism, 1913-1920), 신조형주의(Destiji, 1917-1931)[3], 입체주의를 계승하여 필요 없는 장식 배경 순수주의(Purism, 1918-1925), 바우하우스(Bauhaus, 1919-1933), 뉴 바우하우스(1937-1933), 추상표현주의 (1940-1950), 팝아트, 옵티컬 아트 시각예술의 빛과 카메라를 잉태하여 1965-1961), 1962 미니멀리즘의 표현적 환영적 과장을 거부하는 미술 형태로 발전하였습니다.[3]

20세기 후반을 마감하고 21세기 초를 장식하는 개입주의 국제주의 아카이브, 신형식 주의는 포스트 모더니즘[4]의 우연히 생기거나 기학적 형태의 반복되는 조형 어휘로 시각적 단순성을 구축하여 다차원의 다원주의 개념 미술이 미디어 컨텐츠 환경이 되었습니다.[4]

미술의 조형적 '형식'보다 작가의 '개념'으로 이루어진 예술이어야 하고 어떤 것이 예술인지 아닌지를 결정할 수 있는 뚜렷한 경계가 없어지고 있습니다. 예술가는 화랑이나 미술관, 그리고 대중매체를 주관하면서 전문적으로 대중의 취향을 만들어 내던 비평가들을 밀어내고 그 같은 미술은 미적 의미를 가진 존재이지, 더 이상 취향을 주관하는 자들의 고객들에게 상품 가치를 만들어 줄 수 있는 대상이 아닌 환경이 되었습니다.[5]

예술 작품은 고립되어 존재하는 것이 아니라 그 사회의 문화적 배경과 시대적 상황의 영향을 받아 제작되는 것이며 예술 자체는 시대를 반영한다고 할 수 있습니다. 즉 작가의 내면세계에 뿌리를 두고 그것과 연결된 여러 외부적 또는 시대적 조건들과 상호작용을 하는 속에서 작품이 이루어지며, 이러한 예술창작의 저작물로 인하여 사회의 문화적 코드에 영향을 미치는 순환적인 인과관계를 가진다고 할 수 있습니다.

현대 사회처럼 복잡하고 다변화된 사회에서의 개인과 개인의 의식구조 속에서 탄생 되는 예술

2) 예체능 일반 19세기 말기에서 20세기 초기에 걸쳐 프랑스에서 유행한 건축, 공예, 회화 따위 예술의 새로운 양식. 식물적 모티브에 의한 곡선의 장식 가치를 강조한 독창적인 작품이 많으며, 20세기 건축이나 디자인에 많은 영향을 미쳤다.

3) [명사] [미술] 1917년에 몬드리안이 시작한 미술 운동. 선과 색채로 순수한 추상적 조형을 나타내려 하였다.

4) 학 모더니즘이 확립하여 놓은 도그마, 원리, 형식 따위에 대한 거부 및 반작용(反作用)으로 일어난 예술 경향. 특히 1960년 전후의 미국·프랑스 소설의 실험적 작풍이나, 구조주의 이후의 전위적 비평을 이른다. 대표자로는 바스(Barth, J.), 호크스(Hawkes, J.), 베케트, 뷔토르(Butor, M.), 로브그리예(Robbe-Grillet, A.) 등이 있다.

작품은 가히 전위적인 시각으로 전개되어 왔습니다. 다양한 사회적 요구와 보다 다변화된[5] 의식 구조들은 그로 인한 예술 작품의 다양화에도 많은 영향을 끼쳤으며, 실제로 지난 수 세기보다 최근 1세기 안에 이루어진 문화적, 산업적 변화는 비교할 수 없을 만큼 커졌습니다.

따라서 예술 작품의 형식 또한 이러한 시대의 흐름과 무관하지 않고 이미 예술 분야에서도 전통적인 형식의 표현 기법에서 탈피한 수많은 시도가 이루어지고 있으며, 점차 장르의 구분을 탈피한 많은 시도가 이루어지고 있습니다.[6] 그런 의미에서 최근의 멀티미디어 아트란[6] 디지털 화 된 시대의 흐름에 영향을 받아 필연적으로 발생한 것이라 할 수 있습니다. 더 이상 인터넷이나 멀티미디어라는 말이 극소수의 전문가만을 위한 영역이 아니라, 대중의 일상에 깊이 침투하여 오늘날에 이르러 이미 일련의 멀티미디어라는 도구를 이용한 예술 작품은 테크놀로지 아트, 정보 미술, 컴퓨터아트, 디지털아트, 뉴미디어 아트 등의 다양한 이름으로 많은 실험이 이루어지고 있으며, 기존의 예술 작품과는 달리 저작물들이 "Technology"와 결합하여 산업적으로 활용되고 있습니다.[7] 그러므로 이 교재는 1인미디어 시대 전망과 발전 방향에 맞는 미디어, 미래 지향적 미디어 컨텐츠의 제작 기법을 이해하고 실무에 적합한 프로그램을 활용하여 새로운 형식의 플랫폼 환경에 맞는 창의적 미디어 제작과 편집기법을 이해하고 개발할 수 있는 기초단계의 생명력을 지속시킬 수 있는 기법들을 전개해 나아갈 것입니다.

2. IT 융합시대의 멀티미디어

1) 컴퓨터 성능의 향상

인터랙티브[7] 스토리텔링이 가능해진 가장 큰 요인은 작품의 관람 환경이 '디지털화' 되고 N스크린[8] 기술이 일반화되면서 TV, PC, 스마트폰 등 개인 멀티미디어 디바이스와 융합되었습니다. 이것

5) 김유경, et al. 사회환경 다변화에 따른 가족위기 진단과 대응 전략. 한국보건사회연구원, 2016.

6) LEW, Michael S., et al. Content-based multimedia information retrieval: State of the art and challenges. ACM Transactions on Multimedia Computing, Communications, and Applications (TOMM), 2006, 2.1: 1-19.

7) '상호간'의 뜻을 지닌 인터(Inter-)와 '활동적'의 뜻을 지닌 액티브(Active)의 합성어로, 상호활동적인, 곧 쌍방향이라는 의미.

8) 'N스크린(N-screen)'은 하나의 멀티미디어 콘텐츠(영화, 음악 등)를 N개의 기기에서 '연속적으로' 즐길 수 있는 기술

은 리모컨이나 키보드, 마우스를 통한 개인별 상호작용을 가능하게 하면서 이전까지 극장 기반의 영화 서사가 도달할 수 없었던 지점까지 영화 스토리텔링을 확장 시킨 사례로 볼 수 있습니다.

1946년 미국 펜실베이니아대학 존 에커트와 존 모클리는 에니악(ENIAC : Electronic Numerical Integrator And Computer)이라는 다용도 디지털 컴퓨터를 개발하였는데 이는 에니악은 18,000여 개의 진공관과 1,500개의 계전기를 사용하였고, 무게가 30t이나 되는 거대한 기계였다. 또한 150kw의 전력을 소비하였고, 프로그램을 배선판에 일일이 배선하는 외부 프로그램 방식이었으므로, 에니악에서는 작업에 따라 배선판을 교체해야만 하는 다소 불편한 환경이었습니다.[8)]

에니악의 단점을 보완하기 위해 1945년 존 폰 노이만이 기억장치에 컴퓨터의 명령이나 데이터를 모두 기억시키는 프로그램 내장 방식을 제안하였습니다. 1949년 영국 케임브리지대학에서 세계 최초로 이 프로그램 내장 방식을 채택하여 에드삭(EDSAC)을 개발하였고, 미국에서는 1952년 노이만이 자신이 제안한 전자식 프로그램 내장 방식인 에드박(EDVAC)을 만들게 되었습니다. 또한 1951년에는 유니박 I(UNIVAC - I)을 만들어 상품화하는 데 성공하였는데, 이것이 최초의 상업용 컴퓨터이다. 에드삭은 소프트웨어 면에서도 크게 이바지하였습니다. 그 뒤 프린스턴고등연구소에서 노이만의 지도아래 제작된 이아스(IAS) 컴퓨터를 비롯하여 차례로 매사추세츠공대의 월윈드(Whirlwind), 에커트와 모클리의 바이낙(BINAC), 일리노이대학의 일리악(ILLIAC), 랜드회사의 조니악(JOHNIAC) 등이 제작되었습니다.[9)]

또한 컴퓨터의 크기는 반도체 기술과 전자기술의 발달로 점점 작아지고 연산속도도 피코초(ps)[10)] 단위로 빨라졌으며, 이용범위도 확대되어 가정은 물론 산업사회의 여러 분야에서 다양하게 이용되고 있습니다. 컴퓨터는 제1세대인 진공관, 제2세대인 트랜지스터[11)], 제3세대인 IC, 제4세대인 초 LSI와 같이 대략 10년마다 집적도를 높여 고속화, 대용량화하였고, 슈퍼 컴퓨터[12)]가 출현하

9) Wikimedia Foundation, Inc.

10) 피코초 (1조분의 1초 : 10-12초)이고, 초고속에 사용되는 단위의 하나. 관련된 용어로서 나노초(nanosecond)가 있다.

11) 트랜지스터 전기용어사전 축조어. 반도체를 사용한 기능 소자에 대한 일반 명칭인데 바이폴러형과 유니폴러형으로 구별된다. 바이폴로형은 양 · 음 두 종류의 캐리어를 사용하여 동작하는 것이고 유니폴러형은 MOS 트랜지스터에 의해서 대표되듯이 양 · 음 모두가 한 캐리어에 의해서 동작하는 디바이스이다.

12) 테라플롭스(TFlop/s) 및 페타플롭스(PFlop/s) 단위로 연산 처리 속도를 표시하여 1페타플롭스는 초당 1,000조 번, 1페타플롭스는 초당 1경 번의 부동소수점 연산 능력을 갖추었다.

게 되었습니다.

정보화 사회라 일컬어지는 오늘날 컴퓨터는 산업·사회의 중추적 역할을 다하며 우리 생활 주변의 밀접한 존재로서 자리를 굳혀 왔습니다. 그러나 보다 다양한 미디어에 활용보다 쓰기 쉬운 컴퓨터, 소프트웨어의 생산성 향상 등으로 컴퓨터의 운용 분야가 확대되자, 종래의 컴퓨터 이론과 방식을 근본적으로 재검토하여 전혀 새로운 컴퓨터를 바라는 소리가 점차 높아지고 제5세대 컴퓨터는 지적 대화 기능이나 추론 기능에 대응할 수 있는 컴퓨터 시스템을 개발 과제로 삼고 그 내용을 살펴보면 다음과 같습니다.[9)]

1) 컴퓨터 시스템을 개발 과제 내용

(1) **문제 해결 · 추론 시스템** 외부에서 주어진 지식뿐만 아니라, 시스템에 기억되어있는 데이터를 사용하여 컴퓨터 스스로 논리적인 추론을 해 나가 문제 해결을 꾀한 연역,[13)] 귀납적[14)] 추론, 몇 가지 지식계의 상호 보완에 의한 협조형 문제 해결 기능 등이 이 시스템에 포함됩니다.[10)]

(2) **지식 베이스 시스템** 데이터뿐만 아니라 합리적인 판단, 실험 결과 등을 체계적으로 정리한 지식을 시스템 내에 기억하여, 필요한 때에 검색하는 기능을 지닌 시스템입니다.[11)]

(3) **지적 인터페이스 시스템** 컴퓨터에 인간이 말하는 자연 언어, 음성, 도형, 화상 등을 다루는 능력을 부여하여, 인간과의 대화가 순조롭게 진행되도록 하는 기능입니다. 말하자면, 컴퓨터에 눈·귀·입을 부여하는 것인데, 중심이 되는 것은 자연 언어의 이해입니다.[12)]

이와 같은 사례들은 폰 노이만 형이라 불리는 컴퓨터와는 다른, 새로운 컴퓨터의 모습을 보여주고 있습니다. 폰 노이만 형은 수치계산 지향, 프로그램 내장의 축차 처리방식[13)] 컴퓨터로, 개발 당시 엄청나게 비싼 하드웨어를 보다 단순하게 하여 값을 낮추고 소프트웨어의 아이디어로 효율을 높이자는 생각에서 만들어져 제1세대인 진공관(眞空管), 제2세대인 트랜지스터, 제3세대인 IC, 제4세대인 초 LSI와 같이 대략 10년마다 집적도를 높여 고속화, 대용량화하였고, 슈퍼컴퓨터가

13) 연:역 어떤 명제에서 논리의 절차를 밟아 결론을 이끌어 냄. 또는 그런 과정.
14) 귀:납—적 (歸納的) [—쩍]【관형사】【명사】 귀납의 방법으로 추리하는 (것).

출현하였습니다.[14)]

초LSI[15)]의 출현에 의한 하드웨어의 대폭적인 원가 절감은 필요한 하드웨어를 손쉽게 사용할 수 있는 환경을 만들었습니다. 그리고 소자의 고속화는 점차 한계가 보이기 시작했기 때문에, 축차 처리가 아니라 동시에 복수의 문제를 처리할 수 있는 병렬처리 지향의 구조[15)]가 요구되기 시작하였습니다. 그러나 매우 복잡한 소프트웨어는 극히 소수의 전문가가 아니고는 조작이 어렵다는 문제점이 있는 것 등이 지금의 현실입니다. 앞으로 음성·문장·도형·화상 등의 비 수치 데이터 처리가 진전되면 인간과 컴퓨터의 관계는 좀 더 친밀한 것이 되며, 이것이 바로 제5세대 컴퓨터 설계에 근간[16)]이 되고 있습니다.

제5세대 컴퓨터[16)]의 최대 과제는 프로그래밍 언어의 문제입니다. 지적(知的) 프로그래밍 시스템은 컴퓨터의 지적 능력을 향상시켜, 프로그래밍의 부담을 인간 대신 컴퓨터가 맡도록 하려는 기능입니다. 제5세대 컴퓨터는 연구 개발의 기점이 되는 핵언어[17)]로 프롤로그(PROLOG)[18)]를 채택하였는데, 이것은 1972년, 프랑스 마르세유대학의 코르멜라와 교수에 의하여 기호 논리 처리용으로 개발된 언어입니다. 프롤로그는 논리에 바탕을 둔 프로그램 언어이기 때문에 기호 처리는 물론 지식과 지식 간의 관계를 인간에 적합한 언어로 기술합니다.

새로운 설계 사상에 바탕을 둔 컴퓨터, 제5세대 컴퓨터에 있어서 핵심 언어를 무엇으로 하느냐 하는 문제는 문제 해결, 추론 시스템, 지식 베이스 시스템, 지적 인터페이스 시스템을 짜 맞추어서 만들어지는, 각 부분의 처리를 위한 공통 언어의 선택이라는 의미를 지니기 때문에 특히 중요합니다.

제5세대 컴퓨터의 '제5세대'라는 호칭은 일본에서 비롯된 것이지만, 그에 관련된 프로젝트는 전 세계적으로 진행되고 있기때문에 앞으로 10년 후 컴퓨터의 모습이 어떠하리라는 것은 현재로서는 예상하기 어렵습니다. 하지만 제5세대 컴퓨터는 단독 기술만으로는 실현 불가능하며, 여러 나

15) LSI: largescale integration(고밀도 집적회로).

16) 연상이나 추론이 가능한 인공 지능 컴퓨터. 제1~4세대 컴퓨터가 노이만(John von Neumann)의 이론에 기초한 노이만 형 순차 처리 컴퓨터였던 데 대해 비노이만 형 병렬 처리 컴퓨터를 목표로 한다. Prolog를 확장한 언어와 그것을 병렬 처리하는 컴퓨터의 PIM(parallel inference machine)이 개발되었다.

17) 일본의 아이시오티에서 연구 개발을 추진하는 중심 과제로 다루어졌던 논리형 프로그래밍 언어. 핵언어의 위치는 하드웨어와 소프트웨어의 인터페이스를 규정하는 것으로, 종래의 기계어의 역할을 수행한다.

18) PROLOG, Pro·log [próulɑg/-lɔg] n.【컴퓨터】 프롤로그《논리형 프로그래밍 언어》. [◀programming in logic]

라의 연구 교류가 활발히 이루어져야 합니다. 이미 미국에서는 주도적으로 공동 연구 프로젝트 'CIS'라든가, 국방성의 'DARPA' 프로젝트가 진행되고 있습니다. 영국은 'AIT' 정보기술 계획, 프랑스는 'PIA' 인공지능 개발계획을 진행중에 있습니다. EU(유럽 공동체)에서는 'ESPRIT' 유럽 정보기술 연구계획을 가동하기 시작하였습니다. 일본은 국가 프로젝트로서 재단법인 '신세대 컴퓨터 개발 기구(약칭 ICOT)'를 발족시켰고 "이러한 계획은 어쩌면 실패할 가능성이 많으나 그 방향성은 우리가 반드시 거쳐야 할 미래에의 첫걸음"이 될 것입니다.[17]

3. 멀티미디어 기술의 발전

1) 세대별 멀티미디어 환경

최초의 자동 계산기는 계전기를 사용하여 1초에 덧셈을 3번 할 수 있는 전기기계식 계산기 마크-원(MARK-I)[19]으로서, 1944년 아이비엠(IBM) 회사와 하버드대학 에이킨에 의해 만들어졌습니다. 그 뒤 에니악의 단점을 보완하기 위해 요한 폰 노이만(Johann Ludwig von Neumann)이 기억장치에 컴퓨터의 명령이나 데이터를 모두 기억시키는 프로그램 내장 방식을 제안 하였습니다. 1949년 영국 케임브리지대학에서 이 프로그램 내장 방식을 채택하여 세계 최초로 내부기억장치가 있는 에드삭(EDSAC)을 개발하였고, 미국에서는 1952년 전자식 프로그램 내장 방식인 에드박(EDVAC)을 만들었으며 1951년 유니박-원(UNIVAC-I)을 만들어 상품화 하는데 성공 하여 이것이 최초의 상업용 컴퓨터입니다[20].

에드삭은 소프트웨어 면에서도 크게 이바지하였다. 그 뒤 프린스턴 고등연구소에서 노이만의 지도아래 제작된 이아스(IAS) 컴퓨터를 비롯하여 차례로 매사추세츠공대의 월윈드(Whirlwind), 에케르트와 모클리의 바이낙(BINAC), 일리노이대학의 일리악(ILLIAC), 랜드회사의 조니악(JOHNIAC) 등이 제작되었습니다. 또한 컴퓨터의 크기는 반도체 기술과 전자기술의 발달로 점점 작아지고 연산속도도 피코초(ps) 단위로 빨라졌으며, 이용범위도 확대되어 가정은 물론 산업사회의 여러 분야에서 다양하게 이용되고 있습니다.

19) 전기 기계적 장치인 릴레이를 3,000개, 4마력의 모터를 사용하는 72개의 기어식 계산 기구로 구성되었다.
20) https://namu.wiki/w/%EC%9C%84%ED%82%A4%EB%B0%B1%EA%B3%BC

세계 최초의 컴퓨터인 에니악이 나타난 이래 오늘날까지의 발달상은 그 이전의 몇백 년과 비교할 수 없을 만큼 빠르게 발전하였습니다. 컴퓨터의 발전 단계를 회로소자에 따라 구분하면 다음과 같습니다.

(1) 컴퓨터의 발전 단계

① **제1세대(1940~50년대 후반)**: 주요 회로 소자로 진공관[21)]을 사용하였고, 주로 과학기술 계산 분야에 이용되었다. 진공관은 수명이 짧고 열이 많이 발생하므로 소비전력이 많았으며, 컴퓨터의 연산속도는 밀리초(ms) 입니다.

② **제2세대(1950년대 후반~60년대 중반)**: 주요 회로소자[22)]로 진공관 대신 트랜지스터를 사용하였다. 트랜지스터는 진공관보다 부피가 작고 소비량이 적으며 신뢰성이 높아 주기억장치로는 자기코어[23)]가 쓰였고 보조기억장치의 사용으로 기억용량이 커졌으며, 컴퓨터의 연산속도가 마이크로초(㎲) 단위이며 일반 사무 처리에도 이용되었습니다. 고급언어[24)]와 원거리 데이터를 처리하는 원거리 데이터통신이 도입되는 기초를 이루었습니다.

③ **제3세대(1960년대 중반~70년대 후반)**: 반도체 기술이 진보하였고, 많은 트랜지스터와 저항으로 구성된 전자회로를 반도체 결정체 위에 압축시킨 집적회로(IC)를 사용하게 되었습니다. 과학기술 계산 외에 사무 처리도 할 수 있는 범용 컴퓨터가 개발되어 연산속도는 나노초(ns) 단위로 빨라졌습니다. 또한 컴퓨터 내부에서 시스템을 관리·제어하는 운영체제(OS)가 발달하였으며, 온라인 실시간 처리와 다중프로그래밍 방식이 널리 보급되었습니다.[18)]

④ **제4세대(1970년대 후반~현재)**: 이 시기에는 하나의 칩에 많은 회로를 집적시킨 고밀도 집적회로(LSI)와 초고밀도 집적회로(VLSI)를 사용하였다. 연산속도는 피코초(ps) 단위로 빨라졌다. 부피가 초소형화된 마이크로프로세서의 개발로 초대형 컴퓨터의 제작뿐만 아니라 부피는 초소

21) 진공관(眞空管) 유리나 금속 따위의 용기에 몇 개의 전극을 봉입하고 내부를 높은 진공 상태로 만든 전자관. 증폭·검파·정류(整流)·발진 따위의 작용을 함.

22) 회로 소자 회로를 구성하는 각 부분《코일·콘덴서·진공관·저항기 따위》.

23) 자:기 코어(core). 자성체로 된 주기억 장치의 기억 소자. 도넛 모양이며, 크기가 작을수록 속도가 빠르고 전력 소모가 적음.

24) 고급 언어 (高級言語)사용자가 쉽게 구사할 수 있는 일상 생활어이지만 컴퓨터가 처리하기에는 불편한 언어《베이식·포트란·코볼 따위》.

형이며 값싸고 성능 좋은 마이크로컴퓨터의 보급이 가능하게 되었습니다. 컴퓨터가 각종 산업기계에 응용되었고, 공장자동화 시스템(FA)과 사무자동화(OA) 시스템까지 이룰 수 있게 되어 또한 전자제품·자동제어기기·오락 등에도 이용되고, 통신 기술의 발달로 세계 전역의 통신망이 컴퓨터와 연결되어 가정에서도 단말기를 통해서 모든 정보를 쉽게 얻을 수 있게 되어 컴퓨터 이용의 대중화 시대가 열리게 되었습니다.

앞으로 개발될 제5세대 컴퓨터는 회로소자가 더욱 집적화하여 분자나 원자 크기의 지능을 갖는 소자가 개발될 것이며, 컴퓨터의 처리 속도도 현재보다 훨씬 빨라질 것이다. 또한 인간의 지적인 보조자나 인간의 일부를 대신하는 기능을 갖춘 컴퓨터도 나타날 것입니다.

데이터를 표현하는 방법에 따라 디지털 컴퓨터·아날로그 컴퓨터·하이브리드 컴퓨터로 나뉘는 제5세대 양자화 컴퓨터 시대에 이르고 있어 그 특징은 다음과 같습니다.[19]

(2) 데이터를 표현하는 방법

① **디지털 컴퓨터**: 실제 숫자나 수치로 코드화한 문자의 표현으로 이루어진 자료를 처리하는 컴퓨터입니다. 일반적으로 컴퓨터라고 하면 디지털 컴퓨터를 말합니다. 사칙연산이 바탕이 되며, 연속적인 양의 표현이 불가능하므로 자료의 표현에 오차가 생길 수도 있습니다.

② **아날로그 컴퓨터**: 길이·전압·전류 등과 같은 연속적인 양의 자료를 즉시 처리하는 컴퓨터로 자료를 변환시키지 않고 측정 장치로부터 직접 입력할 수 있습니다. 자료의 측정과 비교를 즉시 처리하므로 공장의 자동기기 제어에 이용되지만, 저장기능이 없고 정밀도와 범용성이 디지털 컴퓨터보다 떨어집니다.

③ **하이브리드 컴퓨터**: 아날로그 기능과 디지털 기능을 하나의 컴퓨터 시스템에 혼합한 형태의 컴퓨터로 아날로그 자료를 입력하여 디지털 처리하고자 할 때 유용합니다.

컴퓨터 기술의 발전 동향을 살펴보면, 오늘날 컴퓨터는 만들어진 지 불과 40여 년 사이에 어떤 기술 부문에서도 유례를 찾아볼 수 없을 정도로 급성장하였으나 점차 다양해지고 있는 새로운 욕구를 충족시킬 기술력은 한계를 보이기 시작하고 있는데, 이를 유형별로 집적도·처리속도·추론

기능·신뢰도·환경 적응력으로 나눌 수 있습니다.[25]

기존 컴퓨터의 주 소재인 실리콘 소자의 집적도는 현재의 기술 수준으로 볼 때 거의 한계에 도달하여 분자 단위나 원자단위의 소자를 기초로 하는 분자 컴퓨터 또는 원자 컴퓨터의 개념이 나타나고 있습니다. 특히 분자 소자는 생물 컴퓨터와 밀접한 관련을 맺고 있고 지금까지의 컴퓨터는 미리 정해진 프로그램에 따라 주어진 자료에 의해서만 문제의 분석이 가능하여 인간과 같이 능동적으로 문제를 해결할 수 있는 능력이 없습니다. 그러므로 이를 해결하기 위하여 인공지능 컴퓨터가 지속적으로 연구되고 있습니다.

(3) 인공지능 컴퓨터 분류

① **슈퍼컴퓨터**: 우주개발·원자력·기상해석 등 빠른 계산이 요구되는 과학기술 분야에 쓰이는 컴퓨터로 범용 컴퓨터 초대형기의 처리 속도는 5~10MFLOPS(메가 플롭스)인데 슈퍼컴퓨터는 50~100MFLOPS 정도로 매우 빠른 연산 능력을 갖고 있습니다. 조셉슨(josephosn), 소자, 초격자 소자 등이 실용화되면 고속화의 한계로 여겨지는 1000GFLOPS(기가 플롭스)[26]의 기종도 개발될 것으로 기대되고 있습니다.

② **광컴퓨터**: 전자적인 처리 대신 빛 자체로 정보의 입출력·정보 처리·저장 등이 이루어지는 컴퓨터 시스템입니다. 기존 컴퓨터가 받는 전자기파의 유도 장애를 해소하는 컴퓨터로 넓은 뜻으로 가장 핵심이 되는 연산 처리가 빛으로 이루어지는 컴퓨터입니다. 기존의 컴퓨터에 비하여 우수한 장점이 있어 미래의 컴퓨터로 주목받고 수 있고 그 장점은 다음과 같습니다. 처리 속도가 현재의 슈퍼컴퓨터보다 최소한 1,000배 이상 빨라져 단위 칩 당 정보 집적도가 실리콘 소재보다 10배까지 높아질 수 있습니다. 전자기파의 유도 장애를 받지 않으므로 시스템이 안정적이기 때문에 기본소재가 모래이므로 자원이 풍부하고 값이 싸다는 게 장점입니다. 빛 자체의 속성 때문에 2차원 또는 3차원의 병렬처리가 쉽다. 영상·화상정보 처리가 쉽게 이루어집니다.[20]

③ **바이오컴퓨터**: 인간 두뇌의 구조·기능 등을 모방하거나 직접 이용함으로써 기존의 컴퓨터가

25) https://kin.naver.com/open100/detail.naver?d1id=1&dirId=101&docId=1433119&qb=7JaR7J6Q7Lu07ZOo7YSw&enc=utf8&section=kin.ency&rank=10&search_sort=0&spq=0
26) 컴퓨터의 성능을 수치로 나타낼 때 주로 사용되는 단위이다.

갖지 못한 기능을 갖도록 하는 컴퓨터입니다. 바이오컴퓨터의 개념은 아직 명확히 정립된 것은 아니지만 최근 컴퓨터 기술이 한계에 이르렀다는 인식과 1970~80년대 생물공학(生物工學, biological engineering)의 눈부신 발전으로 전자공학·생물공학 기술의 융합이 진행되고 있습니다.[27)]

바이오컴퓨터를 실현 시키는 방법으로 기존의 무기 소재를 이용하여 생물기능만을 모방하는 방법, 유기 소재를 이용하는 방법, 생물의 두뇌 세포를 직접 이용하는 방법 등이 단계적으로 연구될 전망입니다.[21)]

④ **양자 컴퓨터**: 양자 중첩의 지수적인 정보 표현, 양자 얽힘을 이용한 병렬 연산과 같은 양자역학적[28)]인 물리현상을 활용하여 계산을 수행하는 기계로 양자 전산기라고도 합니다.

이러한 컴퓨터는 트랜지스터 및 커패시터 기반의 2진법 디지털 전자 컴퓨터와 완전히 다른 원리로 작동합니다. 고전적인 (전통적인) 컴퓨터에서 자료의 양은 비트로 측정되며 데이터가 항상 2개의 명확한 상태 (0 또는 1) 중 하나에 있는 2진 숫자 (비트)로 인코딩 되어야 하지만 양자 계산은 상태의 중첩으로 있을 수 있는 양자비트 또는 큐비트를 사용합니다.[22)]

양자 정보 통신은 정보 사회의 패러다임을 바꿀 신기술로 여겨집니다. 양자 정보 통신을 활용한 양자 컴퓨터는 한 개의 처리 장치에서 여러 계산을 동시에 처리할 수 있어 특정한 문제를 처리하는데 있어 정보 처리량과 속도가 지금까지의 컴퓨터에 비해 지수적으로 뛰어납니다. 하지만 양자 컴퓨팅은 근본적으로 양자정보 처리, 저장중 발생하는 노이즈, 결맞음 잃어버림과 같은 양자 에러[29)](quantum error)에 대해 매우 취약하고 병렬 연산을 위한 얽힘을 생성하고 제어하는 것이 실질적으로 매우 어렵습니다. 따라서 2018년 현재 실제 양자 컴퓨터의 개발은 아직 초기 단계이

27) 출처:[네이버 지식백과] 컴퓨터공학 [Computer Science] (학문명백과 : 공학, 형설출판사)

28) 양자역학(量子力學/ Quantum mechanics)은원자와 이를 이루는아원자 입자들 같은 미시세계와 그러한 계에서 일어나는 현상에 대해 탐구하는현대물리학분야이다. 양자역학은 주로 미시 세계에 활용되고 있지만거시 세계와도 매우 밀접한 관련을 갖고 있다. 현실 세계의 모든 거시적인 존재들도 결국은 원자의 결합으로 이루어져 있다는 측면에서 거시와 미시의 관련성을 이해해 볼 수 있다.

29) 실제아날로그수치와 아날로그 값을 나타내는 수치와의 차이를 뜻하는 것으로 양자화 에러는 실제 아날로그 값이양자화단계의 사이에서 떨어질 때 발생한다. 이 과정에서 가장 가까운 수치를 할당하게 된다. 또한 양자화 에러는디지털 오디오에서잡음과왜곡을 발생시키고 낮은 신호 레벨이나잔향

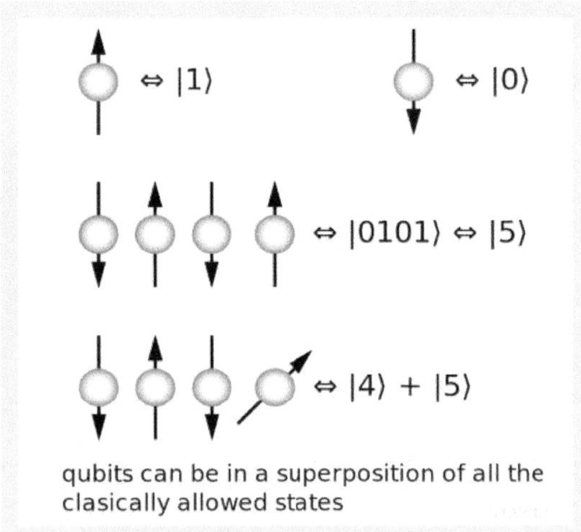

[그림 1-1] **양자 비트 역학 큐비트**

며 소규모의 양자비트[30]를 제어하고 간단한 양자 알고리듬을 실행하는 실험이 보여진 바 있는 수준으로 실용적인 응용을 위해 이론적인 연구가 계속되고 있으며, 많은 국가 정부와 군사 기관이 암호 해독과 같은 민간, 비즈니스, 무역, 환경 및 국가 보안 목적을 위한 양자 컴퓨터를 개발하기 위해 양자 컴퓨팅 연구에 자금을 지원하고 있습니다.[31]

실용적으로 파급력이 있는 양자 계산을 위해서는 양자 오류 보정형 범용 양자 컴퓨터를 개발해야 하지만 오류를 보정 하지 않는 수준의 양자 컴퓨터를 이용해서도 고전적인 컴퓨터가 효율적으로 수행하기 힘든 의미 있는 계산을 수행할 수 있다는 취지로 연구가 진행되고 있습니다. 이는 양자 컴퓨팅의 이론가인 존 프레스킬 (John Preskill)이 제창하였으며 이를 사용하는 시대를 오류가 있는 중형 크기의 양자 소자 시대 (Noisy intermediate scale quantum era)라고 합니다. 이 시대를 선두 하기 위해 IBM, Intel, Google을 포함한 많은 회사에서 소규모 양자컴퓨터가 개발 중에 있습니다.

IBM은 IBM Q Experience를 통해 클라우드 기반으로 5큐비트 및 16큐비트 양자 컴퓨팅 플랫폼 (초전도 기반)을 대중에게 제공하고 있다. D-Wave Systems는 양자 어닐링을 사용하는 양자 최적화 기계의 자체 버전을 개발하였고 상용으로 시판중에 있습니다.

30) YEO, Hwan-Seop. 확장형 양자컴퓨터를 위한 초전도 큐비트 연구 동향. Superconductivity and Cryogenics, 2022, 24. 1: 4-9.
31) [네이버 지식백과] 양자 컴퓨터 [Quantum computer] (물리학백과)

4. 인간과 컴퓨터

1) 인간과 컴퓨터 상호작용에 의한 배경 (HCI)

지금까지의 인간과 컴퓨터 상호작용은 대부분 컴퓨터 사용의 시각적 측면 위주로 연구가 행해져 왔습니다. 버튼의 크기, 색깔, 그래픽 아이콘, 윈도우 배경 등의 그래픽 유저 인터페이스[32] (GUI)에 관련된 연구는 다양한 방법으로 연구되어 왔으나 그 이외의 감각을 이용하는 인터페이스에 관한 연구는 아직 미흡한 실정입니다.

최근의 컴퓨터 제작 기술의 발전은 단순한 시각적 환경뿐 아니라 청각 또는 촉각적 요소가 도입된 인터페이스 제작을 가능하게 하고 있습니다. 특히 청각은 시각과 함께 외부의 정보를 얻을 수 있는 중요한 감각 기관으로 인간이 일상생활에서 외부 정보를 얻을 때 시각적 제시만을 이용하는 경우는 거의 없습니다. 청각은 시각적 정보를 보충해 주며 정보의 질을 풍성하게 합니다.[23]

이제 개인용 컴퓨터에 사운드카드가 장착되고 스피커가 연결되는 것은 보편적인 환경이 되었습니다. MP3나 웨이브 파일을 이용하여 음악을 듣고, 인터넷 방송을 보고 들으며 3D 사운드가 첨가된 게임을 즐기는 것은 이제 일상적인 생활의 일부가 되고 있습니다. 또한 우리는 컴퓨터를 부팅 할 때, 종료시킬 때, 메일을 보낼 때, 또는 작업 중 실수했을 때 등 다양한 상황에서 그것을 알려주는 소리를 접하게 되었습니다. 이러한 소리 들은 컴퓨터를 이용하는 중의 상황을 이용자에게 즉시 알려 주기 위한 목적으로 내장된 것으로 시각 정보는 이용자가 모니터 또는 그 외의 출력 매체에 계속 적인 주의를 기울여야만 하지만 소리는 특별한 주의 없이 다른 작업을 하는 중에도 즉각적으로 이용자에게 시스템에서 벌어진 상황을 알려줍니다. 즉 청각 인터페이스를 통하여 컴퓨터 이용의 편의성이 더욱 증대될 수 있습니다.[33]

인간과 컴퓨터의 상호작용[24]은 어떻게 하면 사람들이 쉽고 편하게 그리고 유용하게 컴퓨터 시스템과 상호 작용할 수 있는가를 연구하는 학문입니다. 시스템을 디자인 하고 그것을 평가하는 것은 물론이고 이를 둘러싼 제반 현상들에 관한 연구를 포함합니다. 인간-컴퓨터 상호작용의 연구 목적은 컴퓨터를 이용자가 사용할 때 안전성(safety), 유용성(utility), 효과적 이용

32) 인터페이스 (interface). ① 사용자인 인간과 컴퓨터를 연결하는 장치《키보드·디스플레이 따위》.
② 서로 다른 두 시스템·장치·소프트웨어 따위를 서로 이어 주는 부분. 또는 그 접속 장치.

33) 인간-컴퓨터 상호작용 에서의 청각 인터페이스에 관한 연구2000년 12월 연세대학교 대학원 신문 방송학과 남윤재

성(effectiveness), 효율성(efficiency), 편의성(usability)을 얼마나 향상시킬 것 인가입니다.[25] (Preece 1994). 여기에서 유용성이란 컴퓨터 시스템의 기능적인 측면을 말하는 것으로 작업을 하는데있어 얼마나 실제로 도움이 되고 필요한 것인가의 문제입니다. 효과적 이용성과 효율성은 컴퓨터의 이용에 있어서 자명하며 보편적으로 구현되어야 할 특징으로 컴퓨터 시스템이 얼마나 신속하게 그리고 정확하게 인간의 작업을 도울 수 있는가를 뜻합니다. 또한 안전성이란 이용자를 위하여 기본적으로 갖추어야만 하는 중요한 측면이라고 할 수 있고 편의성(usability)은 인간-컴퓨터 상호작용에 있어서 가장 중요하며 포괄적인 개념으로 이용자가 얼마나 쉽게 사용법을 익히고 실제로 사용할 수 있는가의 문제로서 일반적으로 인간-컴퓨터 상호작용의 평가 요소 중 가장 핵심적 요소로 간주 되고 있습니다. 편의성이란 컴퓨터 시스템을 디자인할 때 제작자가 의도한 바를 얼마나 제대로 숙지하고 그것을 이용할 수 있는가를 평가하는 척도가 됩니다.

즉 컴퓨터와 인간의 커뮤니케이션 문제이며 나아가서 컴퓨터를 통한 컴퓨터 시스템 제작자와 이용자 간의 커뮤니케이션의 문제로 확장될 수 있는 문제입니다. 인간과 컴퓨터 상호작용은 특별히 다음과 같은 분야에 관심을 갖고 있습니다. 인간과 컴퓨터에 의해 공동으로 수행되는 작업의 성과, 결과물과 작업 의도와의 일치성, 그리고 인간과 컴퓨터간의 커뮤니케이션의 구조, 인터페이스[34]를 만들거나 디자인하는데 필요한 기술적인 부분과 인터페이스의 각 부분의 디자인 구현, 평가, 그리고 각 부분 들을 통합하는 유기 구조 등입니다(Preece 1994).[35]

인간과 컴퓨터 상호작용의 연구에 대하여 비판적인 시각도 있습니다. 이는 기술의 발전 속도에 비하여 인간-컴퓨터 상호 작용에 대한 연구가 뒤쳐져 있다는 생각 때문입니다. 즉, 어떤 인간-컴퓨터 상호작용연구의 결과가 나왔다고 하여도 그것은 이미 기술의 발달로 인한 새로운 환경에서는 더 이상 중요한 의미를 가지지 못한다는 의미입니다. 그러나 인간-컴퓨터 상호작용의 연구는 이러한 단순한 측면 이상의 의의가 있습니다.

인간-컴퓨터 상호작용은 과거 또는 현재가 아닌 미래의 시스템 디자인을 위한 연구입니다. 미래의 시스템에 중요한 영향을 줄 요소들을 찾아내고 인간의 작업과 행동양식의 요소를 밝혀 직관과 시행착오를 통해서가 아닌 근원적인 토대 위에서 컴퓨터 작업환경을 개발하는 데에 목표

34) 인터페이스 (interface) 사용자인 인간과 컴퓨터를 연결하는 장치《키보드·디스플레이 따위》. 서로 다른 두 시스템·장치·소프트웨어 따위를 서로 이어 주는 부분. 또는 그 접속 장치.

35) Human Information Processing Model (Preece, et al. 1994)

가 있습니다. 또한 인간과 컴퓨터 상호작용의 연구는 기술과 그것의 영향력에 대한 이해의 증진이 인간의 생산성과 작업 만족도, 인간 간의 커뮤니케이션 활동 그리고 인간의 삶의 질에 영향을 미칠 것이라는 가정을 두고 있으며 미래에 대한 예측력과 새로운 환경에 대한 대처 능력을 향상시키며 컴퓨터 이용에 있어서 보다 발전적이고 인간적인 면에 대한 고려가 중심이 되었습니다[36] (Nickerson & Landauers 1997).[26]

5. 정보통신 기술의 발전

1) 인터넷 패러다임의 변화

ITCs 의 발전은 인터넷의 패러다임도 새롭게 바꾸어 웹 2.0 시대를 살고 있는 요즘 IT 업계와 비즈니스에 소셜미디어 마케터의 기본정신에서 웹 3.0의 시대가 다가오고 이미 웹 3.0 서비스를 준비하는 기업도 늘어나고 있습니다. 그러나 웹 3.0 시대가 오기 전까지 ITCs[37]환경은 어떻게 발전해 왔는지 웹 3.0을 받아들이기 위한 과거의 웹 기술의 이해와 앞으로의 전망을 예측할 수 있을 것입니다. 웹 1.0 이용 시기는 1994년부터 2004년까지이고, 주로 읽기만 가능했던 웹사이트로 단순 정보를 검색하고 읽을 수 있는 서비스만 제공했기 때문에 유저가 댓글을 달거나 실시간 소통 위주의 서비스 공간이었습니다.[38]

현재의 웹 2.0처럼 소통할 수 있는 구조가 아니었기 때문에 디렉토리 검색 공간의 폐쇄적 구조로서의 한계를 갖게 되었습니다. 세계적 다양한 포털 사이트도 비슷한 시기에 태어나 생성되고 소멸되는 과정을 거쳐 속도와 네트워크의 갖춘 포털들만이 열린 공간으로 발전할 수 있습니다. 이렇게 2000년대 초반에 나타났던 닷컴 버블[39]이 사라진 이후 인터넷 기업은 아마존, 이베이, 구글처럼 살아남은 기업과 넷스케이브, 라이콧처럼 소멸된 기업으로 구분되었습니다. 2004년 오라

36) NICKERSON, Raymond S. Applied experimental psychology. Applied Psychology, 1998, 47. 2: 155-173.

37) 케이블단자대 ITCS용Cable Termination Frame for ITCS(Intelligent Traffic Control System), 케이블 단자대는 현장설비와 단말처리 및 제어를 위해 사용하며, 지역제어장치(WCU)와 기존 연동장치 간 선로전환기 제어권을 절체하고, 사령실에서 오는 비상 정지 신호를 처리하는 장치이다.

38) 남재우; 남태우. 도서관 모바일 웹사이트의 콘텐츠 구성에 관한 연구. 정보관리학회지, 2010, 27. 4: 153-168.

39) (dot-com bubble)은 인터넷 관련 분야가 성장하면서 산업 국가의 주식 시장이 지분 가격의 급속한 상승을 본 1995년부터 닷컴 버블이 붕괴된 2001년까지 걸친 거품 경제 현상

일리 미디어(O'Reilly Media)의 부사장 데일 도허티(Dale Dougherty)가 살아남은 닷컴기업에는 공통점이 있다면 그 특징을 '웹 2.0'이라 불렀다. 그래서 웹 2.0은 인터넷 기술의 발전이나 진보를 뜻하기보다 '닷컴 버블' 이후 부상한 인터넷 활용 방식 특성의 변화를 의미한다고 하였습니다.[27)]

웹 2.0의 가장 큰 특징은 네티즌에게 플랫폼으로서 가상의 공간과 기술만 제공하고 콘텐츠는 네티즌이 알아서 만들고 공유하도록 하는 웹 2.0 기본적 상호 작용은 참여, 개방, 공유, 협업의 핵심이 핵심 기술입니다. 따라서 플랫폼 속에서 사용자 들은 참여, 공유, 개방을 통해 새로운 정보와 콘텐츠를 생산하고 소비하며 유통 시킬수 있게 되었습니다. 웹 2.0의 특성 중 참여의 대표적 사례는 위키피디아 라고 할 수 있고 대표적 사례는 코로나19 환경에서도 급성 장한 유투브에서 나타나고 있습니다.

개방의 구체적인 사례는 구글에서 확인할 수 있게 되었습니다. 구글은 엄청난 돈을 쏟아부어 개발한 인터넷 지도 서비스 구글 맵스와 위성 사진 서비스 구글어스를 무상으로 제공하고 이러한 핵심 기술을 공개하는 기업이 왜 망하지 않고 돈을 버는 이유는 공유의 가치입니다. 그 해답은 웹 2.0의 기본 정보는 사용자가 많을수록 네트워크로서의 가치를 발휘할 수 있기 때문입니다.[28)]

구글의 오픈 API[40)]는 구글어스와 구글 맵스를 순식간에 세계적인 정보 서비스로 급속도로 성장시킬 수 있게 되었습니다. 이는 광고와 연동해 매출과 성장이라는 생태계를 구축할 수 있게 되었습니다. 우리가 쉽게 표현할 수 있는 웹서비스의 변화는 속도로 가늠할 수 있으며 웹 1.0은 평균 50K정도의 대역이었으면 웹 2.0은 평균 1MB의 대역이고 웹 3.0은 완전한 비디오 웹이 될 만큼의 속도로 평균 10MB의 대역으로 속도는 10배 이상 늘어나고 웹 2.0의 문제점으로 대두되었던 정보의 중앙화를 보완해 블록체인[41)] 기술의 핵심인 분산형 저장 방식으로 설계된다는 것이 그 핵심입니다. 분산원 방식[42)]이란 거대한 양의 데이터 정보를 사용자의 컴퓨터 자원을 이용해 분산 저장 시키는 방식으로 기존 웹 기술의 문제점에 있어 개인정보 노출 데이터 손실, 해킹 등의 위험이 줄어들 수 있는 중앙집중력에서 발생하는 문제점에서 탈피해 읽고, 쓰고, 소유(Read, Write,

40) API: air position indicator(공중 위치 지시기); American Petroleum Institute(미국 석유 협회); 【컴퓨터】 Application Program Interface(응용프로그램 인터페이스).

41) 블록체인(Blockchain)은 분산 컴퓨팅 기술 기반의 데이터 위변조 방지 기술 P2P 방식을 기반으로 하여 소규모 데이터들이 사슬 형태로 무수히 연결되어 형성된 '블록'이라는 분산 데이터 저장 환경에 관리 대상 데이터를 저장함으로써 누구도 임의로 수정할 수 없고 누구나 변경의 결과를 열람할 수 있게끔 만드는 기술

42) 로컬 자율형, 동기, 비동기 같은 분산 데이터베이스 기술이 있다. 사업의 필요성, 데이터의 중요성과 기밀성, 데이터 보안 일관, 완전성에 소요되는 비용에 따라 이러한 기술들 중 어떤 방식으로 구현할지 여부를 결정

Own) 한다는 것이 핵심입니다.[29)]

NFT[43)]도 웹 3.0의 주요 기술로 꼽을 수 있습니다. 개인 디지털 자산 소유권을 명확히 하기위해 도입되는 기술로 개인 크리에이트는 자신의 창작물을 플랫폼에 종속시키지 않고 소유할 수 있는 소유의 경제[30)]로 창출할 수 있게 되었습니다. 이렇게 경제적인 측면에서 보장받을 수 있는 웹 3.0 관련 창작 작업은 개인과 기업의 관점에서 기술을 투자하고 수요를 늘릴 수 있는 대안이 되기도 하지만 웹 3.0 서비스 핵심인 좋은 콘텐츠를 발굴하고 생산해 수익을 창출하고 인터넷이 대중화 되었던 것처럼 블록체인이 대중화될 때 비로소 현실화 될 수 있을 것입니다.[31)] 미래의 웹4.0을 대비하는데 과정으로 실질적으로 인프라가 되는 기존의 2D 인터넷을 대체한 3D 기반의 차세대 인터넷으로 탈바꿈하게 되어 우리가 웹을 무한하게 서핑하듯 메타버스 내에서 수많은 가상 환경을 만들고 자유로이 이동하여 멀티버스로 확장된 가상의 세계는 분명 웹 4.0 시대를 열어갈 차세대의 웹 시초가 될 것입니다.[44)]

[표 1-1] 시기별 웹서비스의 변화

	웹 1.0	웹 2.0	웹 3.0
시기	1994~2004	2004~현재	미래
매체	일방향 텍스트	인터랙티브 콘텐츠	가상경제
기본개념	디렉토리 검색	참여, 개방, 공유, 협업	탈 중앙화
소통방식	읽기	읽기, 쓰기	읽기, 쓰기, 소유
용도	검색,GIF	검색, 콘텐츠생산, 참여, 소통	검색, 콘텐츠생산, 참여, 소통, 거래
조직 형태	기업	플랫폼	네트워크
인프라	PC	클라우드 및, 모바일	블록체인 및, 메타버스
주요기능	HTML, ActiveX, GIF	자바스크립트, 데이터저장, 큐레이션	블록체인NFT
주요서비스	홈페이지, 다운로드, 방명록	블로그, 위키, 태깅, RSS, API	과거서비스, 메타버스, 네트워크
속도	평균50K 대역	평균1MB 대역	평균10MB 대역
통제방식	탈 중앙화	중앙화	탈 중앙화
단점	폐쇄적 정보검색, 소통불가	개인정보 노출 해킹	서버의 안전성, 속도

43) NFT(Non-fungible token, 대체 불가능 토큰)란 블록체인 기술을 이용해서 디지털 자산의 소유주를 증명하는 가상의 토큰(token)이다. 그림·영상 등의 디지털 파일을 가리키는 주소를 토큰 안에 담음으로써 그 고유한 원본성 및 소유권을 나타내는 용도로 사용된다. 즉, 일종의 가상 진품 증명서.

44) 권나현, et al. 차세대 빅데이터 서비스 운영방안 연구. 2018.

CHAPTER

02

디자인 도구와 소구

1. 인터넷 미디어와의 소통

1) 무엇으로 소통할 것인가?

최근 스마트 단말기의 사용에 익숙하고 개인화된 문화 트렌드를 선도하는 젊은 층의 미디어 소비행태가 바뀌고 다양한 매체로 바뀌고 있습니다. 밀레니얼[45] 세대는 TV 시청 시간이 현저히 감소하고 있으며, 대신 온라인 동영상 시청은 증가하고 있으며(DMC 미디어, 2016) 자신들이 선호하는 신규 매체에 대한 충성도는 강화되는 경향이 나타나고 있는 것으로 발표되고 있습니다(KISDI, 2017).[32]

2013년에서 2014년간 TV 이용량은 28.4%나 감소했고, 모바일 이용량은 18.7% 증가하는 등, 이용자들의 영상 이용 매체가 점차 온라인 미디어로 이동하고 있습니다. 실제 2015년 기준으로 모바일 단말로 동영상을 이용하는 비중이 4.5%로 조사 되었습니다(KISDI, 2015). 국내 대학생들은 차 안에서와 그리고 잠들기 전 시간에 가장 많이, 그리고 몰입해서 동영상 콘텐츠를 이용하는 것으로 나타 났습니다(KT경제경영연구소·대학내일20대연구소, 2015). 이러한 변화 속에 비교적 적은 비용과 적은 인원으로도 누구나 콘텐츠를 제작할 수 있고, 인터넷을 통해 손쉽게 전송하거

45) 1980년대 초(1980~1982년)부터 2000년대 초(2000~2004년)까지 출생한 세대를 일컫는다.

나 공유할 수 있는 환경이 만들어지면서 개인 방송 혹은 1인 미디어 시대가 열리고 있습니다.[33]

가장 대표적인 소통의 도구로 개인 창작자는 크리에이터, 유투버, 인플루언서[46](influencer) 등 다양한 용어로 불리 우며, 개인 방송의 진행자이자 제작자로 게임 중계 및 설명, 먹는 방송, 공부 방송, 여성 방송, 화장품 설명, 보이는 라디오 등 다양한 형식과 소재로 콘텐츠를 만들고 있습니다. 1인 미디어가 등장한 후 초기에는 소수의 취향에 공감하는 사람들이 모여서 개인 채널을 운영하며 이용자들과 소통하기 위해 시작되었지만, 구독자 100만 명, 한 달 트래픽이 수천만 조회수를 기록하는 메가급 크리에이터들이 등장하면서 이들도 기존 레거시[47] 미디어의 스타급 연예인에 근접 하며 점차 개인 미디어 산업이 고도화되고 있습니다.[34]

2) 개인 미디어 콘텐츠의 성장

개인 미디어 콘텐츠가 확산하게 된 배경은 양방향 인터넷이 대중화되고, 자신의 개인 단말기를 통해 누구나 편리하게 동영상을 제작하고 이용할 수 있는 환경이 되었기 때문입니다. 기술적 진입 장벽이 완화되고 고해상도 카메라를 통해 방송사만이 가능했던 콘텐츠 제작과 편집이 가능해진 것이 결정적이라 할 수 있습니다. 이에 유투브, 아프리카TV, 네이버, 인스타그램 등과 같은 동영상 플랫폼을 자유롭게 활용할 수 있게 되면서, 제작자도 자유롭게 플랫폼을 통해 콘텐츠를 이용자가 편하게 이용할 수 있도록 업로드하고, 쌍방향 커뮤니케이션을 통해 이용자도 콘텐츠 제작자와 능동적 참여를 보여주고 있습니다. 개인 미디어 창작자가 증가하면서 점차 장르가 매우 다양하게 세분화되어 이용자들은 개인적 취향과 선호에 따라 장르를 기준으로 콘텐츠를 선택합니다.[35]

3) 디자인 도구와 소구

(1) 웹디자인 소통의 도구

산업의 생성과 소멸 그리고 확대 및 축소와 함께 디자인에 대한 개념은 변화에 변화를 거듭해 왔으며 굳 디자인에 대한 해석도 이에 따라 다양하게 변화되어 왔습니다. 90년대 초 www(world wide web) 새로운 디지털 환경의 등장은 인터넷에서 디지털 컨텐츠를 손쉽게 주고받을 수 있게

46) 대중에게 영향력을 행사하는 개인. 인스타그램이나 유튜브,트위터 등 SNS에서 수십만 명의 구독자(팔로워)를 보유한 SNS 유명인 혹은 유튜버, 영향력이 큰 블로그(blog)를 운영하는 파워블로거

47) 정보 시스템에서 낡은 하드웨어나 소프트웨어를 통틀어 이르는 말. 새로 제안하는 방식이나 기술을 부각하는 의미로 주로 사용한다.

하였고 이는 웹 디자인 이라는 영역이 탄생되는 계기를 마련하였습니다. 인터넷 사용자의 급속한 증가 및 각종 테크놀러지의 발전과 더불어 디자인 또한 양적, 질적 면에서 성장할 수 있는 환경이 조성된 것입니다.

그럼에도 웹 디자인에 대한 체계적인 교육 기반이 부실한 채, 웹 디자인은 웹이라는 디지털 환경에 기존의 정보를 디지털화하여 채워 넣는 것으로 이해되고 다양한 FWI[48] 개발 향상되어 견인하는데 그 몫을 다하고 있습니다.

웹디자인 1인미디어, 인터넷 방송, 오픈 아카데미의 대다수가 웹 디자이너 지망생들에게 디자인에 대한 이해를 가르치기보다는 몇 가지 도구의 사용 방법만을 가르친 후 실무에 바로 적용하는 현실은 이러한 면을 단편적으로 보여주고 있습니다. 이러한 현상은 거리지 않은 필터와 정보가 데이터로 난립하여 1인미디어 지망생과 시정차, 소비자에게 정보의 홍수와 양질의 컨텐츠 선택에 혼선을 주게 되어 양질의 미디어 컨텐츠의 수준을 끌어내리는 역할을 담당하고 있는 것입니다.[36]

실제로 가장 대표적인 저작권이 있는 데이터, 영상, 이미지를 무작위로 사용하여 수많은 합성, 리터치 모니터로, 소프트웨어 프로그램을 활용한 아이콘으로 포토샵을 활용하면 기존의 이미지를 복사, 혹은 편집하는 작업이 손쉬워 누구나 무한 복제 와 재생산 이미지를 만들어 내기도 합니다.

하지만 공공 분야의 경우 이렇게 기존의 이미지 자료를 도용하는 행위를 엄격하게 제한되는 것으로, 사진작가가 찍은 사진의 일부분만을 사용한 경우라도 이에 대한 상당한 보상을 해야 할 정도로 지적 재산권에 대한 문제가 중요하게 다루어지고 있는반면 정보의 공유라는 출발선상에서 시작된 인터넷에서는 정보의 도용에 대한 인식이 전무한 상태입니다.

이러한 다양한 정보는 컴퓨터라는 도구를 통해 디자이너보다 빠르고 편하게 작업할 수 있는 작업 공간을 제공해 준 문명의 선물이라는 점은 의심할 여지가 없습니다. 하지만 그 편리함에 안주하여 개발과 체계적 적립에 나태해지고 방관 한다면 디자이너라는 직업은 점점 더 전문성을 상

48) 완전 파형 역산(FWI)은 기록된 탄성파 파장과 예측한 탄성파 파장 사이의 불일치를 최소화함으로써 속도 구조를 모델링하는 정확한 영상화 접근법

실할 것이고 디자이너 스스로 직업의 수준을 격상하는 결과를 낳을 것입니다.

디자인은 유에서 무를 창조적으로 해결하는 과정입니다, 그 과정의 고민을 해본 창작자라면 지금의 무질서한 상황을 충분히 이해할 것입니다. 그러므로 본 교재에서 체계적인 편집 디자인의 아이덴티티[49] 개발을 위해 스스로 준비된 1차 자료를 수집하고 연구를 통하여 전문 인력으로 당당히 자리매김할 수 있는 예비 크리에이터로 소양을 갖추는 데 목적을 두고 발간 되었습니다.

2. 무엇으로 소구 할 것인가?

1) 컨테츠 구성 요소와 레이아웃

(1) 모든 컨텐츠는 다양한 사용자들을 대상으로 하는 특성으로 인하여 디자인의 초점이 예술적 가치보다 인터넷 사용자들의 환경을 이해하고 사용자들의 편의에 적합하도록 제작자의 뚜렷한 일관성을 두고 제작되어야 합니다.

(2) 디자인 레이아웃의 기획을 예측 하는 데있어 인터넷 사용자가 웹상에서 현재 접하고 있는 디지털 컨텐츠 표현의 주요 원리를 이해하고 효과적인 소프트웨어를 선택 하는데 많은 시간을 고민한 결과물 이어야 합니다.

(3) 디지털 컨텐츠를 다음과 같은 기존의 그래픽 요소들을 기본으로 하여, 이중 화면 구성은 프레임과 테이블 기능의 활용에 따라 구현될 수 있습니다.

(4) 그래픽 요소들과 더불어 웹 디자인 에서는 네트워크 와 환경에서 기인한 여러 요소들 즉 인터렉션[50]에 적합한 문제를 해결하는 1차원의 데이터를 2차원의 소프트웨어 프로그램과 동시에 가공되어 3차원의 컨텐츠를 생산할 수 있습니다.

49) 개인으로서의 자신이나 집단으로서의 자신이 타자(他者)와는 다른 어떠한 고유의 의미를 갖는 존재인지 아닌지를 문제로 할 때 기초가 되는 개념

50) 관객(사용자)이 작품(제품 또는 서비스)을 관람하는 객체가 되는 것이 아니라 작품의 일부가 되어 서로 소통할 수 있도록 해 주는 조정기술.

(5) 3차원의 소프트웨어 웹 디자인 도구와 툴로 완성됩니다.

① 색채-주요 활용 색채, 고유바탕색- 설정

② 서체- 종류(제목, 소제목, 본문 등) 고유서체설정, 크기 이미지에 따른 서체등

③ 심볼- 선, 기능 아이콘, 뷸렛(bullet)[51] 등

④ 이미지- 사진 일러스트, 애니메이션 등

⑤ 화면구성- 가로세로 및 세로 단 구성, 다단 구성 등

2) 인터페이스 요소와 레이아웃

(1) 인터페이스 구성 요소

① 인터페이스

정보 사용자와 사용자 혹은 사용자 간의 커뮤니케이션이 가능한 매개체 포괄적 용어로 접근할 필요성을 갖습니다.

② 링크

텍스트나 이미지 혹은 애니메이션으로 구현되며 지정된 사이트로 연결되는 기능을 가진 인터페이스로서 텍스트의 경우 주로 밑줄과 색상과 변화로 표시하고 독특한 개성과 차별적이어야 합니다.

③ 네비게이션

웹상에서 대표적으로 사용되는 각각의 아이콘이나 메뉴 기능으로 구현한 인터페이스의 이므로 사용할 채널 종류에 따라 구성과 디자인에 변화를 주어야 합니다.

④ 스크롤[52]

사용자의 브라우저가 사이트의 컨텐츠를 한번 에 보여 줄 수 없을 때 사용자는 스크롤을 사용하여 원하는 부분을 찾아볼 수 있으나 너무 피로하고 지루해질 수 있어 한 페이지에 많은 내용을 포함한 스크롤 보다 몇 개의 페이지로 나누어 구성할 것인지 충분한 레이아웃 디자인을 분할 하여 여백을 활용하는 것이 사용자의 흥미를 지속시킬 수 있습니다.

51) bullet: 텍스트 앞에 주의를 끌기 위해 붙이는 기호이다.

52) 컴퓨터 따위에서, 모니터의 화면에 나타난 내용이 상하 또는 좌우로 움직이는 것

3. 프레임 디자인 4가지 구성의 주요 원리

1) 레이아웃 구성기법

(1) 커뮤니케이션의 명확성

빠른 속도로 웹을 항해하는 (surf) 사용자들에게 전달하고자 하는 의도가 명확하게 표현되어야 합니다.

(2) 상식 수준의 인터페이스

명확한 인터페이스를 구현하기 위해서는 모든 사용자가 쉽게 이해할 수 있는 문구, 심벌, 이미지로 표현되어야 한다. 메타포(metaphor)[53]적인 요소를 이용하여 사용자들로 하여금 기존의 사물을 영상하도록 함으로써, 함축적으로 의미를 전달할 수 있습니다.

(3) 일관성

그래픽 요소들의 일관성 있는 표현은 효과적으로 전달할 수 있을 뿐만 아니라 사이트의 아이덴티티를 구현하는 기본이다. 색채, 서체, 레이아웃,[54] 등 그래픽 요소들의 사용 제한 및, 규칙성을 활용하여 사이트의 일관성을 부여할 수 있습니다.

(4) 평이성[55]

화면 전체를 보기 쉽게 디자인하는 가장 성공적인 방법 중 한 가지는 쉽게 이해되고 기억될 수 있는 패턴과 구성 요소를 만드는 데 있습니다. 이와 같이 디자인하는 과정은 인터넷 사용자들의 행동 특성과 네트워크 환경의 이해와 함께 연구되어야 하는 분야로서 지속적이고 깊이 있는 연구를 진행하여 전문성을 확고히 쌓아 나가야 합니다.

53) 표현하고자 하는 대상을 다른 대상에 비겨서 표현하는 수사법. 비유법. [내용] 직유(直喩)와 대조되는 용어로서, 암유(暗喩)라 불리기도 한다.

54) 레이아웃 (layout). 책이나 신문·잡지 따위에서, 지면의 정리와 배치. 편집 배정.

55) 평이성平易性 : 쉬운 성질이나 특성. 어휘 명사 한자어

4. 인터렉션과 그래픽 프로그램 실행하기

1) 그래픽 프로그램 활용과 이해

(1) 어도비 포토샵 Main Screen UI 구성요소

① 페인트 툴(G) ≪ 색채 컨트롤 툴 ≪ 주요 활용 색채, 고유 바탕색 설정

② 텍스트 툴(T) 서체 ≪ 종류(제목, 소제목, 본문 등) 고유 서체 설정, 크기

③ 도형툴(U) ≪ 심볼, 도형, 선, 모양, 아이콘

④ 이미지 ≪ 사진 일러스트, 애니메이션

⑤ UI 패널 구성요소 ≪ 가로*세로 및 세로 단 구성, 다단 구성

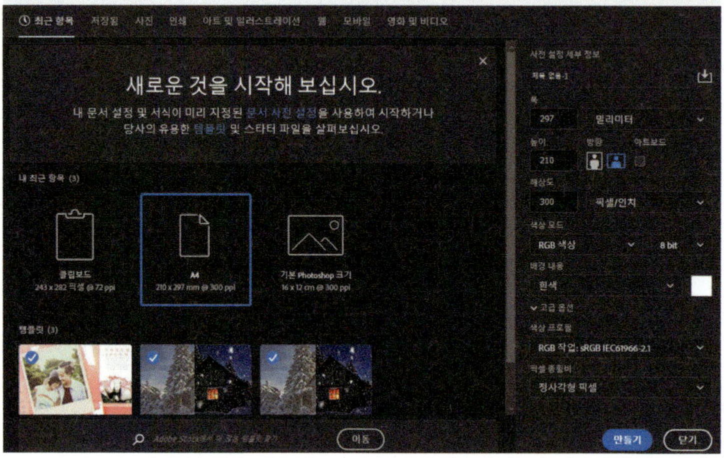

- 웹 제작용
- 폭, 높이 단위 : 픽셀
- 해상도 : 72~100
- 색상 모드 : RGB
- 인쇄 제작용
- 폭, 높이 단위 : mm
- 해상도 : 300
- 색상모드 : CMYK

[그림 2-1] 프로그램 실행 사전설정 세부정보패널

(2) 파일 - 새로 만들기(Ctrl+N) 메인스크린 패널

[그림 2-2] Main Screen 패널 구성

(3) 포토샵 컬러 모드

RGB(Red, Green, Blue) Mode

(적. 녹. 청)에 의해 색을 정의하는 색상 모드또는 빛의 3원색 적. 녹. 청을 혼합하여 모니터, 스마트폰 등 빛을 이용하는 가산 혼합방식

CMYK(Cyan, Magenta, Yellow, Black) Mode

인쇄용 컬러 모드브로슈어, 명함, 스티커, 포스터, 카탈로그 등 인쇄에 관련된 모든 칼라 인쇄는 CMYK 모드로 설정하여 제작하는 감산 혼합방식등 빛을 이용하는 가산 혼합방식

Spot Mode

프로세스 컬러에 의해 만들어진 색이 아니라 개개의 잉크색을 지정하여 그 색의 요소를 갖는 각각 독립된 하나의 층(layer)으로 인쇄하는 광범위한 오프셋 인쇄 일반적으로 CMYK 로 구성.

(4) 컬러모드 해상도 이해

① **비트맵(Bitmap)** : 흰색이나 검은색만을 사용 가능한 모드.

② **회색 음영(Grayscale)** : 흔히 흑백 이미지 8Bit에서 0~255 사이의 256 단계의 회색 이미지 모드

③ **이중 턴(Duotone)** : 흑백 이미지에 특정한 색상을 첨가, 먼저 Grayscale 모드로 변경하고 Duotone으로 변경

④ **인덱스 색상(IndexColor)** : 최대 256개의 색상으로 이미지를 표현 주로 gif 포맷

⑤ **RGB 색상(RGB Color)** : 모니터 화면에서 일반적으로 사용하는 컬러 모드. Red, Green, Blue(빛의 삼원색)를 사용하는 가산 혼합.

⑥ **CMYK 색상(CMYK Color)** : 잉크의 비율로 색을 나타내는 인쇄용 컬러 모드 Cyan, Magenta, Yellow, Black를 사용하는 감산 혼합

⑦ **Lab 색상(Lab Color)** : 모니터나 프린터에 좌우되지 않는 독립적인 방법으로 색상을 구현하고 RGB와 CMYK의 범위를 모두 포함할 수 있는 색상 범위

(5) 벡터 & 비트맵 해상도 이해와 활용

	벡터[vector]	비트맵[bitmap]
확대	이미지 깨지지 않음	이미지 깨짐
경계면	뚜렷함	뚜렷하지 않음
프로그램	일러스트,코렉, 플래시	포토샵, 페인터
확장자	ai, eps, swf, wmf	jpg, gif, png, bmp

① **벡터** : 컴퓨터 과학 에서 그림을 보여줄 때 수학 방정식을 기반으로 하는 점, 직선, 곡선, 다각형과 같은 물체를 사용하는 것. 크기 제약이 없으므로 출력 및 인쇄에 적합 기본단위는 (mm, cm).

② **비트맵** : (이진 숫자 배열표)컴퓨터 분야에서 디지털 이미지를 저장하는 데 쓰이는 이미지 파일 포맷 래스터그래픽스(점방식)화면 상의 각 점들을 직교좌표계를사용하여 화소 단위 기본단위는 (pixel).

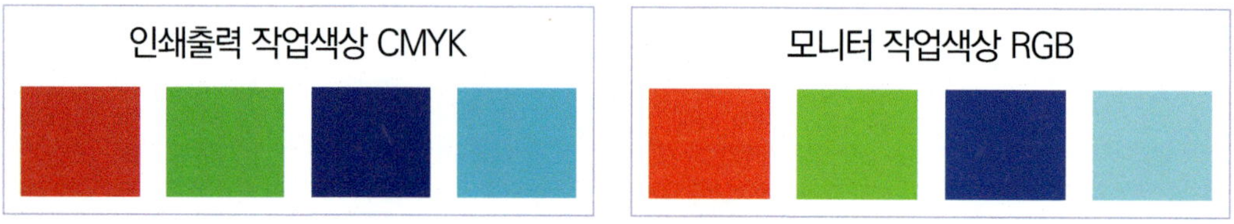

[그림 2-3] 인쇄물과 모니터 해상도 차이

[그림 2-4] 벡터 & 비트맵 비교

(6) 파일 저장 확장자 성격과 종류

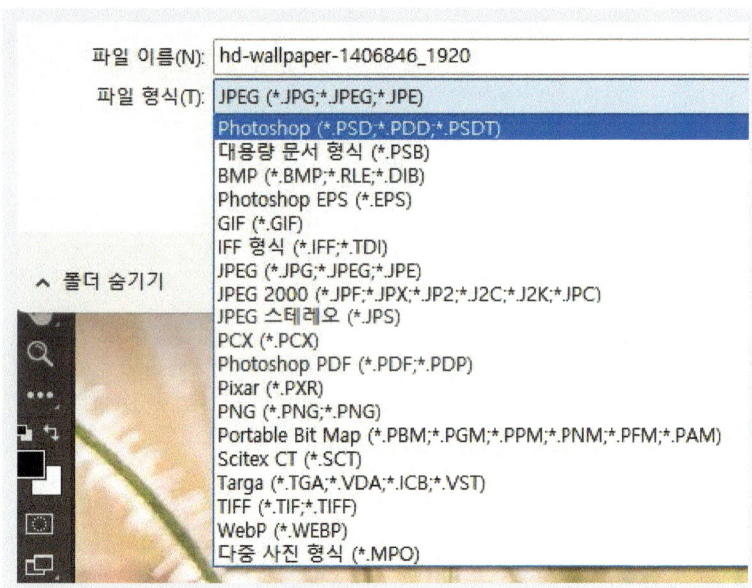

① **JPG** 압축률이 높은저장 방식으로 압출 레벨을 높게 하면 이미지 품질이 저하되는 단점이 있다. 주로 원래 이미지와 같은 이미지를 표현할 때 사용

② **PSD, PDD** 포토샵 프로 그램의 기본 저장 방식으로 모든 문자 레이어, 투명 레이어, 채널 스포트채널, 패스 등을 모두 저장하는 파일 포맷

③ **GIF** Index Color 모드를 전용으로 하는 포맷,파일 전송 시간을 최소화하고 인터넷 문서에 사용 가능하며, 투명한 이미지 움직이는 이미지 표현이 가능

④ **EPS** CMYK 모드와 분판 출력을 지원하는 포맷으로 비트맵 이미지와 벡터 이미지를 동시에 저장할 수 있으며 고품질의 출력을 할 수 있는 포맷

⑤ **TIFF** 매킨토시, IBMPC호환이 가능한 포맷으로 무손실 압축방식을 사용하며 CMYK〈 RGB〈 Grayscale 모드알파채널을 지원하는 포맷

⑥ **PNG** 온라인 서비스가 가능하며 모든 컬러 정보와 알파 채널을 보존하고 GIF와 JPEG의 장점을 합친 포맷으로 투명한 이미지 표현 등 다양한 효과를 지원

(7) 기획, 제작, 편집 실무 이해

① **문자 자료(text message)** : 텍스트는 멀티미디어의 기본적인 구성 요소로, 컴퓨터로 의사 표현 가장 단순한 수단 문자 자료는 저장 공간을 적게 차지하면서도 많은 정보를 전달하고, 가장 많이 사용되는 자료 형식

② **그림자료(image)** : 그림은 텍스트 다음으로 자주 사용되는 미디어로서, 정지되어 있는 영상, 그림 자료는 그래픽 프로그램을 이용하여 직접 그리거나 스캐너, 디지털 카메라 등

③ **소리자료(sound)** : 소리는 스피커를 통해 들을 수 있는 정보를 제공하고 사운드는 주의력 집중 및 현실감 부여 음악을 재생, 편집, 합성 등 멀티미디어의 다양한 효과제공

④ **애니메이션(animation)** : 애니메이션은 낱장의 그림을 한 프레임씩 촬영 연속적으로 보여주어 움직이는 것처럼 만화 영화와 같이 형태의 움직임이나 모양의 특성을 강조하여 제작한 데이터

⑤ **동영상(Video)** : 카메라를 사용하여 촬영한 연속적인 이미지 비디오 카메라를 통해 얻어진 데이터를 디지털 자료로 만든 연속적인 이미지 동영상이 자연스럽게 보이기 위해서는 1초당 30개 이상의 프레임을 연속적으로 보여주는 것

5. 파일 형식 선택

1) 그래픽 파일 형식은 이미지 데이터 표시 방법

(1) 지원하는 압축 기법 (픽셀 또는 벡터) 및 Photoshop 기능

① 모든 Photoshop 기능(레이어, 효과, 마스크, 등)을 유지하려면 이미지 복사본을 Photoshop 형식(PSD)으로 저장합니다.

② 대부분의 파일 형식과 마찬가지로 PSD 형식으로 저장할 수 있는 파일 크기는 최대 2GB까지입니다.

③ 파일이 2GB보다 큰 경우 대용량 문서 형식(PSB), Photoshop Raw(병합된 이미지에만 해당), TIFF(최대 4GB) 또는 DICOM 형식으로 저장합니다.

④ 이미지에 대한 표준 비트 심도는 채널별 8비트입니다.

⑤ 16 또는 32비트 이미지로 보다 큰 동적 범위를 형식을 사용합니다.

⑥ 16비트 이미지 형식([사본 저장] 명령을 사용해야 함)

⑦ Photoshop, 대용량 문서 형식(PSB), Cineon, DICOM, IFF, JPEG, JPEG 2000, Photoshop PDF, Photoshop Raw, PNG, Portable Bit Map 및 TIFF.

2) 파일 압축 정보

(1) 대부분의 파일 형식은 압축을 통해 비트맵 이미지의 파일 크기 압축

(2) 손실 없음 기법을 사용

① 이미지 세부 정보 또는 색상 정보를 제거하지 않고 파일이 압축되고 손실기법을 사용하면 세부 정보가 제거됩니다.

(3) 주로 많이 사용되는 압축 기술

① RLE(Run Length Encoding), 손실 없는 압축 방법이며 일반적인 Windows 파일 형식에서 지원 됩니다.

② TIFF, PDF, GIF 및 포스트스크립트 언어 파일 형식에서 지원하는 손실 없는 압축입니다. 단색이 넓은 영역에 퍼져 있는 이미지에 유용합니다.

③ JPEG(Joint Photographic Experts Group), JPEG, TIFF, PDF 및 포스트스크립트 언어 파

일 형식에서 지원하는 손실 압축입니다.

④ 사진 등의 연속톤 이미지에 권장됩니다.

⑤ JPEG는 손실 압축을 사용합니다. 이미지 품질을 지정하려면 [품질] 메뉴에서 옵션을 선택하거나 [품질] 팝업 슬라이더를 드래그하거나 [품질] 텍스트 상자에 0-12 사이의 값을 입력합니다.

⑥ CCITT, PDF와 포스트스크립트 언어 파일 형식에서 지원하는 손실 없는 흑백 이미지용 압축 기술입니다. CCITT는 International Telegraph and Telekeyed Consultive Committee의 약어입니다.

⑦ ZIP, PDF와 TIFF 파일 형식에서 지원하는 손실 없는 압축입니다. ZIP 압축은 LZW 압축과 마찬가지로 단색이 넓은 영역에 퍼져 있는 이미지에 가장 효율적입니다.

⑧ PSD 및 PSB 파일의 호환성 최대화 이전 버전의 Photoshop 또는 레이어를 지원하지 않는 응용 프로그램에서 PSD 및 PSB 파일로 작업하는 경우 병합된 버전의 이미지를 저장된 파일에 추가할 수 있습니다.

3) Photoshop 형식(PSD)

(1) Photoshop 형식(PSD)은 기본 파일 형식으로 대용량 문서 형식(PSB)을 제외하고는 모든 Photoshop 기능을 지원하는 유일한 형식입니다.

(2) Adobe 제품군은 서로 긴밀하게 통합되어 있으므로 Adobe Illustrator, Adobe InDesign, Adobe Premiere,Adobe AfterEffects 및 Adobe GoLive와 같은 기타 Adobe 응용 프로그램에서 PSD 파일을 불러올 수 있으며 Photoshop 기능은 대부분 그대로 유지됩니다.

(3) PSD를 저장할 때 파일의 호환성을 최대한 유지하도록 환경을 설정할 수 있습니다. PSD 파일에는 레이어를 사용한 이미지의 합성 버전이 저장되므로 이전 버전의 Photoshop을 포함한 다른 응용프로그램에서도 파일을 읽을 수 있습니다.

(4) 채널당 16비트 이미지와 채널당 32비트 HDR(High Dynamic Range) 이미지를 PSD 파일로 저장할 수 있습니다.

4) Photoshop DCS 1.0 및 2.0 형식

(1) DCS(Desktop Color Separations) 형식은 CMYK 이미지의 색상 분판을 저장할 수 있는 표준 EPS 형식입니다.

(2) DCS 2.0형식을 사용하여 별 색 채널이 들어 있는 이미지를 보낼 수 있습니다. DCS 파일을 인쇄하려면 포스트스크립트 프린터를 사용해야 합니다.

5) Photoshop EPS 형식

(1) EPS(Encapsulated PostScript) 언어 파일 형식 벡터와 비트맵 그래픽 모두 포함

① 그래픽, 일러스트레이션 및 페이지 레이아웃 프로그램에서 지원합니다.

② EPS 형식은 응용 프로그램 간에 포스트스크립트 아트웍을 전송할 때 사용됩니다.

③ 벡터 그래픽이 들어 있는 EPS 파일을 열 때 Photoshop에서는 이미지를 래스터화하고 벡터 그래픽을 픽셀로 변환합니다.

④ EPS 형식은 Lab, CMYK, RGB, 인덱스 색상, 이중톤, 회색 음영 및 비트맵 색상모드를 지원하며 알파 채널은 지원하지 않습니다.

⑤ EPS는 클리핑 패스를 지원합니다. 표준 EPS 형식의 하나인 DCS(Desktop Color Separation) 형식을 사용하면 CMYK 이미지의 색상 분판을 저장할 수 있습니다.

⑥ DCS 2.0 형식을 사용하여 별색 채널이 들어 있는 이미지를 내보낼 수 있습니다. EPS 파일을 인쇄하려면 포스트스크립트 프린터를 사용해야 합니다.

⑦ Photoshop에서 EPS TIFF 및 EPS PICT 형식을 사용하면 미리 보기는 만들지만 Photoshop에서 지원하지는 않는 파일 형식(예: QuarkXPress)으로 저장된 이미지를 열 수 있습니다. 다른 저해상도 파일에서처럼 열린 미리 보기 이미지를 편집 및 사용할 수 있습니다. EPS PICT 미리 보기는 MacOS에서만 사용할 수 있습니다.

6) Photoshop Raw 형식

(1) Photoshop Raw 형식은 여러 응용 프로그램과 여러 컴퓨터 플랫폼 간에 이미지를 전송하기 위해 사용하는 파일 형식

① 알파 채널이 있는 CMYK, RGB 및 회색 음영 이미지를 지원하며 알파 채널이 없는 다중 채널과 Lab 이미지를 지원합니다.

② Photoshop Raw 형식으로 저장된 문서는 픽셀 크기나 파일 크기에 제한이 없습니다. 하지만 이 문서에는 레이어를 포함할 수 없습니다.

③ Photoshop Raw 형식은 이미지의 색상 정보를 나타내는 일련의 바이트로 구성되어 있습니다.

④ 픽셀은 이진 형식으로 설명되며, 0은 검정색을 나타내고 255는 흰색을 나타냅니다. 즉 16비트 채널이 지원되는 이미지의 경우 흰색 값은 65535입니다.

⑤ Photoshop은 이미지를 설명할 때 필요한 채널과 추가 가능한 채널의 수를 이미지에 지정합니다. 파일 확장자(Windows), 파일 유형(MacOS), 파일 작성자(MacOS) 및 헤더 정보를 지정할 수 있습니다.

⑥ Photoshop Raw 이미지는 디지털카메라의 Camera Raw 이미지 파일과 동일한 파일 형식이 아닙니다.

⑦ Camera Raw 이미지 파일은 기본적으로 필터 처리나 흰색 균형 조정 또는 기타 카메라 내부의 어떠한 처리도 거치지 않은 가공하지 않은 상태의 "디지털 네거티브"이며 각 카메라별 전용 형식으로 저장됩니다.

7) 디지털 네거티브 형식(DNG)

(1) 디지털 네거티브(DNG)는 디지털 카메라의 Raw 이미지 데이터와 이 데이터의 의미를 정의하는 메타데이터를 포함하는 파일 형식

① DNG는 현재 각 카메라 모델별로 전용 형식을 사용함으로써 급증하고 있는 Camera Raw 파일 형식 수를 줄이고 각 형식 간의 호환성을 제공하기 위해 Adobe에서 제안한 Camera Raw 파일의 공용 보관 형식입니다.

② Camera Raw 플러그인은 Camera Raw 이미지 데이터를 DNG 형식으로 저장할 수 있습니다.

8) BMP 형식

(1) BMP는 Windows 호환 컴퓨터에서 사용되는 Windows 표준 이미지 형식

① BMP 형식은 RGB, 인덱스 색상, 회색 음영 및 비트맵 색상 모드를 지원합니다.

② Windows 또는 OS/2 형식과 8비트/채널의 비트 심도를 지정할 수 있습니다.

③ Windows 형식을 사용하는 4비트 및 8비트 이미지에 대해 RLE 압축을 지정할 수도 있습니다.

④ BMP 이미지는 대개 아래쪽에서 위쪽으로 작성되지만 [행 순서 뒤집기] 옵션을 사용하여 위쪽에서 아래쪽으로 작성할 수 있습니다.

⑤ [고급 모드]를 클릭하여 다른 인코딩 방법을 선택할 수도 있습니다.

⑥ [행 순서 뒤집기]와 [고급 모드]는 게임 프로그래머나 DirectX를 사용하는 사람에게 가장 필요합니다.

9) DICOM 형식(DICOM: Digital Imaging and Communications in Medicine)

(1) Digital Imaging and Communications in Medicine 초음파, 스캔 등 의료용 이미지를 전송하거나 저장

① DICOM 파일에는 환자 및 의료용 이미지에 대한 정보를 저장하는 헤더와 이미지 데이터가 둘 다 포함되어 있습니다.

10) GIF 형식(GIF: Graphics Interchange Format), (HTML: Hypertext Markup Languag)

(1) 문서에서 인덱스 색상 그래픽과 이미지를 나타낼 때 주로 사용되는 Graphics Interchange Format)는 HTML(Hypertext Markup Languag) 파일 형식입니다.

(2) GIF는 파일 크기와 전자 전송 시간을 최소화하기 위해 디자인된 LZW 압축 형식입니다.

(3) GIF 형식은 인덱스 색상 이미지에 투명도를 유지하지만 알파 채널은 지원하지 않습니다.

11) JPEG 형식: JPEG(Joint Photographic Experts Group) 형식

(1) HTML 문서에서 사진 및 기타 연속 톤 이미지를 표시하는 데 주로 사용

① JPEG 형식은 CMYK, RGB 및 회색 음영 색상 모드를 지원하며 투명도는 지원하지 않습니다.

② GIF 형식과 달리 JPEG는 RGB 이미지에 모든 색상 정보를 보존하지만 선별적으로 데이터를 버려 파일 크기를 압축합니다.

③ JPEG 이미지를 열면 자동으로 압축이 풀립니다. 압축 레벨이 높을수록 이미지 품질은 나빠지고 압축 레벨이 낮을수록 이미지 품질이 좋아집니다.

④ 대부분의 경우 [최고] 품질 옵션을 선택하면 원본과 구별할 수 없을 정도의 이미지 품질을 얻을 수 있습니다.

12) PDF 형식(PDF: Portable Document Format)

(1) 플랫폼과 응용 프로그램 간에 사용할 수 있는 유연성이 뛰어난 파일 형식

① 포스트스크립트 이미지 모델을 기반으로 PDF 파일은 글꼴, 페이지 레이아웃 및 벡터와 비트맵 그래픽을 정확하게 표시하고 유지합니다.

② PDF 파일에는 전자 링크와 같은 전자 문서 검색 및 탐색 기능이 포함될 수 있습니다.

③ PDF는 채널당 16비트 이미지를 지원합니다.

④ Adobe Acrobat에서는 PDF 이미지를 보조 편집하는 데 사용하는 Touch Up 개체 도구를 제공합니다.

⑤ [Adobe PDF 저장] 대화 상자에서 [Photoshop 편집 기능 유지]를 선택할 때 만들어집니다. PDF 파일에는 이미지를 하나만 포함할 수 있습니다.

⑥ Photoshop PDF 형식은 표준 Photoshop 형식에서 지원하는 모든 색상 모드(다중 채널 제외)와 기능을 지원합니다.

⑦ Photoshop PDF는 또한 CCITT Group 4압축을 사용하는 비트맵 모드 이미지를 제외하고 JPEG와 ZIP 압축도 지원합니다.

(2) 표준 PDF 파일

① Adobe PDF 저장 하거나 대화 상자에서 Photoshop 편집 기능 유지 합니다.

② 를 선택 해제할 때 또는 Adobe Acrobat 또는 Illustrator 등 다른 응용 프로그램을 사용하여 만들어 집니다.

③ 표준 PDF 파일은 여러 페이지와 이미지를 포함할 수 있습니다.

④ 표준 PDF 파일을 열면 Photoshop이 픽셀 내용을 유지하면서 벡터 및 텍스트 내용을 래스터화 합니다.

13) PNG 형식

(1) GIF의 대안

① GIF의 대안으로 특허 없이도 사용할 수 있도록 개발된 PNG(Portable Network Graphic) 형식은 웹에서 손실 없이 압축하고 이미지를 나타내기 위해 사용됩니다.

② GIF와 달리 PNG는 24비트 이미지를 지원하며 가장자리에 들쭉날쭉한 계단 모양이 나타나지 않는 배경 투명도를 만듭니다.

③ 일부 웹 브라우저에서는 PNG 이미지를 지원하지 않습니다.

④ PNG 형식은 알파 채널이 없는 RGB, 인덱스 색상, 회색 음영 및 비트맵 모드 이미지를 지

원합니다. PNG는 회색 음영과 RGB 이미지에 투명도를 보존합니다.

14) TIFF 형식(TIFF: Tagged-ImageFile Format)

(1) 응용 프로그램과 컴퓨터 플랫폼 간에 파일을 교환

① TIFF는 거의 모든 페인트, 이미지 편집 및 페이지 레이아웃 응용 프로그램에서 지원하는 비트맵 이미지 형식으로 다양한 용도로 사용할 수 있습니다.

② 모든 데스크탑 스캐너에서 TIFF 이미지를 만들 수 있습니다. TIFF 문서의 크기는 최대 4GB입니다.

③ TIFF 형식은 알파 채널이 포함된 CMYK, RGB, Lab, 인덱스 색상 및 회색 음영 이미지와 알파 채널이 포함되지 않은 비트맵 모드 이미지를 지원합니다.

④ Photoshop에서는 레이어를 TIFF 파일에 저장할 수 있습니다. 하지만 이 파일을 다른 응용 프로그램에서 열면 병합된 이미지만 화면에 나타납니다.

⑤ Photoshop에서는 또한 메모, 투명도 및 다중 해상도 피라미드 데이터를 TIFF 형식으로 저장할 수 있습니다.

⑥ Photoshop에서 TIFF 이미지 파일은 채널당 8, 16 또는 32비트의 비트 심도를 갖습니다. HDR 이미지를 채널당 32비트 TIFF 파일로 저장할 수 있습니다.

CHAPTER 03

차별화된 타이틀 제작기법

1. 브랜드는 타겟은 타이틀로 결정

1) 텍스트 타이틀 UI구성과 속성이해

(1) Photoshop 프로그램을 실행합니다.

① 도구 ❶모음패널에서 문자도구 T를 선택하거나 단축키 "T"를 클릭 선택합니다.

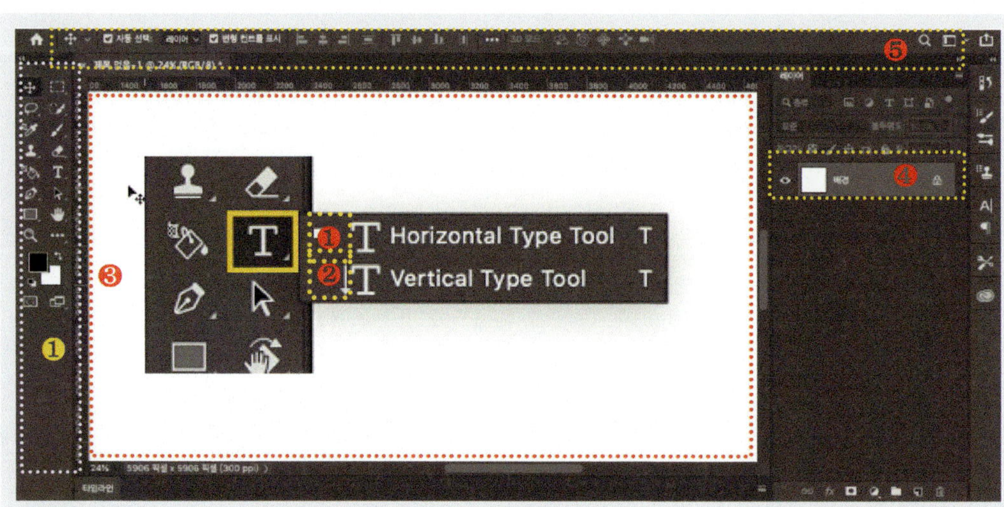

[그림 3-1] 포토샵 메인 스크린

② 텍스트 ①수평 문자 도구가 기본적으로 선택되어 있습니다.

③ 텍스트 ②수직 문자 도구를 클릭하고 컨텍스트 메뉴에서 세로 문자 도구를 선택할 수 있습니다.

④ 제목과 텍스트 입력을 위해 선택된 텍스트툴 "T"로 ③work area 패널의 아무 곳이나 클릭하여 입력합니다. Photoshop에서는 이를 포인트 텍스트라고 합니다.

⑤ Photoshop에서의 다른 유형의 텍스트를 단락 텍스트라고 합니다. 이름이 나타내듯이 단락을 입력할 때 사용됩니다. work area 패널을 클릭하고 드래그하여 단락을 입력할 수 있는 테두리 상자가 활성 됩니다.

⑥ 포인트 텍스트를 사용하여 제목 추가할 수 있습니다.

⑦ 다른 유형의 단락 텍스트를 사용하여 추가하거나 삭제할 수 있습니다.

⑧ ④문자 레이어는 포인트 또는 단락 텍스트를 작성할 때 자동으로 작성되며, T 아이콘이 있는 레이어 패널에서 확인할 수 있습니다.

⑨ 변경 사항을 저장하려면 ⑤옵션바에서 ✅아이콘을 클릭하거나 Esc 클릭 합니다.

(2) 텍스트 레이어의 속성이해

① 편집하려는 텍스트가 있는 Photoshop 문서를 엽니다.

② 텍스트는 문자 레이어에 있어야 합니다.

③ 문자 레이어에서 텍스트 또는 단락 전체를 선택하려면 도구 패널에서 [이동] 도구를 선택하고 선택하려는 텍스트를 두 번 클릭합니다.

④ 도구 툴에서 문자 도구를 선택하고 선택하려는 텍스트를 클릭한 다음 메뉴 막대에서선택 ≪ 모두를 선택합니다.

⑤ 문자 레이어에서 하나 이상의 문자를 선택하려면 도구 패널에서 문자 툴을 선택한 다음 선택하려는 문자위로 커서를 클릭-드래그합니다.

(3) 텍스트 편집 옵션과 기능

① 편집하려는 텍스트가 있는 Photoshop 문서를 엽니다.

② 텍스트는 문자 레이어에 있어야 합니다.

③ 도구 모음에서[문자] 도구를 선택합니다.

④ 편집할 텍스트를 선택합니다.

⑤ 아래 옵션바의 글꼴 유형, 글꼴 크기, 글꼴 색상, 텍스트 정렬 및 텍스트 스타일을 편집하는 옵션입니다.

⑥ Windows의 Photoshop의 옵션기능

A. 수평 텍스트를 수직 텍스트로 변경 및 반대로 변경 B. 글꼴 스타일 변경 C. 글꼴 크기 변경 D. 텍스트 가장자리 픽셀화 변경(앤티앨리어싱) E. 텍스트 정렬 변경 F. 텍스트 색상 변경 G. 변경 취소 H. 변경 내용 저장합니다.

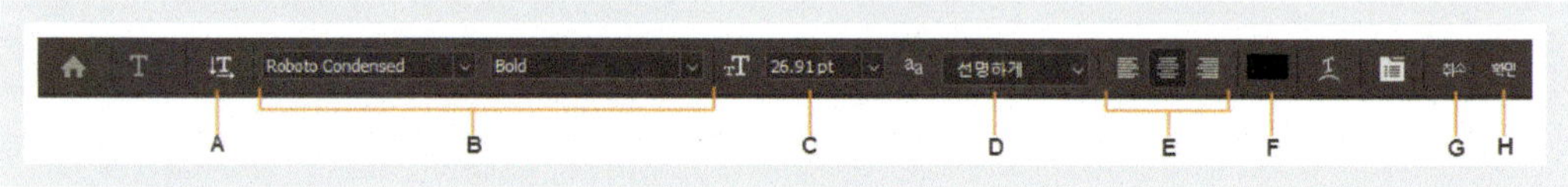

(4) Photoshop 파일이 아닌 파일에서 텍스트 복사 붙여넣기 기법

① Word 파일, PDF 또는 웹 페이지와 같은 Photoshop 파일이 아닌 파일에서 커서를 클릭하고 텍스트 위로 드래그하여 선택합니다.

② 선택한텍스트를복사하려면 Command+C(macOS의 경우) 또는 Control+C(Windows)를 누릅니다.

③ 복사한 텍스트를 붙여넣을 Photoshop 문서(PSD)를 연 다음 도구 막대에서 [문자 도구]를 선택합니다.

④ 레이어 패널에서 텍스트를 붙여넣을 문자 레이어를 선택합니다.

⑤ 편집 〉 붙여넣기를선택하거나 Command+V(macOS) 또는 Control+V(Windows)를 눌러 텍스트를 붙여넣기합니다. 실행 취소하려면편집 〉 텍스트 붙여넣기 실행 취소를 선택합니다.

(5) Photoshop 문서(PSD)에서 복사 붙여넣기 기법

① 텍스트를 복사할 PSD를 열기 합니다.

② 복사하려는 텍스트를 선택하고편집≪복사를 선택하거나 Command+C(macOS) 또는 Control+C(Windows)를 누릅니다.

③ 텍스트를 붙여넣을 PSD를 열고 문자 레이어를 선택합니다.

④ Choose편집≪붙여넣기를 선택하여 캔버스 중앙에 텍스트를 붙여 넣습니다.

⑤ 편집 ≪특수 붙여넣기≪제 자리에 붙여넣기를 선택하여 복사한 PSD에 있던 대로 텍스트를 배치할 수도 있습니다.

(6) 텍스트 색상 변경

① 편집하려는 텍스트가 있는 Photoshop 문서를 엽니다.

② 텍스트는 문자 레이어에 있어야 합니다.

③ 도구 모음에서 [문자] 도구를 선택하고 색상을 변경할 텍스트를 클릭하여 문자 레이어의 전체 텍스트가 선택합니다.

④ 옵션 막대에서색상 선택기(텍스트 색상)아이콘을 클릭합니다.

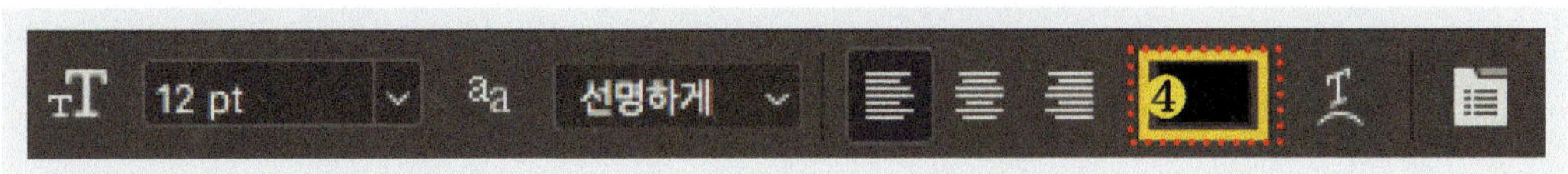

⑤ 옵션 막대에서 색상 선택기(텍스트 색상) 아이콘을 클릭합니다.

⑥ 색상 슬라이더를 원하는 대로 이동하고 색상을 선택합니다. 다른 색상을 선택하면 실시간으로 텍스트 색상이 바뀌는 것을 볼 수 있습니다.

⑦ 텍스트 색상에 만족하면 [확인]을 클릭합니다.

2. 텍스트 디자인 실무

1) 텍스트 디자인은 타이포와 이미지의 조합

(1) 타이틀 및 서브 타이틀의 텍스트는 실무 디자인에서 매우 중요한 디자인 요소입니다. 텍스트는 활자 서체의 배열로, 인쇄, 편집 디자인 등에서 활자의 서체나 글자 배치를 구성하고 표현하는 작업을 뜻하므로 단순한 수식보다 수직과 수평점, 선 면을 활용하여 텍스트를 활용할 수 있어야 레이아웃 초기부터 시선을 집중시킬 수 있는 강력하고 인상적인 이미지를 남길 수 있습니다.

(2) 타이틀을 굵기 스트록은 컬러로 강조하고 가로의 세로 여백을 충분히 활용하여 이미지를 배치 타이틀을 강조하고 배경 이미지가 눈에 잘 들어오도록 전체 프레임 안에 배치하는 것 또한 시선을 집중시키는 데 중요한 역할을 합니다.

(3) 웹용이나 미디어를 활용한 인터넷을 사용하는 채널에 따라 정보 전달력과 메세지를 강조하

고 시선을 끄는 아이콘이나 사물의 패턴 및 인포그래픽을 적절히 사용하여 전달하려는 목적을 간단명료하게 디자인하여 대상과 타겟에 맞게 기획되어야 차별적이고 실패하지 않는 디자인이라고 볼 수 있습니다.

2) 실무 텍스트 디자인

(1) 텍스트 디자인은 메시지를 전하는 중요한 커뮤니케이션 도구이며, 소구 대상이 가장 먼저 해독해내는 정보이기도 합니다. 글자를 보고 사람들은 정보를 분리하고, 브랜드의 키워드를 판단하고, 또 브랜드 이미지에 각인되기 때문입니다. 타이포그래피를 다룰 때는 '정보를 전달하는 것'에 얼마나 효과적인가를 가장 먼저 염두에 두고 디자인을 전개해야 합니다.

(2) **구성 디자인에서 텍스트 디자인효과** : 디자인 내에 들어가는 메세지를 효과적으로 정리하여 한 눈에 알아볼 수 있게 만드는 것은 디자인에 있어 가장 큰 비중을 차지합니다. 또한 감각을 요구하는 디자인에 있어 가장 많이 활용할수록 전체 흐름에 영향을 주기 때문에 제대로 된 시각적 질서를 정돈하지 않는다면 주요 메시지가 묻힐 수 있어 타이포의 구조적 형태, 폰트 컬러 크기등의 핵심 요소를 파악하고 효과적인 레이아웃을 잡는 감각을 필요로 합니다.

(3) **타이포그래피의 위치와 배열** : 타이틀과 세부 텍스트의 배열 등 디자이너가 두드러지길 원하는 내용을 어느 공간에 배치하는가는 '기획'에서 아주 큰 역할을 합니다. 예를 들어 중앙에 배치한 글자는 보통 가장 두드러지기 마련이죠. 혹은 기본 배치된 규칙에서 벗어나게 텍스트를 배치하는 것 역시 글자가 돋보이는 방법이 될 수도 있습니다.

(4) **글꼴 크기** : 글자의 크기는 서로 다른 정보의 강세를 다르게 하기위해 사용하기 가장 쉬운 요소 중 하나입니다. 가장 쉽고 빠르게 변화를 확인할 수 있는 요소이기도 합니다. 강세를 두는 룰 역시 간단할 수도 있지만 '크게' 하면 더 중요하고, '작게' 하면 덜 중요한 정보가 되는 것이지만 글꼴이 달라진다면 같은 크기라도 실제로 같은 크기로 느껴지지 않을 수도 있다는 점과 다른 요소들과 혼합되면 다양한 요소를 반영해 크기를 변화해야 한다는 점을 인식해야 합니다. 그러므로 단순하지만 다양한 패턴 변수가 있는 디자인, 글꼴, 크기, 타이포 배열에 따라 전달하려는 느낌이 아주 다르게 나타날 수 있습니다.

차별화된 텍스트 디자인 기법
컨셉
Web
Thumbna
Image Cut
editing
skills
시선흐름
대상
서체
경계
통일성

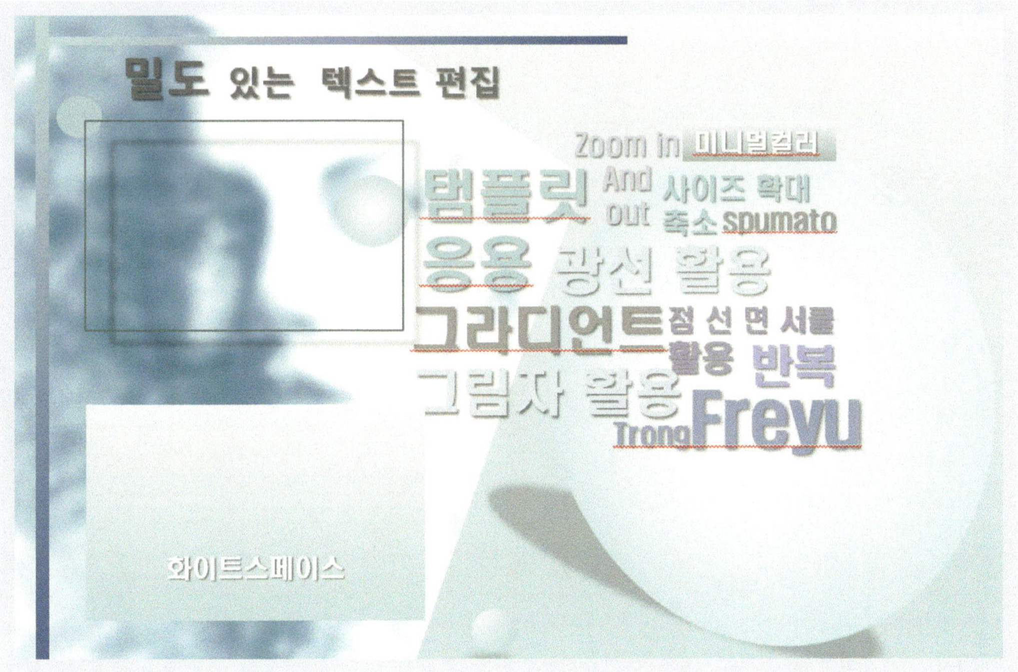
밀도 있는 텍스트 편집
Zoom in 미니멀컬리
템플릿
And out
사이즈 확대
축소 spumato
응용 광선 활용
그라디언트 점 선 면 서클
활용 반복
그림자 활용
Trong Freyu
화이트스페이스

(5) **글꼴 두께** : 글자체를 더 두껍게 혹은 얇게 만드는 것은 글자간 위계를 만들어내는데에 두번째로 쉬운 방법입니다. 볼드한 폰트를 쓴다면 더 중요하고, 얇은 글자를 사용한다면 세부적인 내용이나 서브 타이틀 자막 등도 텍스트 디자인의 구성 요소입니다.

(6) **글자 색상** : 컬러는 글자 위계를 구성하는 데에 종종 간과되는 요소 중 하나이지만, 사실 글자의 중요성에 차이를 두는 데에 아주 효과적인 디자인 요소입니다. 같은 색상의 명암을 조정하는 정도로도 글자의 중요성에 차이를 둘 수 있으며, 또 배경색과 대조, 대비를 통해서도 글자의 시각적 위계를 조정할 수 있습니다.

3. 텍스트 디자인 4요소

1) 텍스트 디자인 구성요소

(1) 대조(compare)[56)]

대조되는 색상과 더불어 글자 크기간의 대조, 두께의 차이, 글꼴의 차이 등 모든 대조대비가 타이포그래피의 위계를 형성합니다. 1~2pt 정도의 폰트 크기 차이가 당연히 글자간 위계를 나눌 정도로 큰 효과를 가지지 않듯 극명한 대조는 모든 요소에서 필요한 효과입니다. 따라서 타이포그래피를 디자인할 때 가능한 글꼴 크기, 두께, 글꼴 등 다양한 요소를 활용해 타이틀과 서브 텍스트를 나눠야 합니다.

(2) 대문자/소문자

영어를 사용할 경우 대문자, 소문자가 주는 느낌의 차이도 텍스트의 중요도를 좌우하는 데에 큰 역할을 합니다. 물론 모든 단어를 대문자로 쓴다면 읽기 편한 느낌은 아니겠지만, 제품의 이름이나 브랜드명 등 중요한 부분은 대문자로 적어 차별화를 하는 것도 좋은 방법입니다

(3) 타이포그래피 구성

타이포는 시각적 위계질서 구성을 통해 패키지 디자인 구상하거나 디자인을 시작하기 전 가장

56) 서로 반대되거나 달라서 대비됨.

먼저 고려해야 할 사항은 디자인 내 위계가 몇 단계로 구성이 되었는가입니다. 기본 룰을 따르자면 모든 디자인은 타이틀, 서브타이틀(Subtitle)[57], 그리고 기타 항목으로 나뉘어 디자이너가 브랜드와 제품에 따라 추가적인 레벨을 더할 수 있습니다.

(4) 로고, 성분표시, 제품명 각 항목의 글자 크기

디자인을 진행할 때 글자 크기 간의 차이를 두기가 어려운 경우, 전문 디자이너들은 고유의 텍스트가 갖는 클래식한 타이포그래피 크기를 사용하면 가장 많이 사용되는 크기로는 6, 7, 8, 9, 10, 11, 12, 14, 16, 18, 21, 24, 30, 36, 48, 60, 72pt가 있습니다.

(5) 기본 폰트 값

디자이너는 대개 세부 사항을 작성할 때 기본 폰트 값을 12포인트로 잡고 시작하며, 가독성을 추가하고 싶은 여부에 따라 14, 16, 24 등 크기를 더 키워나갈 수 있습니다. 혹은 사소한 디테일을 최소화 하기 위해 더 작은 글씨를 쓰기도 합니다. 하지만 7pt 이하로 인쇄할 경우 인쇄 번짐 정도 등에 따라 가독성이 떨어 질 수 있어 7~8pt 이상을 사용하는 것을 권장합니다.

4. 글꼴 디자인

1) 레이아웃에 맞는 폰트 디자인

(1) 타이틀과 어우러지는 글꼴 선택하기

① '전문가의 디자인'과 아마추어의 솜씨를 구분하는 가장 큰 기준은 바로 글꼴과 폰트 선택입니다.

② 타이틀과 어울리는 이미지를 가지면서도 가독성이 좋아 읽히기 쉬운 글꼴을 찾아서로 다른 글꼴이 잘 어우러지게 선택하여 배치하는 것은 감각과 이론을 바탕으로 구성되고 스스로 선택할 확신이 없다면 타이포그래피 계열 매치에 대한 기본 가이드라인을 따르는 것도 좋은 방법입니다.

③ 자간 간격 역시 타이포그래피 위계를 만드는 데에 도움이 됩니다. 글자가 더 넓게 벌려져 있을수록 그 문장이 더 눈에 띄거든요.

57) 서브타이틀(subtitle)은 책이나 논문 따위의 부제(副題)를 의미하기도 하고, 영화 화면의 "설명 자막" 또는 "대사 자막"을 뜻합니다.

④ 자간을 넓히는 것은 특히 알파벳을 대문자화 시켰을 때 더 큰 효과를 가져옵니다. 그렇다고 너무 많이 사용하면 눈의 피로를 가져와 역효과를 보일 수 있습니다.

(2) 글꼴 조합 결정 순서 텍스트를 위한 글꼴 선택

① 조합 후보군을 위해 몇 가지 2차 폰트 고르기고 각 글꼴 조합 비교 통해 선호도 확인하여 최종 글꼴을 조합하여 정리하고 심플하게 마감합니다.

② 글자 크기, 글자 간격, 글자 색상, 글자의 대문자, 소문자화, 글꼴 등 글씨체의 모든 것이 타이포그래피의 위계를 만들어 디자인의 강약을 조절해야 하며 이런 세밀한 조정을 통해 브랜드가 전하고자 하는 메시지를 효과적으로 전달하는 패키지를 제작할 수 있습니다.

(3) 텍스트 디자인 요소

① 글자의 굵기

- 브랜드의 강조와 무게를 통해 균형을 줄 수 있습니다.
- 몰입과 집중을 줍니다.

② 글자의 크기

- 글자의 크기는 컨셉에 맞게 배경의 비율과 컬러에 따라 조절합니다.
- 글자는 하나의 경계면으로 뚜렷하게 위치를 배열합니다.
- 레이아웃에 맞게 설정되어야 균형과 밸런스를 줍니다.
- 글자가 크다고 전달력이 확대되는 것은 아닙니다.

③ 글자의 간격

- 폰트의 종류와 크기에 따라 자간을 따로 설정해야 합니다.
- 너무 좁거나 넓은 자간은 눈의 피로도를 높여줍니다.

④ 글자의 컬러

- 글자의 컬러는 순간시선을 잡는 중요한 선택입니다.
- 선호는 컬러로 텍스트를 먼저정하고 배경과 주요 디자인 요소를 일관성 있는 컬러로 컨셉을 결정합니다.
- Tone on tone/tone in two 컬러의 선택으로 쉽게 접근할 수 있습니다.

⑤ 글자의 폰트

- 주요 타이틀 폰트는 고딕류를 일반적으로 활용합니다.
- 서브 타이틀은 주요 폰트를 벗어나지 않는 선에서 크기와 기울기 변형으로 통일감을 줍니다.
- 상업적으로 저작권에 저촉되지 않는 폰트 확인은 필수 요인입니다.

디자이너 베스트 무료폰트사이트 / 눈누사이트 / 구글무료지원 사이트

1. 검은고딕/구글검색
2. 에어코어드림(자막으로도 유용)
3. 티몬몬소리(티몬사이트에서다운로드/두께조절안됨)
4. 노토산스(고딕의 베이직 하단자막 가독성)/ 다양한 외국어지원 폰트
5. 잉크립퀴드(페이스샵에서만든폰트)/캐쥬얼체로브이로그에적합
6. TVN즐거운이야기(손글씨감성적)
7. 스웨거체(세련 심플)
8. 배달의민족 주아체(동글동글)

크기 간의 차이를 두기가 어려운 경우 고유의 클래식한 텍스트가 갖는 가장 많이 사용되는 타이포그래피 사이즈 6, 7, 8, 9, 10, 11, 12, 14, 16, 18, 21, 24, 30, 36, 48, 60, 72pt.

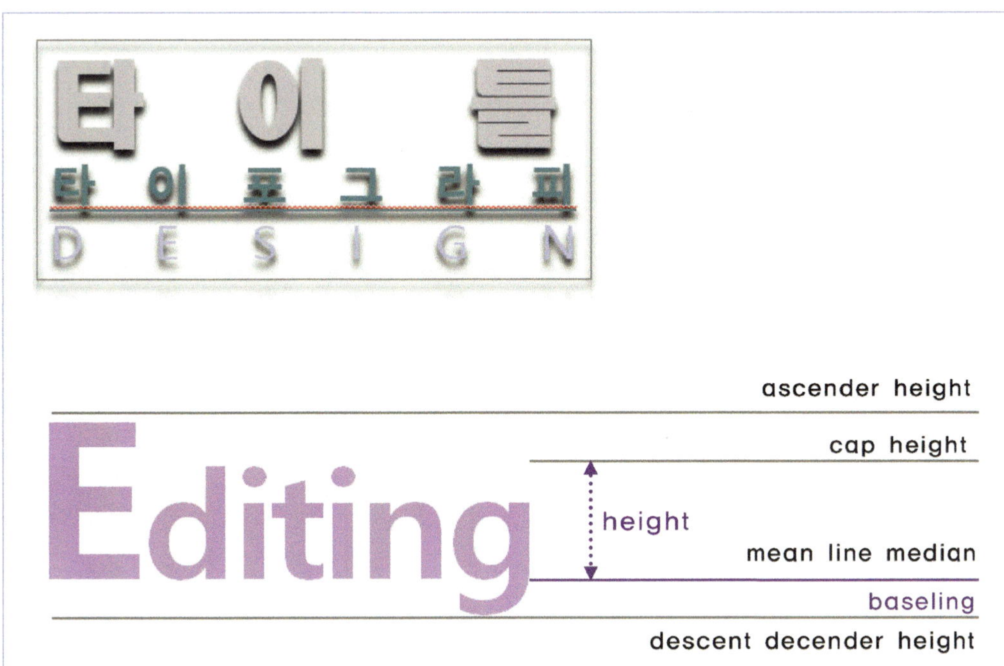

[그림 3-2] 타이포그래피 계열 매치에 대한 기본 가이드 라인

5. 차별화된 메시지의 텍스트 디자인 효과 6가지 필수요소

1) 텍스트 디자인 스케일 감각을 살리는 기능요소 (대비의 크기, 비율, 배치, 공간적 감각)

(1) 레이어 마스크 효과 응용

① 컨버트 투 쉐입(글씨를 도형으로) ≪ 텍스트 레이어 선택 우클릭 ≪ 문자 레스터화 ≪ (직접 선택툴 클릭후 작업)

② 클리핑 마스크 ≪ 글씨입력 ≪ 이미지 가져오기 ≪ 글씨에 이미지 넣기 위해 문자 레이어 위에 이미지 올려넣기 ≪ 마우스 우클릭 ≪ 크리에이트 클리핑 마스크 클릭

③ 이동툴로 위치 배경분리에 의한 감각적 배치

④ 프리 트랜스 폼 ≪ 텍스트 입력후 복사하여 ≪ Ctrl+ 드래그하면서 원근감 조절 입체, 형태 조절 가능

⑤ 마우스로 그림 그리기 ≪ 브러쉬클릭 ≪ 부드럽게(스무징선택) ≪ 드로잉 떨림 없이 가능 ≪ 레이어마스크 추가 ≪ 검정전경색 확인후 지우면 앞뒤 순서 조절되고 공간감 생김

⑥ 어게인(반복기능) ≪ 사각형 도형 그리기 ≪ 복사 사이즈 줄이고 기울기 ≪ 엔터 ≪ 편집 ≪ 트렌스폼(어게인아닌) Ctrl+Alt+Shift+T ≪ 반복 축소 복사됨

2) 자주 사용하는 효과들 및 스타일라이즈, 뉴럴필터

(1) 이미지 없이 타이포 만으로 충분한 6요소

① 점

② 선

③ 회전

④ 두께

⑤ 폰트

⑥ 괄호(따옴표)

(2) 텍스트 편집 디자인 실전 5대 효과

① 세이프라인 가이드라인 깔고 시작하기(안정감)

② 그리드 마진 설정하기

③ 완전블랙 / 완전화이트 컬러 피하기

④ 베벨 & 엠보스로 양감살리기(그림자 앵글)

⑤ 이미지는 항상 보정해서 사용하기(컬러발란스, 커브)

(3) 디자이너 감각의 편집

① 파스텔 계열로 통일감을 주어 톤온톤을 살리거나 톤인톤으로 포인트을 줍니다.

② 타이틀 전용 서체를 정해두고 타이틀용으로 주로 산돌, 격동고딕2, 산돌 로터리, 옴니고딕, 산돌호요, 연애시대등 저작권에 영향받지 않는 폰트로 디자인을 살릴 수 있습니다.

③ 텍스트는 캘리그라피나 디자인 요소가 가미 되지 않아 강제로 늘리는 오류를 피해 비율을 유지하여 디자인합니다.

④ 해상도는 인쇄용이나 모니터용 필요한 배경 찾아서 적용합니다.

⑤ 타이틀 설정은 최대한 줄이거나 축소해서 필요한 메세지만 담아야 세련되 보입니다.

⑥ 타이틀은 배경에 맞는 크기를 정하되 너무 크거나 작아도 가시성이 떨어진다.

(4) 일반인 실무편집 실패요인

① 원색 컬러 선호

② 기본 고딕체 - 목각, 휴먼옛체 얕은샘물선호

③ 텍스트 강제로 늘림

④ 이미지 비율 틀려도 사용

⑤ 이미지 해상동 90년대 사용

⑥ 불필요한 메세지 많이 추가

⑦ 타이틀은 무조건 크게 사용

(5) 무료폰트(어도비제공)

① 옴니고딕(헤드라인용)

② 연애시대(캐쥬얼)

③ 연날리기(자막용)

④ 블레이즈페이스(헤드라인용)

⑤ 본고딕KR

⑥ 노토산스

⑦ 프리텐다드

⑧ 도로롱

⑨ 산돌고고

6. 텍스트 디자인 실행 및 응용실무

1) 배경 이미지 살리는 타이틀 효과

(1) 포토샵 프로그램 실행하기

① 파일 새로 만들기를 실행 1920*1080 해상도를 설정 합니다.

② 툴바 T 텍스트 아이콘 수평 문자도구 ≪ 선택 ≪ 새 레이어에 직접 Happy 입력 ≪ 텍스트 ❶레이어 자동 생성

예제1. 사용 메뉴와 레이어 효과

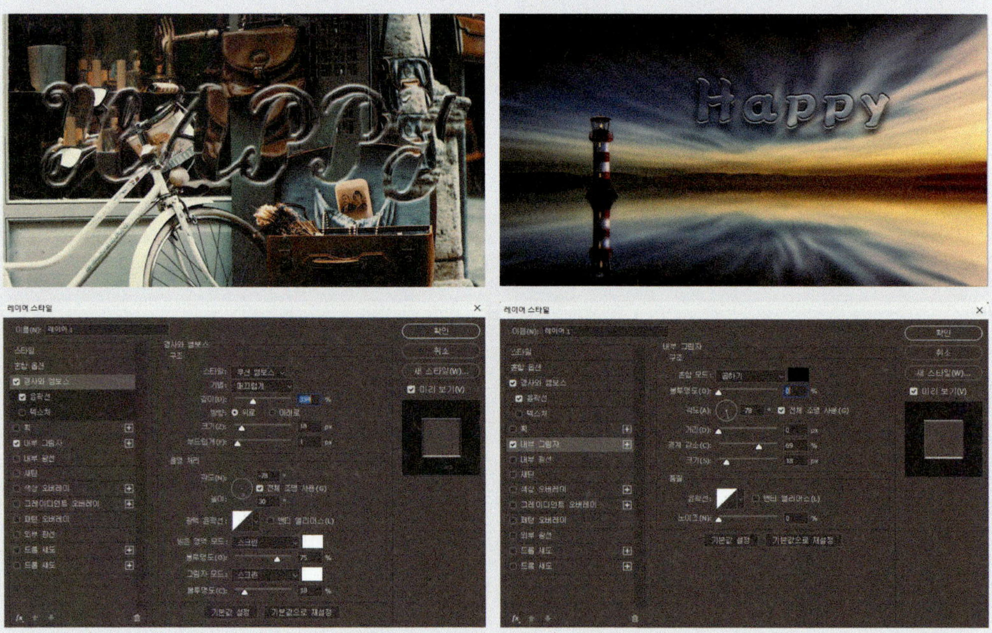

③ 예제1 문자 캐릭터 패널 - 폰트, GoodLife ≪ 컬러, 사이즈, 간격, 폰트, 굵기 수정

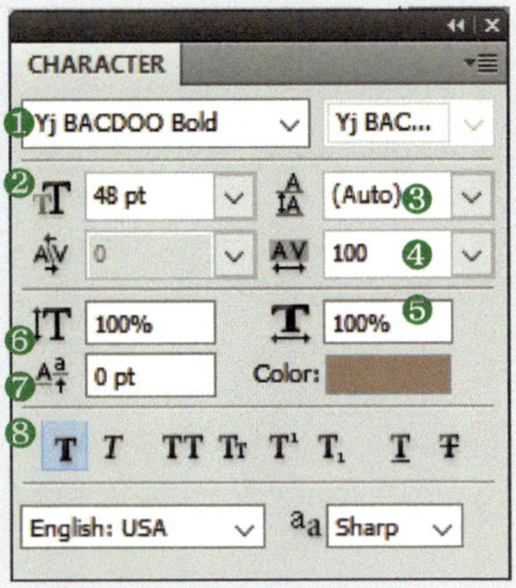

① 글자 모양, 서체 지정
② 글자 크기
③ 줄 간격
④ 글자와 글자 사이
⑤ 100%이상은 글자를 가로 넓이 넓게 100%이하 가로 넓이 좁게
⑥ 100%이상은 글자를 세로 넓이 넓게 100%이하 세로 넓이 좁게
⑦ 첨자 만들기, 위 첨자, 아래 첨자 가능
⑧ 굵게, 기울지, 영문은 대문자 표현, 첫 글자만 크게, 위 첨자, 아래 첨자, 밑줄 표현, 글자 중간 줄 긋기

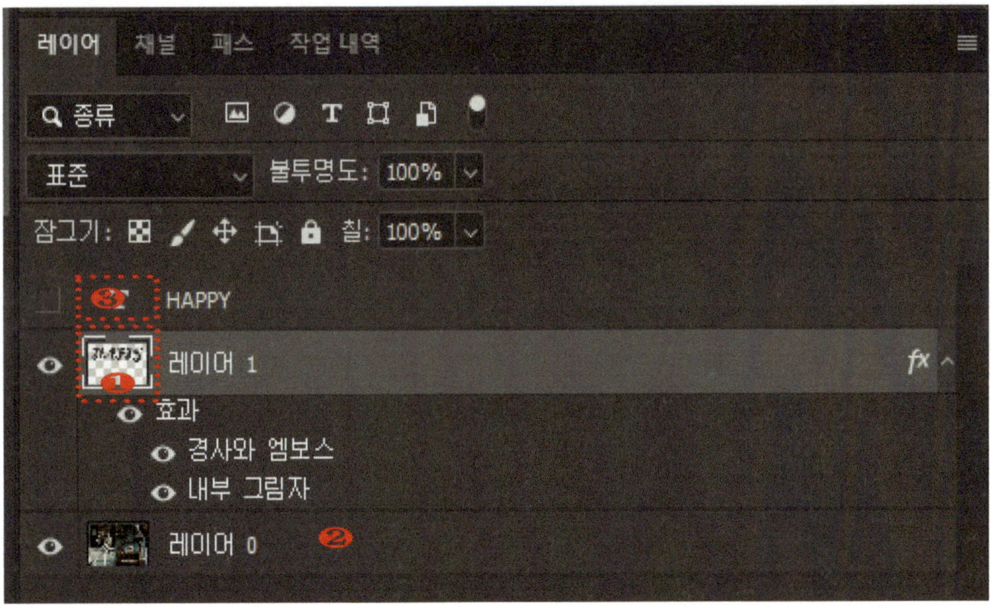

① T- HAPPY입력 - 엔터 / 확인
② ❶섬네일 더블클릭 36pt
③ ❸섬네일 + Ctrl 클릭 ≪ 글씨만 선택영역으로
④ ❷배경 레이어 선택
⑤ 레이어 ≪ 새로 만들기 ≪ 복사한 레이어 선택 / (컨트롤 + J)
⑥ ❶복사한 레이어 선택 ≪ 효과 ≪ 경사엔 엠보스 ≪ 획 엠보스 / 매끄럽게 / 깊이 200, 크기 16, 부드럽게 0
⑦ 쿠션 엠보스 ≪ 매끄럽게 깊이 178, 크기 5, 부드럽게 0, 각도120, 높이 39
⑧ 효과 ≪ 내부 그림자 ≪ 곱하기, 불투명도 59, 각도 – 78, 거리 7, 경계감소 11, 크기 10 ≪ 확인

[그림 3-3] 레이어 순서 및 편집기법

7. 포토샵 파일 속성 바꿔야 디자인 효과 적용

1) 포토샵 이미지 크기 창을 보면 해상도가 대부분 72로 되어 있습니다. 스마트폰이나 디카로 찍은 사진을 불러오면 해상도가 100dpi 이상 적용되는 경우가 있어 해상도를 높이거나 낮추면 가로, 세로 픽셀 수치도 올라가거나 낮아집니다.

2) 사진이나 jpg, bmp, png, gif 확장자를 가진 파일을 비트맵이라 부르며 이미지를 확대하거나 줄이면 고유의 형태가 변질되거나 선명도의 차이가 달라집니다. 벡터 파일은 ai, eps, dwg 확장자로 점과 점을 연결하는 방식으로 이미지를 확대해도 고유의 값을 유지해 해상도가 깨지지 않습니다. 포토샵은 벡터가 아닌 비트맵 방식으로 하나의 점이 여러 개 모여서 이미지를 만듭니다.

3) 포토샵 이미지 해상도 변경 요인: 사실상 PC나 스마트폰에 노출되는 이미지는 픽셀로 표현되기 때문에 해상도와 상관이 없지만 사진을 포토샵으로 가져와서 해상도를 높이면 픽셀도 같이 커지는데 이미지 선명도가 많이 깨지게 됩니다. 이미지 사이즈(Size) 를 키운 것과 같은 현상이 타나나는 경우 이미지 해상도의 변경이 필요합니다.

4) 포토샵을 인쇄용으로 활용할 경우 이미지 해상도를 높여줍니다. 인쇄용 이미지를 제작할 때 픽셀이 아닌 mm, cm로 단위를 변경하고 해상도를 300이상 높여줍니다. 해상도를 400이나 그 이상으로 높이면 이미지 크기는 비례해서 매우 커집니다. 이렇게 하는 인쇄 영역(mm, cm)을 정해놓고 그 안에 표현되는 해상도를 높이기 때문에 이미지 퀄리티를 좋게 할 수 있습니다.

5) 동일한 영역에 1000픽셀의 점으로 된 이미지를 프린트하는 것보다 1만 픽셀의 점을 표현하면 퀄리티가 높아지는 원리입니다.

6) 포토샵 이미지 해상도 변경 활용

(1) 비트맵(jpb, bmp, png, gif)은 고유 크기보다 해상도를 높이면 깨지는 현상이 발생합니다.

(2) 패스 기능으로 도형을 만들어 필터 기능을 활용하면 해상도를 높였을 때 높은 퀄리티를 유지합니다.

(3) 폰트는 이미지 해상도 변경을 해도 깨지는 현상이 없고 패스 기능처럼 높은 퀄리티를 유지합니다.

(4) 일러스트 파일을 가져온 경우 고급 개체(smart object)가 적용되어 있는 경우 해상도를 높여서 사용할 수 있습니다.

(5) 포토샵 이미지 해상도를 정리하면 인쇄용으로 작업할 때 해상도를 300dpi 정도로 높여서 씁니다.

(6) 원본이 작은 이미지는 해상도를 높이면 퀄리티가 떨어집니다. 모니터용 이미지는 해상도가 아닌 픽셀 영향을 받기 때문입니다.

8. 텍스트 속성 바꾸기 5가지 기법

1) 디자인 필터 효과 적용 이미지 변환 기법

(1) 이미지로 바꾸기

문자 레이어 선택후 복사해두기 ≪ 빈공간 마우스 우클릭 ≪ 문자 레스터화(디자인과 효과 적용위해)필터 ≪ 필터 ≪ 필터갤러리(적용)

(2) 모양으로 바꾸기

문자 레이어 빈공간 마우스 우클릭 ≪ 모양으로 변환 ≪ 툴바 ≪ 패스 선택툴이나 직접 선택툴 ≪ Shift + 클릭 ≪ 드래그 자음 모음 문자 이동, 조절 ≪ 깨지거나 흐리지 않아 타이포 그래프, 로고 텍스트 만들기 적용 ≪ 또는 마우스 우클릭 ≪ 레스터화 ≪ 이미지 가져오기 ≪ 오버랩(엔터) ≪ 클리핑 마스크는(문자인 이미지 텍스트완성)

(3) 패스로 바꾸기

마우스 우클릭 ≪ 작업패스 만들기 선택 ≪ 문자 레이어 선택 ≪ 상단 패스 선택 ≪ 클릭확인 ≪ 레이어 ≪ 새 레이어 ≪ Alt+Delete

① 응용2 - 패스클릭 ≪ 지접선택도구 ≪ 원하는 부분 드래그 ≪ 선택영영클릭 ≪ 늘어난 글씨 선택 ≪ 레이어 ≪ 새레이어 만들기 ≪ 전경색 바꾸면 바뀐 디자인 확인 ≪ 효과 수정 가능

(4) 이미지로 변환과 필터 응용

① 툴바 T 텍스트 아이콘 수평 문자도구선택 ≪ 새 레이어에 ≪ vlog 입력 ≪ 텍스트 레이어 자동 생성

② 툴바 ≪ T ≪ 타이틀입력(크기 서체 컬러)

③ 문자 캐릭터 패널 ≪ 폰트, GoodLife ≪ 컬러 ≪ 사이즈 ≪ 굵기 ≪ 간격 ≪ 단락 맞추기

④ 레이어 선택후 복사해 두기 ≪ 빈공간 마우스 우클릭 ≪ 문자 레스터화(디자인과 효과 적용 위해)필터 ≪ 필터 ≪ 필터갤러리 ≪ 스케치 효과 ≪ 그래픽펜 적용 위해 이미지화 헤야 문자 가우시안블러 적용

예제 1. 텍스트 이미지 변환효과(문자 레스터화)

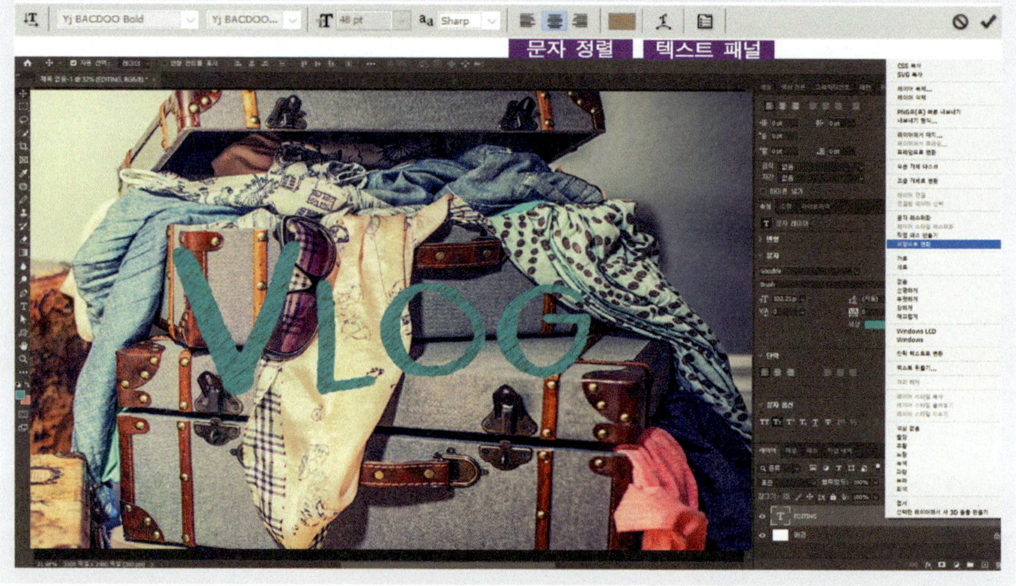

(5) 텍스트를 모양(쉐입) 변환과 필터 응용 및 문자 속성 확대 축소, 비틀기

① 툴바 T 텍스트 아이콘 수평 문자도구 선택 ≪ 새 레이어에 ≪ vlog 입력 ≪ 텍스트 레이어 자동 생성

② 툴바 ≪ T ≪ 타이틀입력(크기 서체 컬러)

③ 문자 캐릭터 패널 ≪ 폰트, GoodLife ≪ 컬러 ≪ 사이즈 ≪ 굵기 ≪ 간격 ≪ 단락 맞추기

④ 레이어 선택 후 복사해두기 ≪ 빈공간 마우스 우클릭 ≪ 모양으로 변환(문자 레스터화 디자

인과효과 적용위해)필터 ≪ 필터 ≪ 필터갤러리 ≪ 스케치 효과 ≪ 그래픽 펜 적용 확대, 축소 해상도 깨지지 않음

(6) 필터 응용 텍스트 in 이미지

예제 2. 텍스트 모양 변환효과 응용

[그림 3-4] 예제 2 텍스트 레이어 모양으로 변환

① 파일 새로 만들기 ≪ A4
② 열기 ≪ 배경 이미지 ≪ 복/분 줄이기 가능 늘리기 픽셀 깨짐 더블클릭 픽스
③ 파일 가져오는 2가지 방법
④ 파일 ≪ 포함 가져오기 ≪ 파일이 복사 붙여넣기 않해도 내 레이어 편집창에 바로 올라와 수정하면 원본 수정안되어 주로 사용
⑤ 파일 ≪ 연결 가져오기 ≪ 파일 규격이 레이어 작업공간에서 편집시 원본 이미지도 수정됨
⑥ 파일 ≪ 가져오기 포함가져오기 ≪ 작업과 원본파일 편집작업위해 이미지화 레스터화해서 편집해야 원본 보존 가능- 우클릭 ≪ 레이어 레스터와 ≪ 선택, 자르기 편집

(7) 문자레이어 작업패스로 효과 적용

예제 3. 문자를 작업 패스로 만들기

① 모양이나 글자를 펜툴로 패스화 시켜 새로운 도형과 로고타입 수정 가능

② 텍스트레이어 선택 후 ≪ 마우스 우클릭 ≪ 작업패스로 만들기 ≪ 직접 선택툴 ≪ 드래그 분리 - 부분 및 전체 수정

③ 패스 핸들 클릭 드래그 캘리 그라피 효과 ≪ 디자인 로고 변형 디자인 마스크 응용 가능

④ 패스 영역 잡기 Alt + 섬네일 클릭 ≪ 그라디언트, 컬러 교체 응용

⑤ 작업 패스 만들기 활용은 레이어 반드시 추가후 ≪ 잡힌 영역 ≪ 패스 턴택도구 클릭 ≪ 클릭 ≪ 아래로 드래그 ≪ 투명 텍스트로 편집 가능 기준점도구 응용 포함

[그림 3-5] 텍스트 레이어 - 우클릭 - 작업패스 만들기 클릭

[그림 3-6] 섬네일 클릭 패스선 잡기 아이콘 클릭 - Alt+Delete 또는 / 문자 레이어 레스터화 - 칠 (페인트)

[그림 3-7] 마우스 우클릭 작업 패스로 만들기 - 직접선택툴 - 편집영역 드래그 - 페인트 컬러교체

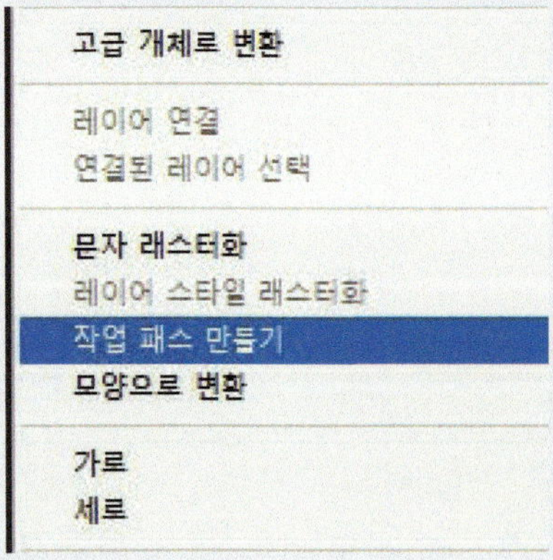

- Ctrl+ 패스섬네일

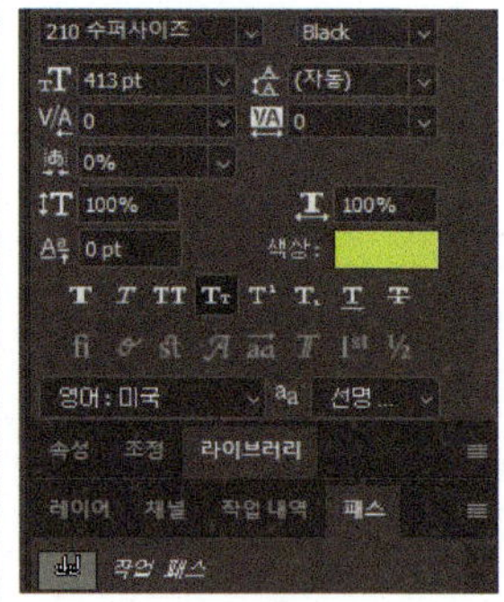

(8) 문자레이어 문자모양 변형 적용

예제 4. 문자 모양 변형하기

① 파일 새로 만들기
② 배경 이미지 가져오기
③ 배경 이미지 레이어 Ctrl+J 복사하기
④ 펜툴 선택 ≪ 자동차 라인따라 패스선 그리기
⑤ 패스선에 T툴 오버랩 ≪ *f* 문자 입력하기 폰트, 텍스트 컬러, 크기 수정

(9) 텍스트 디자인 응용

예제 5. 다양한 텍스트 디자인 실무응용

① 리듬감≪크기 위치 높낮이 폰트, 스케일로 리듬감 표현 가시성 살리고 컨셉 살아날 수 있다.
② 트렌스폼≪변형으로 기울기, 폰트 선택과 변형으로 속도감 쉐입주기 주어 임펙 살리기
③ 포인트 컬러로 부분적 강조하기
④ 폰트 여러개 섞어쓰기
⑤ 자간을 주어서 여백 주기

[그림 3-8] 변형으로 기울기 포인트

[그림 3-9] 포인트 컬러 포인 강조

(10) 텍스트 디자인 공간과 배치

① 공간의 재 배치

② 도형이나 공간안에 다른 공간 재배치 스케일감 주기

③ 타이포에 스케일감 주기

CHAPTER 04

디자인 개인 브랜드화

1. 개인 브랜드와 컨텐츠의 창작활동

1) 인터넷 활용 범위와 규모 확대와 변화

(1) 웹 디자인에 대한 가이드라인

궁극적으로 소구 대상의 특성과 사이트의 목적에 맞게 세분화 되고 체계화되어가고 있습니다.

(2) 크리에이터와 플랫폼

초기 정착 단계에서 특정 계약관계로 이루어져 있지않는 경우가 대부분이지만 플랫폼은 누구나 콘텐츠를 올리거나 방송을 할 수 있는 진입 장벽이 없는 공간을 열어준 곳일 뿐, 개인의 콘텐츠 창작활동에 원칙적으로 어떠한 영향을 미치거나 간섭을 하지 않기 때문에 크리에이터와 플랫폼이 공생의 관계로 누구나 쉽게 접근할 수 있다는 장점이 있습니다.

(3) 차별화된 플랫폼

플랫폼은 가능하면 인기 크리에이터의 콘텐츠를 독점 또는 우선 적으로 공급함으로써 개인화 차별화된 플랫폼의 영향력이 확대되고 경쟁 플랫폼 견제는 심화 되어 특별한 것 차별적인 것에 집중되고 있습니다. 그 과정에서 광고나 사이버머니 수익금을 어떤 비율로 배분할 것인지 이슈가

되기도 하고, 아예 비즈니스 계약을 맺어서 플랫폼과 창작자가 함께 브랜디드[58] 캠페인을 진행하기도 합니다.

(4) 플랫폼 계약 진행방식

플랫폼은 상황에 따라 크리에이터들과의 계약 진행방식이나 계약 종류도 상이 하기 때문에 시청자는 눈은 점점 더 높아지고 다양화되어 시간을 소비하는 시간이 길어지는 개인 미디어에는 빠르고 정확한 정보를 원하고 이동하며 초, 단위로 나누어 소비합니다. 국내 1인 크리에이터들이 주로 활동하는 플랫폼은 유튜브, 아프리카TV, 네이버TV, 카카오TV, 페이스북, 인스타그램, 트위치 정도로 구분되지만 개인 미디어에 눈을 돌리는 이유는 길어지는 기업형 채널보다 짧고 간결한 맞춤형 인스턴스에 더 충족을 느끼기 때문입니다.

① 최근 들어 소셜 커머스 등 직접 판매행위가 인스타그램 등에서 나타나고는 있으나, 일부에 불과하고 플랫폼과의 계약보다는 창작자와 제조사 간의 거래일 경우가 많다. 트위치의 경우는 라이브방송[59] 플랫폼이고, 게임 방송에 특화되어있는 글로벌 플랫폼으로, 전체적인 수익 모델 구조는 아프리카TV와 비슷합니다.

② 게임 라이브에만 특화되어 있기때문에 국내에서는 매니아 층에서만 이용되고 있어 범용적인 플랫폼이라고 보기는 어렵습니다.

③ 카카오TV의 경우는 모바일 라이브 서비스 플랫폼이고, 2017년 서비스 런칭 당시 국내 탑 크리에이터들과 특정 요일에 라이브 방송하는 계약을 맺어 초기부터 방송 콘텐츠 확보에 주력하고 있습니다.

그러나 해당 크리에이터들이 특정 요일 외에는 다른 플랫폼에서도 여전히 활동한다는 점에서 독점 컨텐츠의 의미가 이용자들에게 크게 전달되지 않고 있고, 사이버머니 '쿠키'[60]도 새롭지 않아 시청이 불편한 UI[61], UX[62] 구조 때문에 영향력을 활용하지 못하고 있는 환경입니다.

58) 브랜디드 콘텐츠란 다양한 문화적 요소와 브랜드 광고 콘텐츠의 결합으로, 콘텐츠안에 자연스럽게 브랜드 메시지를 녹이는 것을 목표로 한다.

59) 미리 녹음하거나 녹화한 것이 아닌, 그 자리에서 행해지는 연주나 방송 라디오나 텔레비전 따위를 통하여 널리 듣고 볼 수 있도록 음성이나 영상을 전파로 내보내는 일. 특정 지역을 대상으로 유선(有線)으로 행하는 것을 포함하기도 한다.

60) 정보·통신 특정 웹사이트를 방문했을 때 만들어지는 정보를 담는 파일. 방문기록, 비밀번호 따위를 기록하였다가 다음에 방문할 때 되살린다.

61) 통신 컴퓨터의 입출력장치 중 사용자가 직접 데이터를 입력하고 제어하여 정보를 주고 받는 부분.

62) '사용자 경험'을 뜻하는 용어로, 사용자가 앱 등의 소프트웨어를 사용하면서 겪는 느낌, 태도, 행동 등을 칭하는 용어다.

④ 웹콘텐츠의 유료화에 성공한 카카오페이지의 웹툰과 웹소설 장르에 비해, 카카오의 동영상 서비스는 상대적으로 경쟁력이 거대 네트웍을 기반으로 하는 거대 플랫폼에 상대적으로 약한 부분으로 평가받고 있습니다.

⑤ 2018년 기준으로 1인 크리에이터들이 주로 활동하는 플랫폼은 라이브방송 콘텐츠는 유튜브와 아프리카TV가, 비실시간(VOD) 콘텐츠는 유튜브와 네이버TV라고 할 수 있는 단계에서 장르별로는 취미별 브랜드별 개인화된 미디어 환경이 롱테일 법칙을 이끄는 플랫폼으로 점점 더 확산 되어 가고 있습니다.

2. 개인 브랜드 디자인과 브랜딩

1) 브랜딩 커뮤니케이션

(1) 미디어 기술의 디지털화와 개인적 사용이 증가함에 따라 더 이상 미디어를 전통적으로 매스커뮤니케이션과 대인 간 커뮤니케이션으로 양분하여 개념화하는 것이 어려워지고 있습니다.

(2) 매스미디어와 개인 미디어(블로그, 사용자 제작 콘텐츠, 휴대전화, 이메일, 인스턴트 메신저 등)의 구분도 상대적으로 힘들어졌습니다.

(3) 개인이 이제는 미디어 기술을 이용하여 개인적인 표현물을 디지털 네트워크를 통해 창조하고 공유하게 됨에 따라 대중에게 접근가능한 정보 제공자로서의 매스 미디어의 일반적인 정의와 특징은 더 이상 정확한 것만은 아닙니다.

(4) 매체 이론적 관점에서 개인 미디어의 기술적/사회적 차원을 조명하면서 매스 미디어와 개인 미디어를 대비하여 구분하는 접근법을 수정하고 이를 위해 개인 미디어와 매스 미디어를 상호작용성 차원과 제도화/전문화 차원에 따라 배치함으로써 각각의 기능과 역할을 이해할 수 있는 개인 미디어보다 탈 제도화되고 탈 전문화된 매체로서 매개 되어진 상호작용을 촉진 시키는 것으로 발전합니다.

(5) 디지털 기술의 구현을 통해 사회연결망에 중요한 결과를 야기 하게 되고, 이는 후기전통적 자아(post-traditional self)의 이론적 개념과 잘 부합하는 환경이 되어 갈 것입니다.[37)]

3. 브랜딩을 위한 디자인 기초

1) 브랜딩 키워드: 정확한 브랜드 이미지(Title) 메시지전달 요소와 타겟

(1) 먹방, 쿡방

먹는 행위는 단순히 생존을 위한 것을 넘어서서 삶과 문화와 밀접한 관련을 맺는다. 한국은 전통적 건강 담론과 엄격한 예절 문화를 바탕으로 한 음식문화를 형성해 왔습니다. 최근 한국에서 이러한 지배적인 음식문화의 가치와 전통적 정체성에서 이탈하는 인터넷 '먹방'('먹는 방송'의 약자) 문화가 등장하여 주목을 끌고 있는데 이것은 기존의 미디어가 다루어온 음식문화에 대한 지배적인 코드를 흥미롭게 변화시키거나 개발합니다.[38)]

(2) 키즈

어린이만을 위한 동영상 앱 YouTube Kids는 어린이들이 더 간단하고 재미있게 스스로 탐색할 수 있고 보호자와 양육자는 어린이가 새롭고 흥미로운 관심 분야를 탐색하는 과정을 손쉽게 안내할 수 있도록 보다 제한적인 환경을 어린이에게 제공하기 위한 제작 프로그램 이어야 합니다.

(3) 브이로그

브이로그(영상 일기, 일상:) 비디오 로그(video log) 또는 비디오 블로그(video blog)는 비디오의 형식으로 인터넷에 올려지는 형식입니다. 보통 블로그와 같이 시간의 역순으로 보이며 어떠한 메시지나 사건 등의 내용을 전달하기 위해 인터넷에 올려져 공개되고 텍스트, 이미지나 다른 데이터 형식과 같이 제공됩니다.[63)]

(4) 교육, 리뷰

교육 리뷰 채널은 엔터테인먼트나 먹방 처럼 재밌거나 어떠한 요구를 자극하는 것은 아니지만, 교육 및 정보 전달이 확실한 목적이 있어 디자인 메시지 전달이 정확하고 자막 강조 등 포인트가 필요한 곳에 주로 간단한 텍스트와를 뒷받침하는 이미지, 아이콘 등이 활용되어야 하고 대중적이 시청자 타깃에 맞춰 전반적으로 깔끔하고 심플한 디자인이 많으며, 엔터테인 먼트와 브이로그 채널중간 분위기의 시청자 타겟의 강력한 소구가 필요 합니다.

63) Wikimedia Foundation, Inc.

(5) 엔터테인먼트[64]

엔터테인먼트 채널에는 게임, 개그 예능 오락 등 다양한 범주의 채널이 포함되명 남년 노소를 가리지 않고 대부분 좋아하지만 유투브를 가장 많이 시청하는 연령층이 10대와 20대 이므로 보통 이들을 주 타겟으로 모든 연령층이 좋아하는 유투브에 더 많은 시간을 할애하는 공략이 필요로 하고 있습니다. 쉬고 즐길 수 있는 오락적 여흥 거리를 제공해야 하며 일반적으로 영화, 무용, 공연예술, 만화, 애니메이션, 여행, 취미 생활등 공감력이 강한 어필을 필요로 하는 분야입니다.

2) 나의 컨텐츠 레이아웃

(1) 보는 사람의 관점 편안한 시야

① 그리드 레이아웃에서 디자인 영역을 일정하게 정리합니다.

② 디자인 요소 사이를 적당한 공간을 유지합니다.

③ 텍스트의 행간과 자간은 배경에 맞게 여유 공간을 확보해서 가독성을 줍니다.

(2) 프레임 다양화 균형과 변화

① 다양한 각도와 구도 원근법 활용합니다.

② 프레임의 틀을 정형적이지 않아야 합니다.

③ 다양한 크기와 컬러대비를 활용합니다.

(3) 편안한 정렬기법

① 시선처리를 주로 왼쪽에어 오른쪽으로 흐르는 것이 편안합니다.

② 가운데 정렬은 주목성을 높입니다.

③ 경계를 분리하여 시선이 순방향으로 움이게 유도합니다.

3) 채널 맞는 디자인

(1) 미디어 제작과 개인의 채널

채널 선택에 있어 구독자 수와 조회 수 기준으로 가장 적합한 채널을 선택하는 것도 하나의 성공 요인이 될 수 있습니다.

---

64) 서비스업 영화, 음악, 드라마 등과 같은 문화와 예술을 생산하고 창조하며 유통하는 산업. ⇒ 규범표기는 미확정이다.

(2) 가장 오래된 채널

가장 오래된 열 개 채널 중 기업 채널은 9개, 개인 채널은 단 1개로 나타나 개인보다는 기업이 앞서서 브랜드 소통 및 콘텐츠 유통, 정보 전달 창구로 쓸 수 있는 효과적인 선택이 개인 미디어로서 성공을 좌우하는 가장 큰 요인이 됩니다.

[표 4-1] 인기 지표 순위에 따른 유튜브 채널의 장르유형과 개설시기

순위	구독자수 기준	장르유형 (category)	개설시기 (개월)	조회수 기준	장르유형 (category)	개설시기 (개월)
1	Big Hit Labels	음악	2008.6.4(143)	Big Hit Labels	음악	2008.6.4(145)
2	BLACKPINK	음악	2016.6.29(47)	BLACKPINK	음악	2016.6.29(49)
3	BANGTANTV	음악	2012.12.17.(90)	JFlaMusic	음악	2011.8.22.(106)
4	SMTOWN	음악	2006.3.19.(170)	Hongyu ASMR	인물/블로그	2018.9.9.(21)
5	1MILLION Dance Studio	엔터테인먼트	2015.2.6.(63)	jypentertainment	음악	2008.1.25.(149)
6	1thek	엔터테인먼트	2011.1.31.(112)	BANGTANTV	음악	2012.12.17.(90)
7	jypentertainment	음악	2008.1.25.(148)	SULGI	인물/블로그	2012.11.5.(91)
8	JFlaMusic	음악	2011.8.22.(105)	Hamzy	엔터테인먼트	2012.9.25.(93)
9	Boram Tube ToysReview	인물/블로그	2016.5.19.(48)	GONGSAM TABLE	엔터테인먼트	2018.8.21.(20)
10	offcialpsy	음악	2110.10.4.(116)	[JJ Tube]	엔터테인먼트	2015.11.21.(55)

(3) 프레임

① 화면의 구성변화로 차별성을 줍니다.

② 영역과 경계를 면, 선, 크기, 컬러로 구분합니다.

③ 상.하 좌.우 여백을 두어 시선을 편안하게 합니다.

(4) 개성있는 캐릭터

① 나만의 고유한 캐릭터, 마크, 심볼을 이용하여 차별성을 줍니다.

② 브랜의 고유한 특성을 살릴 수 있는 컨셉과 일관성 있는 메시지와 컬러로 차별성을 둡니다.

(5) 인포그래피

① 장면전환의 중간을 활용하여 시선이 끈기지 않게 인포그라피 줍니다.

(6) 기타 이펙 요소

① 텍스트의 변화와 컬러를 활용하여 눈의 피로를 없앨 수 있는 반전 느낌을 줍니다.

② 장면별 임펙트는 포인트구간을 정하여 강조하거나 차별성인 있는 아이덴티티 줍니다.

(7) 타겟에 맞는 세분화 분석 및 설정

타겟에 맞는 이용자 그룹별 정보 요구에 따른 '검색단계의 단순화'와 '원하는 정보의 시각화' 라는 욕구를 충족시키기 위한 정보 요구 분석에 기반한 정보시각화에 중점을 두고 디자인되어야 합니다.

(8) 기획 및 레이아웃

타겟이 선정되었다면 시각화를 통해 이용자들에게 Pull 전략을 증가시켜 만족도 향상과 활용도 증가를 위해 기대효과를 높일 수 있습니다.

4) 차별화된 시각화

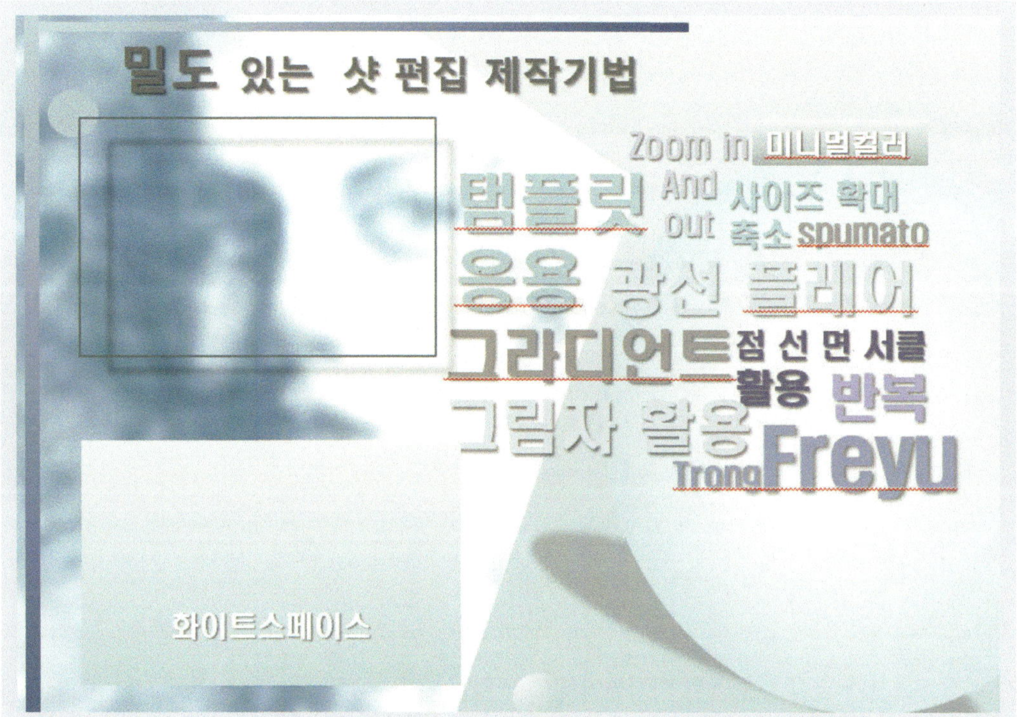

(1) 타겟 선정

세분화된 이용자의 요구에 대한 만족도를 높이고 신뢰도와 호감도를 향상 시키는 것은 타겟으로부터 지속적인 만족도와 충성도를 높일 수 있습니다.

(2) 효과적인 인트로

내용적인 측면과 경제적인 측면에서 효율적이어야 컨텐츠 소비자로부터 서비스 구현에 따른 비용 및 시간을 절감하고자 하는 욕구를 충족시킬 수 있습니다.

(3) 소비자는 가성비 정보 비교검색

컨테츠 소비자들은 밀집한 정보의 홍수 속에서 좀더 효율적이고 차별화된 변화를 요구하므로 웹사이트의 디자인이나 서비스 탭의 구성 등은 정보 검색 단계별로 구분하여 링크나 팝업을 이용해 정보 간의 비교와 이동을 요인을 유도 해야 합니다.

5) 차별화된 디자인 구성기법

(1) 대비(Contrast)

상반되는 형태 색상, 크기, 면, 선, 명암, 채도의 비교(比較)조건이 성립되는 대조 두 개가 대립되는 감각이나 감정 기타의 심적 활동이 시간적 공간적으로 상충 되어 대비의 종류에 따라 색채대비의 색상을 달리하는 두 빛깔을 나란히 놓을 때 자극성이 강한 자극과 보색 관계에 있는 색 감이 자극성이 약한 자극 쪽에 나타나는 현상 색채대비와, 같은 채도의 색이 주변 색에 의해 채도가 다르게 보이는 채도대비 현상과 보색 관계에 있는 두 색을 같이 놓을 때 서로의 영향으로 더 뚜렷하게 보이는 보색대비, 서로 맞서는 빛깔이나 자극이 잇달아 일어날 때, 그 특성이 서로 강조되어 차이가 뚜렷하게 느껴지는 현상의 대비와 물리적 감각을 자극하여 느낌이 생기는 계도 대비로 정의 할 수 있습니다.

(2) 색상(Color)

색채 고유의 색상(色相)을 가진 빛깔로서 무채색의 흰빛, 잿빛, 검은빛 따위처럼 명도의 차이는 있으나 색상과 순도가 없는 빛깔들이 같은 색상이라도 주변색에 의해 색상의 차이가 두드러지게 나는 현상이 나타나므로 컨셉과 배경에 맞는 컬러를 통한 이미지는 오프닝 타이틀에서 보이는 아이덴티티와 밀접한 관계를 지니므로 기획 단계에서부터 메인컬러 및 서브 컬러, 그리고 색상이 지니는 명도와 채도를 통한 톤의 선정이 중요합니다.

(3) 폰트(font)

① 매체 구문활자 에서 크기와 서체가 같은 한 벌. 대문자·소문자·구두점·숫자 등으로 가독성과 인지성을 위해 간단하고 명료하게 디자인하며 이를 위해 폰트의 컬러와 종류, 두께와 크기 등의 고려가 필요합니다.

② 컬러 적용 시 고려해야 할 점은 배경의 컬러를 고려하여 조화를 이루면서도 대비를 줄 수 있는 컬러를 사용해야 합니다.

③ 폰트의 종류는 고딕체, 명조체, 손글씨체 등으로 구분되며, 콘텐츠의 특성에 따라 레트한 느낌, 귀여운 느낌, 강한 느낌, 부드러운 느낌 등의 이미지를 타이틀을 통해 전달할 수 있어야 합니다.

④ 폰트의 크기와 두께에 따라 타이틀의 시안성과 가독성에 영향을 주므로 폰트의 크기가 작을 경우는 너무 두꺼운 폰트의 사용은 피하며 필요시 자간 및 행간 조절을 주어 더욱 세련된 텍스트를 완성할 수 있습니다.

(4) 여백(margin)

① 글이나 그림이 없는 빈 영역을 뜻하며 디자인 요소들 사이의 공간으로 이용하기에 따라 지나치게 조잡할 수 있는 글이나 그림에 여운을 남겨 세련미를 살릴 수 있습니다.

② 한국 전통 회화뿐만 아니라 중국, 일본의 회화에서도 나타나며 “negative space”[65]라는 용어는 오브젝 형태를 보다 명확히 잡아내던 전통적인 예술사에서 특히 문인화가 여백의 미에 대해 처음으로 미적 해석 하였습니다.

③ 여백이 반드시 흰색일 필요는 없습니다. 여백은 내용을 쉽게 접근하게 해 주며 예측 가능 하게 합니다.

(5) 쉐입(Shape)

① 형태는 구성요소간의 조화가 이루어 지도록하여 쉽고 빠르게 전달이 가능하도록 하는 것이 중요하며 시각적인 안정감, 통일감을 주어 대상자들이 한눈에 이해하고 알아 볼 수 있도록

65) 미술건축, 조소, 회화에서 형상의 뚫린 공간 또는 형상으로 둘러싸인 내부 공간으로 형상의 뚫린공간이나 내부 공간은 작품의 일부로, 전체적인 구도로 볼 때 균형, 비례, 공간감을 창출한다.

독자들과 커뮤니케이션이 이루어져야 합니다.

② 쉐입은 디자인 컨셉, 기획에 맞춰 레이아웃 구성 요소를 선택하고 크기, 위치를 중요도에 따라 적절히 사이징 되어 배치, 정렬 되어야 합니다.

(6) 웹 섬네일 이미지컷 제작기법

① 대상과 타겟에 맞는 컨텐츠 디자인, 게임,먹방,Vlog, ,세련 단순 심플

② 시선의 흐름 좌-우 / 위-아래 이미지

③ 텍스트 강약 활용 / 강조 과감한 사이즈 및 컬러

④ 대비: 이미지 텍스트 경계

⑤ 통일성: 편안한 시선 일관성 있는 컨텐츠 강조

4. 타이틀 브랜딩 디자인 제작실무

1) 팝업창 만들기

예제1. 팝업창 만들기 레이아웃

프레임 & 이펙

1. 배경색 컬러대비 노랑색 넣기
2. 쉐입툴로 타이틀 강조하기
3. 커피광고 이미지브랜드 아이덴티티 강조
4. 커피 알갱이 반복과 선택
5. 쉐입 툴로 하단 배경 만들기
6. 쉐입 툴로 원형 이미지 경계주기
7. 텍스트 툴로 포인트 글자 넣기
8. EVENT 글자와 그림자 공간 분리하기

9, EVENT 복사하여 그림자 처리하기

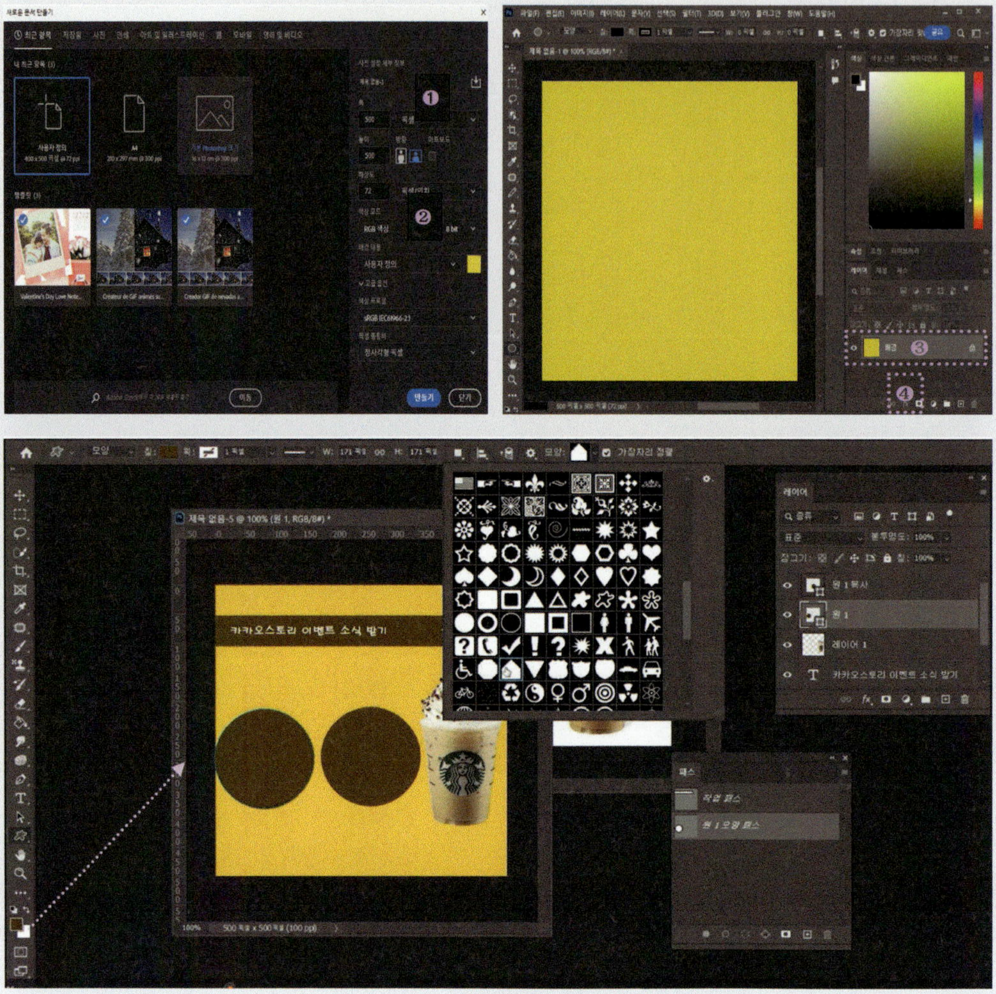

[그림 4-1] 모양만들기 제작과정

(1) 가독성 높이는 5가지 효과적용기법

① 딤처리

전체 레이아웃중 포인트를 살릴 수 있도록 대비되는 방향을 어둡게 처리하여 이미지와 텍스트를 구분하여 메인 타이틀 강조해 줍니다.

② 눌러주기

배경과 하단 점 선 면의 경계면 어두운 그라디언트 처리는 피사체를 좀더 입체적으로 표현할 수 있습니다.

③ 블러기법

강조 메시지 초점을 둔 외관 흐리게 배경 처리하므로 깔끔하고 심플한 공간감을 줄 수 있습니다.

④ 블랜드모드

혼합 모드 기법은 컬러 오버레이 반복 듀오톤대비 감각적인 채도와 명도를 구분하여 완성도를 높여 줍니다.

⑤ 대비

상반되는 형태 색상, 크기, 면, 선, 명암, 채도, 대비 디자인 기본적인 감각을 높일 수 있습니다.

예제 2. 광고 포스터 제작 실무

프레임 워크

① 파일 ≪ 새로 만들기 ≪ 297*210 픽셀 / 가로 / 해상도 72 / RGB / 8bit / 흰색 배경

② 파일 ≪ 가져오기 ≪ 오렌지 이미지 ≪ 빠른 선택 툴, 배경과 분리 추출 Ctrl+C,V ≪ ❶ 배경 레이어 Ctrl+T 이미지 확대, 축소

③ 파일 ≪ 가져오기 ≪ 워터드롭 이미지 ≪ Ctrl+A ≪ Ctrl+C, V ≪ ❶ 배경 레이어 Ctrl+T 이미지 확대, 축소 및 수정 ≪ 오렌지 레이어 상단 배치

④ 옵션 바 ≪ 이미지 ≪ 조정 ≪ 색조 채도 ≪ 컬러 수정 ≪ 마스크아이콘 클릭(Alt+레이어 경계)

⑤ 배경 레이어 컬러수정(Alt+Delete) ≪ 브러쉬 툴 ≪ 블랙 컬러 터치 음영처리

⑥ 브러쉬 툴 선택 ≪ 오렌지, 워터드롭 레이어 음영 처리 투명도(20~50%)

⑦ 타이틀 텍스트 입력 ≪ 문자 캐릭터 패널 설정

예제 2. 광고 포스터 제작 타이틀 폰트와 배치

예제 3. 광고 포스터 제작 실무

[그림] 예제 3 다양한 기법의 광고 포스터

프레임 워크 듀오톤 응용

① 메세지 전달위해 텍스트 강조는 3D효과 적용 광고
② 컬러배경 ≪ 명도 채도 활용하여 원근감 두기 ≪ 텍스트 살리기 ≪ 이미지 텍스트 함께 정보 전달
③ 불러 주기 ≪ 흐림 처리 ≪ 아웃 포커스 / 초점 맞춘 부분만 선명하게 처리 그 외 공간 흐릿하게 피사체 포인트 살리기
④ 시선 집중 효과로 공간감 살려 디자인 풍부하게
⑤ 혼합모드(blend mode) 컬러 오버레이 기법 ≪ 응용
⑥ 듀오톤 ≪ 색감 강조 화려한 느낌의 오버레이 방식
⑦ 대비 ≪ 가장 중요한 기법 ≪ 상반된 컬러대비, 크기 차이, 면적대비

2) 포토샵 실행과 팝업창 등록

(1) Shop by ≪ 적용할 수 있는 일반팝업 ≪ 디자인 ≪ 팝업창 관리 ≪ 팝업창 등록

① 상단 메뉴바 ≪ 파일 ≪ 새로 만들기(Ctrl+N) ≪ 사용자 정의 500 × 500 / 해상도 72(인쇄용 300 이상)
② 배경 색상모드 RGB노랑 / 인쇄용 CMYK ≪ 만들기
③ 새로 만든 캔버스 클릭 ≪ 레이어 ≪ 자물쇠 더블클릭 풀기
④ 하단 *fx*아이콘 레이어스타일 클릭/효과아이콘클릭 ≪ 획 선택 ≪ 색상 ≪ 크기 1픽셀 ≪ 확인
⑤ 배경 레이어 자물쇠 클릭 배경고정
⑥ 툴바 ≪ 문자 T선택 ≪ 입력 / '카카오스토리소식받기' / 폰트 HY엽서M / 14pt ≪ 상단 옵

션 확인 클릭

⑦ 문자 추가 입력 ≪ 폰트 ≪ 컬러 ≪ 사이즈 수정 ≪ 확인

⑧ 레이어추가 ≪ 사용자 정의 모양 도구선택 ≪ 오각형드래그 ≪ Art+Delete 전경색채우기

⑨ ⑧ 오각형 복사(Art+드래그) 길에 맞게 복사 붙이기 ≪ 마우스 우클릭 레이어병합

⑩ 툴바 ≪ 문자T선택 ≪ 입력 / 'EVENT' / 폰트 헤드라인M / 60pt ≪ 상단 옵션 확인 클릭

⑪ ⑩ 레이어 복사후 마스크 씌우기 ≪ 툴바 그라디언트선택 ≪ 복사한 'EVENT' 아래서 위로 드래그하여 반사된 그림자 처리

⑫ 파일 ≪내보내기 ≪ 웹용으로 저장(레거시) ≪ 오른쪽 상단 이름, JPEG, 품질 70 ≪ 저장 ≪ 파일 이름 ≪ 저장

(2) 팝업 플랫폼에 등록하기

① Shop by 관리자 페이지 이동 ≪ 디자인 ≪ 디자인 설정 ≪ 팝업창 관리 ≪ 팝업창 등록 클릭 ≪ 쇼핑몰 / 선택 ≪ 플랫폼 구분 / PC앱, 모바일 앱, 선택 팝업 제목 ≪ 일반 팝업창

② 노출여부 ≪ 노출함, 항상열림, 사용, 일반 팝업

③ 팝업내용 ≪ 픽쳐아이콘선택 ≪ 파일선택 ≪ 가져오기

④ PC웹 고정랩,

⑤ 창크기 ≪ 포토샾 이미지 설정 + 20픽셀 크게 420 × 520

⑥ 창위치 상단150 / 좌측 150

⑦ 배경색 흰색

⑧ 팝업 노출 페이지 / 메인 페이지

⑨ 하단 모바일앱 ≪ 박스 체크 ≪ pc웹 내용과 동일하게 적용(팝업창종류제외) ≪ 확인 ≪ 저장

⑩ 우측상단 내 쇼핑몰 클릭 후 확인합니다.

5. 모양 및 패스 이해

1) Photoshop의 그리기

(1) Photoshop 모양 도구, 펜, 자유 형태 펜 사용기법

① 좌측 옵션패널의 텍스트 툴 “T”클릭하여 그리기 모드를 선택해야 합니다.

② 그리기 모드에 따라 자체 레이어에 벡터 모양을 만드는지, 기존 레이어에 작업 패스를 만드는지 또는 기존 레이어에 래스터화된 모양을 만드는것을 결정합니다.

③ 벡터 모양은 해상도의 영향을 받지 않으므로 크기를 조정하거나, 포스트스크립트 프린터로 인쇄하거나, PDF 파일로 저장하거나, 벡터 기반 그래픽 응용 프로그램으로 불러오는 경우에도 가장자리가 선명하게 유지됩니다.

④ 사용자 정의 모양의 라이브러리를 만들고 모양의 윤곽선(패스라고 함)과 특성(획, 칠 색상, 스타일 등)을 편집할 수 있습니다.

⑤ 패스란 선택 영역으로 변환하거나 색상으로 내부를 칠하고 획을 그릴 수 있는 윤곽선을 말합니다.

⑥ 패스의 기준점을 편집하여 쉽게 패스의 모양을 변경할 수 있습니다.

⑦ 작업 패스는 [패스] 패널에 나타나는 임시 패스로 모양의 윤곽선을 정의합니다.

(2) 패스활용 방법

① 패스를 벡터 마스크로 사용하여 레이어의 일부 영역을 숨길 수 있습니다.

② 패스를 선택 영역으로 변환할 수 있습니다.

③ 색상으로 패스를 칠하거나 획을 그릴 수 있습니다.

④ 이미지를 페이지 레이아웃이나 벡터 편집 응용 프로그램에 내보낼 때 패스를 클리핑 패스로 저장하도록 지정하면 이미지의 일부를 투명하게 만들 수 있습니다.

(3) 그리기 모드

① 모양 도구나 펜 도구 를 사용할 때는 세 가지 모드에서 그릴 수 있습니다.

② 모양 도구나 펜 도구를 선택한 후 옵션 막대에서 각 모드의 아이콘을 선택합니다.

③ 모양 레이어 별개의 레이어에 모양을 만듭니다.

④ 모양 도구나 펜 도구를 사용하여 모양 레이어를 만들 수 있습니다.

⑤ 모양 레이어는 이동, 크기 조정, 정렬 및 분포가 쉬워 웹 페이지용 그래픽을 만들 때 이상적

입니다.

⑥ 한 레이어에 여러 개의 모양을 그릴 수 있습니다.

⑦ 모양 레이어는 모양의 색상을 정의하는 칠 레이어와 모양의 윤곽선을 정의하는 연결된 벡터 마스크로 구성됩니다.

⑧ 모양의 윤곽선은 패스로 나타내고 패스는 [패스] 패널에 나타납니다.

(4) 패스

① 현재 레이어에 작업 패스를 그리면 이 패스를 사용하여 선택 영역을 만들거나, 벡터 마스크를 만들거나, 페인팅 도구를 사용할 때처럼 색상으로 내부를 칠하고 획을 그려 래스터 그래픽을 만들 수 있습니다.

② 저장하기 전까지 작업 패스는 임시 패스입니다. 패스는 패널에 나타납니다.

(5) 픽셀 칠

① 페인팅 도구를 사용하는 것처럼 레이어에 직접 페인팅합니다.

② 모드에서 작업할 때는 벡터 그래픽이 아닌 래스터 이미지를 만드는 것입니다.

③ 페인팅한 모양 작업 방식은 래스터 이미지로 작업하는 방식과 같습니다.

④ 모양 도구만 이 모드에서 작동합니다.

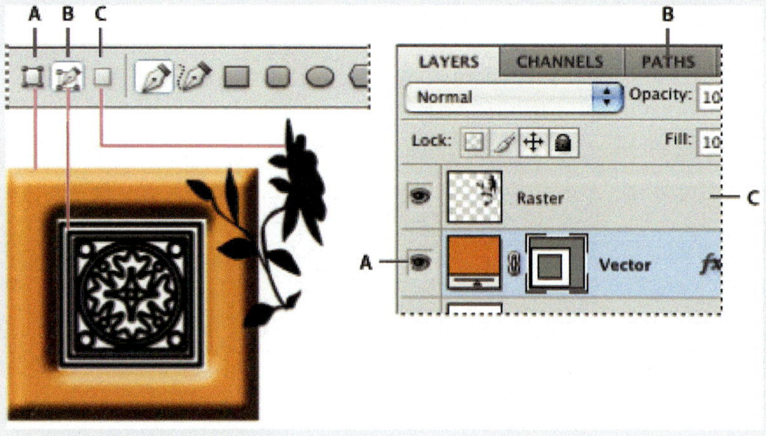

그리기 옵션

A. 모양 레이어

B. 패스

C. 픽셀 칠

CHAPTER 05

디자인 역사와 발전 소통을 위한 디자인 요소

1. 포토샵 이미지 합성 이해

1) 포토샵의 특징과 속성

포토샵에 있어 가장 기본적인 용도는 이미지의 합성과 편집이며 특히 '포토샵'이라는 이름에 맞게 사진 수정에 최적화되어 있습니다. 그래픽을 만드는 용도로 활용할 수 있으나 그 분야는 어도비 일러스트레이터가 더 기능적으로 구성 되어 드로잉 용도로 적합하다고 할 수 있습니다. 사진의 편집 및 합성을 조금만 배우더라도 쉽게 다룰 수 있으며, 기본적인 드로잉 툴과 필터의 기능도 있어 이를 활용하면 이미지 사진도 그림과 같은 질감의 아트 페인트로 구성할 수 있는 특징이 있습니다. 포토샵은 픽셀을 기본 단위로 하는 비트맵 방식의 그래픽 프로그램으로 편집과 수정에 있어 해상도와 화질의 이해도가 많이 요구됩니다.

2) 크리에이티브 클라우드CC

대학생이던 토머스 놀(Thomas Knoll)이 Mac용 이미지 뷰어 프로그램을 만들었는데 루카스 필름 산하의 특수효과 전문 회사인 ILM에 다니던 그의 형 존 놀(John Knoll)이 그 프로그램을 맘에 들어 해 이미지 편집 프로그램으로 발전시키자고 제안하여 함께 개발하여 나온 것이 '디지털 인화실' 아직 포토샵이란 이름이 붙기도 전의 이 프로그램은 제임스 카메론의 영화 어비스의 특수효과에 결정적으로 역할을 하였습니다.

영화에 살아 움직이는 물이 나오는데, 당시의 3D 그래픽의 초기 단계에서 실사 이미지와 합성하면 기술적인 면에서 부족한 상황에서 이 프로그램으로 한 프레임 한 프레임 연결하고 수정하며 새로운 필름으로 창조했다고 합니다. 1994년 개봉된 포레스트 검프 역시 주인공 검프가 예전 미국 대통령과 같이 나오는 장면 등을 한 프레임씩 로토스코핑으로 그려내는 어려운 과정을 통해 새롭게 구현했는데, 이때 사용한 툴이 포토샵 프로그램의 초기 버전으로 알려지고 있습니다.

3) 포토샵 프로그램 하드웨어 요구

초기 버전 이후 프로그램을 어도비사에서 인수하여 "포토샵(Photoshop)"이라는 이름을 붙이게 된 것입니다. 1990년에 1.0 버전이 나왔고 2.5 버전부터 Windows를 지원하기 시작하여 3.0 때 지금의 레이어 기능이 추가되었으며 5.0 때 히스토리 기능이 추가되어 undo의 횟수 제한이 없어 지고 7.0 때 브러시 엔진이 추가되었습니다. 7.0 버전에 이르러완성도도 우수하고 이후 버전에서도 자주 사용되는 기능 대부분이 탑재되어, CS 버전이 개발되었으나 프로그램 자체가 무거워 바로 7.0버전으로 발전하여 전문가들에게 많이 쓰이게 되었습니다.

4.0 이전 버전도 되돌리기(undo) 수정을 그리 사용하지 않을 때 용량의 부담 없이 활용되었으나 Windows XP, 7 이전 버전 OS를 에서 CS환경에서 그래픽 용량이 무거워 구 버전을 더 선호하고 전문 디자이너들도 사용하는 기능만 쓰다 보니 업그레이드의 필요성을 느끼지 못해 5.5나 6.0을 사용하는 경우가 더 많다고 합니다.

버전 차이로 인한 OS와의 호환성 문제와 버그 때문에 많이 쓰이지는 않게 된 상황에서 Windows 10이 나온 지금은 Windows 7에 포토샵이 깔린 상태로 Windows 10으로 업그레이드 하여 구버전 포토샵 기능은 하지만 Windows 10이 처음부터 설치된 상태에서는 CS 미만 버전을 설치하면 작동하지 않는 오류가 나기도 합니다.

CC 2019 버전부터는 32bit Windows를 더는 지원하지 않고 64bit 전용으로 변경되어 64bit 지원이 처음 도입된 CS4 이후로 10년 만에 32bit 지원이 중단된 상태이고 이전 버전까지 요구사항에 있었던 Windows 8.1이 빠지고 이보다 구버전 OS인 Windows 7 서비스 팩 1은 여전히 명시되어 Windows Vista가 Windows XP 서비스 팩 3보다 먼저 지원에서 빠졌던 CS6와 비슷한 사례로 2020 버전부터는 그래픽카드의 요구 사양이 구체적으로 명시되기 시작했습니다.

[표 5-1] Windows기준 하드웨어 요구사항

- 64bit를 지원하는 intel 또는 AMD 2GHz 이상 프로세서
- Microsoft Windows 7* 서비스 팩 1(64bit)** Windows 10*** 2018년 10월 업데이트 (64bit) qjwjs 1809 이상
- 2GB RAM(8GB 권장)
- NVIDIA GeForce GTX 1050 또는 이와 동등한 기능 NVIDIA GeForce GTX 1660 또는 Quadrt T 1000 권장
- 64bit 설치에 3.1GB의 사용 가능한 하드 디스크 공간, 설치하는 동안 추가 여유 공간 필요
- (이동식 플래시 저장 장치에 설치할 수 없음, 대/소 문자 구분 파일 시스템을 사용하는 볼륨에 설치 할 수 없음)
- 64bit 색상 및 512MB 이상 전용 ARAM 장착(2GB 권장) 에서 100% UI 비율에서 1280 x 800 디스플레이
- OpenGL 2.0 지원 시스템
- 소프트웨어를 활성 하거나 가입을 확인하고 온라인 서비스를 이용하려면 인터넷 연결 및 등록 필요

기능이 많은 것을 고려하면 6코어 6스레드 또는 4코어 8스레드 이상의 CPU, 8GB 이상의 RAM 용량, 2GB VRAM 용량 이상의 그래픽카드,[30]로 공식 권장 사양보다 높은 성능을 써줘야 포토샵을 쾌적하게 이용할 수 있습니다. 또한, CS4부터는 GPGPU(그래픽카드로도 연산을 수행)를 사용하여 제대로 쓰려면 최소 서든어택이 돌아갈 정도의 그래픽카드도 요구됩니다. 몇몇 기능들은 그래픽카드가 중요한 역할을 하며 특히 4K 이상의 고해상도 모니터를 쓴다면 무조건 연산 성능이 어느 정도 좋은 그래픽카드는 확보해야 합니다.

포토샵 프로그램의 정확한 용도는 편집 수정하고 합성하여 인쇄물 제작용 원판을 만드는데 활용 되지만 그중에서 결과물을 만들어 내는 가장 중요한 인쇄 페이지 관련 기능은 일반인들이 쓸 일이 없으므로 평범한 일반인들은 포토샵의 본연 기능의 1/4도 채 사용 하지 못한다고 할 수 있습니다. 때문에 주로 탬플릿 사진에 개인의 얼굴 수정하거나 미니홈피에 올릴 사진을 만들고 효과 주는 용도로만 포토샵을 사용한다면 프로그램 사용 가격에 비해 매우 비효율적일 것입니다.

4) 편집을 위한 그래픽 카드

포토샵 기능을 최대한 살려 편집하려면 최신 버전 기준으로 인텔 코어 i9이 최상의 성능을 보여

준다고 할 수 있습니다. 8스레드가 한계임에도 최상의 성능을 보여주는 이유는 최대 터보 부스트 클럭 기능에 따른 높은 싱글스레드 성능 때문에 전전 세대 일반 가정용 최상위였던 i7-8700K가 i7-9700K보다 떨어지는 성능인 것도 스레드 개수보다는 싱글스레드 성능이 더 중요하고 할 수 있습니다.

더 많은 스레드 개수를 지니는 코어 X-시리즈의 성능이 i9보다 특별히 좋은 성능이 아님을 고려해보면, i9 이상의 비싼 CPU는 가격 대비 실용성이 그리 높지 않다고 할 수 있습니다. 코어-X 시리즈가 가지는 그나마 확실한 장점이라면 일반 데스크탑 보다 더 많은 메인 메모리를 장착해서 더 많은 메모리 용량과 대역폭을 확보할 수 있다는 것 외에 큰 도움이 되지 않을 수 있습니다.

5) 메인 메모리

공식 요구 사항에는 최소 2GB 이상, 8GB 권장으로 나오지만 모니터 해상도(대부분 1920×1080)보다 높은 해상도의 캔버스이면서[34] 수십 개 범위의 레이어 분량으로 제대로 작업할 경우 작업 문서의 용량이 급격하게 늘어나 8GB도 부족할 수 있어서 16GB 이상의 대용량이 필요합니다.

현재까지 포토샵의 [환경 설정] - [성능] 탭에서 메인 메모리의 최대 권장 할당 용량은 100%가 아닌 71%입니다. 100%로 꽉 채우게 되면 다른 응용프로그램들이 실행하면서 메모리 할당이 누적되어 운영체제가 작동해야 할 최소한의 메모리 공간이 모자라 포토샵뿐만 아니라 시스템 전체가 버벅거리는 현상이 발생할 수 있습니다.

작업 문서 1개 기준에 메인 메모리 할당 용량 60% 기준으로, 캔버스 해상도나 레이어 개수가 어떻든 작업 문서의 총 용량이 100MB 이내이면 8GB도 충분하고, 그 이상의 용량을 다루려면 16GB로, 500MB 이상은 32GB 이상으로 가야 하며, 1GB 이상은 64GB 이상까지 구축하는 것이 최상의 조건이니다.

32GB라는 대용량을 일반 가정용 PC에서 확보하려면 시중에 풀린 일반용 DDR3 램 기준으로 단일 제품으로서 가장 많은 용량이었던 8GB만 해도 4장이나 필요한데 인텔 메인보드 기준으로 2세대 코어 i 시리즈(샌디브릿지) CPU이면서 DIMM 슬롯이 4개가 탑재된(쿼드뱅크를 지원하는) 메인보드가 한계입니다.

1세대 코어 i 시리즈 CPU는 DIMM 슬롯을 4개(린필드, 클락데일), 6개(블룸필드, 걸프타운)로 많이 지원해봐야 각각 16GB, 24GB가 한계라서 작업 파일 용량에 제한될 수밖에 없고 잦은 이동 때문에 노트북 환경에서 작업할 경우라면 고가의 게이밍 및 워크스테이션 노트북이 아닌 이상 DIMM 슬롯이 대부분 2개이므로 최소한 6세대 코어 i 시리즈(스카이레이크) CPU에 DDR4 램인 노트북을 사용해야 합니다. 2019년 이후 DIMM 슬롯 2개만으로 64GB 구축이 가능해 졌습니다.

6) 포토샵 엘리먼츠

포토샵의 전문적인 수준의 무겁고 방대한 분량 단위로만 작업하는 것은 아니므로, 고해상도라도 레이어 수가 적거나 많아도 모니터 해상도(1920×1080)보다 낮은 해상도의 캔버스 환경에서 기초적인 수준으로만 다룬다면 용량이 100MB를 잘 넘지 않으므로 8GB도 충분히 사용할 수 있습니다.

16GB면 최상의 조건 이지만 같은 회사 애프터 이펙트 프로그램의 용량에 그리 좋은 조건만은 아닙니다. 레이어의 용량이 커지면 32GB, 64GB, 128GB까지의 제작이 가능할 정도로 무겁기 때문에 16GB 파일이 부담되지 않을 수 있습니다. 따라서, 개인적으로 얼만큼의 규모로 편집 작업할 것인가에 따라 용량을 결정하는 것이 현명하고 결과물이 복잡해질수록 RAM에 저장될 용량이 급격하게 커진다는 것입니다.

7) 그래픽 하드

포토샵에서 GPU를 적극적으로 활용하는 기능은 모든 기능 중 일부에 불과한데, 이는 포토샵에서 제공하는 기능 대부분이 단순한 계산만 할 줄 아는 GPU만으로는 할 수 없는 복잡한 계산을 기반으로 수행되기 때문입니다. 그렇기 때문에 그래픽 하드웨어의 성능을 고려해서 GPU 가속을 잘 지원하는 기능을 많이 활용하는 사용자에 한정되며, 이에 해당되는 사용자라면 반드시 고려해야 하는 것은 하드웨어입니다.

편집을 최고의 그래픽 퀄리티로 뽑기 위한 전문적인 작업일 경우 연산 성능과 그래픽 메모리 용량이 어느 정도 받쳐주는 최신 그래픽카드 혹은 전문가급 그래픽카드 정도는 있어야 합니다. 현재 4K 모니터를 많이 쓰는 추세이고 최신 그래픽카드는 거의 필수이며 몇 대씩 연결하면 좀 더 고가의 그래픽카드이거나 복수의 그래픽카드로 구성합니다.

연산에 특화된 워크스테이션 그래픽카드를 쓰는 것도 좋은 선택이고 그래픽 카드 중엔 3D에 특화된 것, 영상 작업, 2D에 최적화된 것을 구분해서 무조건 비싼 게 그래픽 프로그램을 잘 쓰는 것이 아니고 그래픽 카드의 특성을 알아보고 설치 후에 하드웨어 설정을 맞추거나 모니터가 1920×1080 해상도 환경일 경우 CPU 내장 그래픽도 그래픽 메모리용 할당 용량만 잘 설정하면 가벼운 작업에 수용 가능 합니다.

8) 추천 그래픽카드

그래픽 카드 사양은 일정 수준의 쿠다 프로세서(AMD의 경우 스트림 프로세서)만 확보되면 포토샵 성능에 큰 영향은 없습니다. 쿠다 프로세서는 GTX 600번대 이후로 안정화 되었기 때문에 GTX 650 이상의 그래픽 카드를 사용할 경우 그래픽 카드가 아닌 다른 부품에 투자하는 것이 좋습니다. 다만 10bit 컬러 모니터를 쓸려면 쿼드로나 라데온 프로 같은 워크스테이션용 그래픽카드를 써야합니다. 컬러로 작업을 해야 한다면 반드시 전문가용 모니터와 그래픽카드가 필요합니다. 그래픽카드를 전문가용인 쿼드로나 파이어프로, 라데온프로 등을 사용해야 하며 10비트를 지원한다고 나오는 게임용 그래픽카드의 경우 대부분 다이렉트 X를 통한 전체 화면에서만 10비트를 지원하고 일반적인 환경에서는 지원하지 않기 때문입니다.

엔비디아의 그래픽 카드는 용도에 따라 세 개의 브랜드로 나뉜다. 게이밍용 그래픽 카드(지포스), 그래픽 작업용 그래픽 카드(쿼드로), 연산용 그래픽 카드(테슬라)의 라인이 존재하는데, 가격대비 성능은 게이밍용 그래픽 카드가 나머지 두 그래픽 카드보다 2~10배 정도 좋다고 할 수 있습니다. 게이밍용 GPU는 게임의 실시간 연산에 쓰이는 DirectX 성능에 집중하는 대신 작업용으로 주로 쓰이는 OpenGL의 성능은 크게 제한이 있고 포토샵은 작업용 소프트웨어임에도 OpenGL의 활용도가 낮기때문에 가성비가 낮은 대신 많은 전문가용 기능을 지원하는 쿼드로 그래픽카드를 사용할 필요는 적다고 할 수 있다. 하지만 위에서 말했듯이 10비트 색상 지원을 원한다면 사용할 수밖에 없는 것입니다.

2. 이미지 편집을 위한 다양한 필터응용

1) 이미지 보정과 합성 프로그램 실행하기

(1) 도장 툴 & 힐링 툴 사용 법

복제 툴 : Alt 키를 누르고 복사할 이미지 기억 기억시킨 이미지를 복제 툴로 반복해서 사용 이미지의 색상정보, 명암, 채도 모두 기억

예제1.

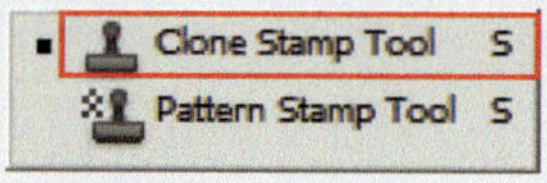

복제 툴 : Alt 키를 누르고 복사할 이미지 기억 기억시킨 이미지를 복제 툴로 반복해서 사용 이미지의 색상정보, 명암, 채도 모두 기억

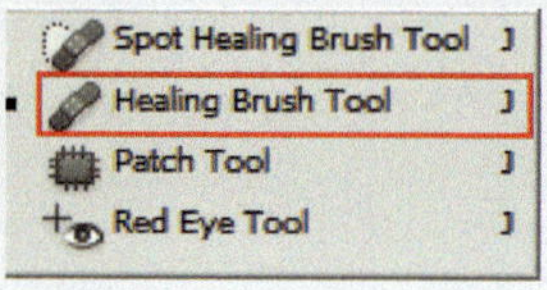

힐링툴 : Alt 키를 누르고 복사할 이미지 기억 기억시킨 이미지를 복제 툴로 반복해서 사용 이미지의 명암을 보완하여 이미지 복제

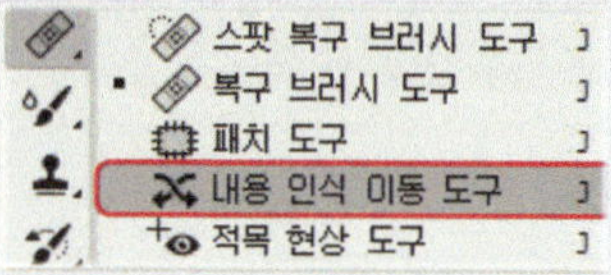

올가미툴 - 분리할 피사체 선택영역으로 - 편집 - 내용인식 채우기 - 출력 위치를 - 새 레이어로 선택-확인

2) 리터치 툴 사용법

(1) 리터칭 브러쉬 사용 및 차이점 비교

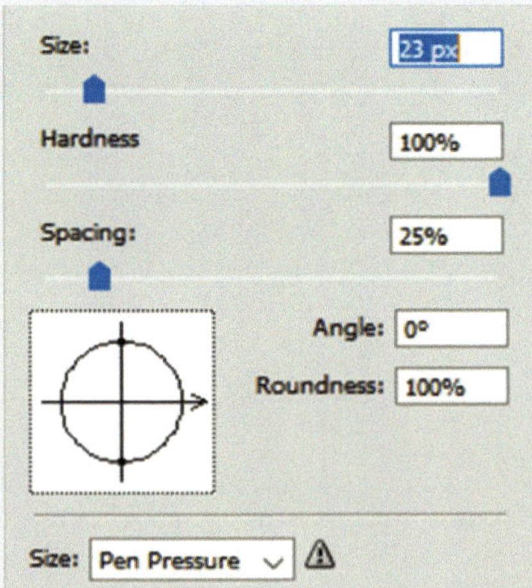

① 크기 : 복제할 이미지 사이즈 기억시킬 붓 크기
② 농도 : 붓의 형태를
③ 공간 : 붓과 붓 사이의 간격
④ 각도 : 붓의 방향
⑤ 원형 : 붓의 원형 형태 조정

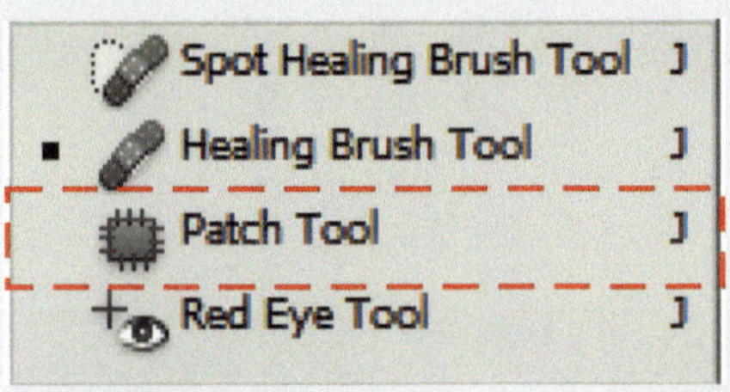

① 패치툴 : 수정하고자 하는 이미지 부분 선택
② 덮어씌울 이미지 위로 선택영역

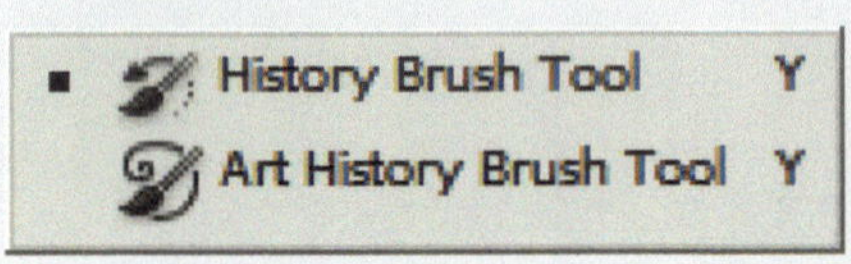

① 히스토리브러시 : 원래의 이미지로 되돌리기

예제 2. 패치툴 응용 효과

3) 이미지 편집 도구 응용

(1) 이미지 수정 툴 활용과 속성

① 닷지 : 붓의 터치 부분을 점점 밝게
② 번 : 붓의 터치 부분을 점점 어둡게
③ 스펀지 : 채도를 높게 혹은 채도를 낮게
④ 흐릿하게 : 붓 터치 부분을 흐릿하게
⑤ 선명하게 : 붓 터치 부분을 선명하게
⑥ 스머지툴 : 손 가락으로 픽셀을 밀어낸 듯 표현되게

예제 3. 보정툴 응용 효과

(2) 예제 3 보정 툴 사용 순서도

① 닷지툴 경계 밝은 영역 효과

② 스머지 툴 경계 흐림 영역

③ 번툴배경 점점 어둡게 처리된 영역

4) 패턴 등록과 쉐입 툴

(1) 패턴 등록하기

① 새로운 문서 열기 배경은 투명으로 지정하기 패턴으로 등록할 이미지 편집 ≪ 패턴 등록 ≪ ❶과 같이 패턴 이름 지정

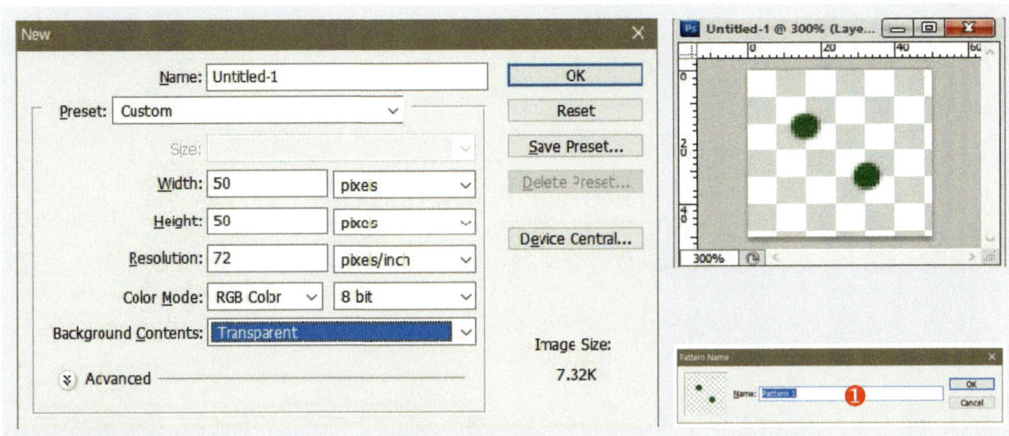

(2) 패턴 채우기

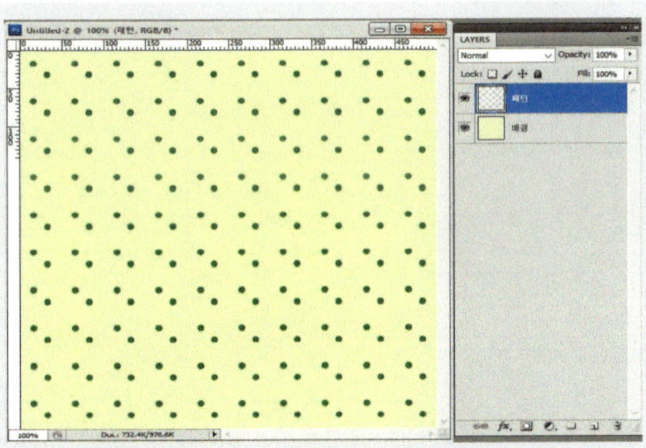

① 새로운 문서 열기 (500 * 500) 배경색 넣기 새로운 레이어 추가
② 편집≪채우기≪패턴 선택

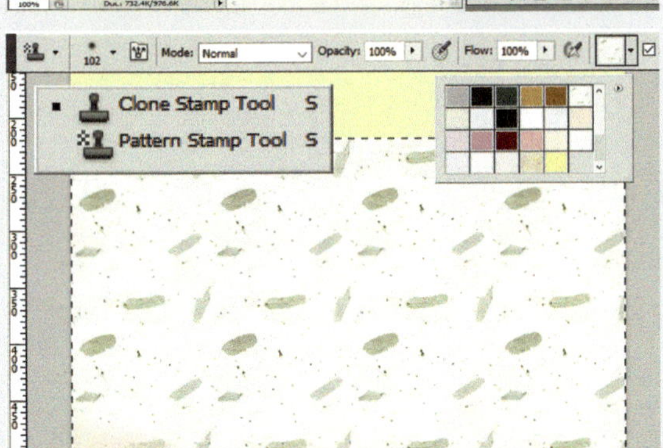

① 패턴 툴 : 패턴 툴 선택
② 다양한 패턴 불러오기
③ 패턴 고르기
④ 브러쉬 사용 채우기

(3) 사용자 정의 모양 그리기 응용실무 패턴 활용

① 패턴으로 레이어나 선택 영역을 칠하면 동일한 이미지가 타일 형태로 반복되는 이미지

② 새 패턴을 만들어 라이브러리에 저장한 후 다른 도구 및 명령과 함께 사용할 수 있습니다.

③ 사전 설정된 패턴은 [페인트 통 도구], [패턴 도장 도구], [복구 브러시 도구] 및 [패치 도구]의 옵션 막대에 있는 팝업 패널뿐만 아니라 [레이어 스타일] 대화 상자에도 표시됩니다.

④ 각 팝업 패널 메뉴에서 표시 옵션을 선택하여 팝업 패널에 패턴이 표시되는 방법을 변경할 수 있습니다.

⑤ 사전 설정 관리자를 사용하여 패턴 사전 설정을 관리할 수도 있습니다.

(4) 이미지를 사전 설정 패턴으로 정의

① 열려 있는 이미지에서 [사각형 선택 윤곽 도구] 를 사용하여 패턴으로 사용할 영역을 선택합니다.

② [페더]는 0픽셀로 설정해야 합니다. 큰 이미지를 사용하면 영역을 선택하기 어려울 수도 있습니다.

③ [편집] 〉 [패턴 정의]를 선택합니다.

④ [패턴 이름] 대화 상자에 패턴 이름을 입력합니다.

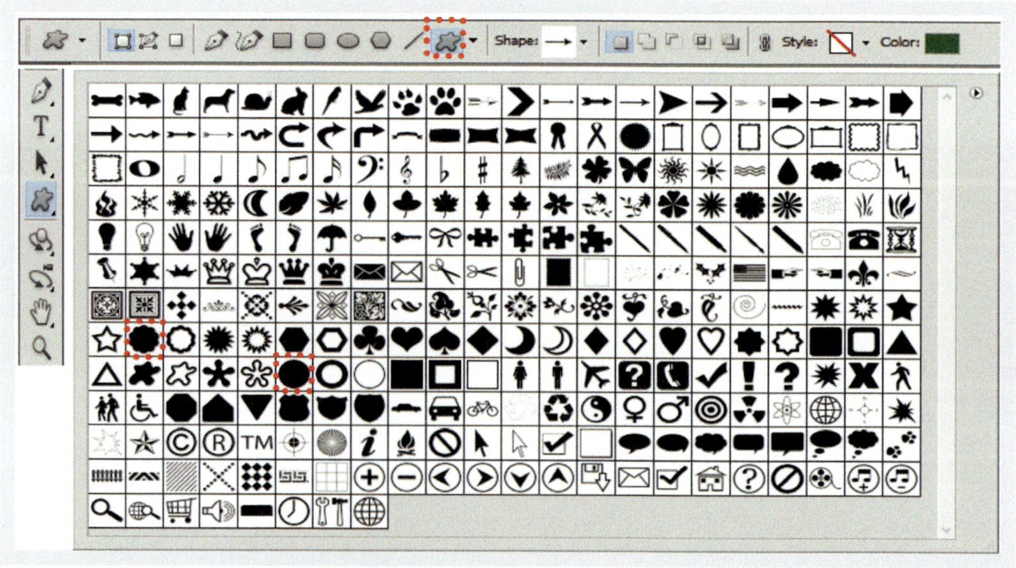

(5) 모양 툴과 패턴 등록

예제 1. 꽃 모양 패턴 오버레이 만들기 응용

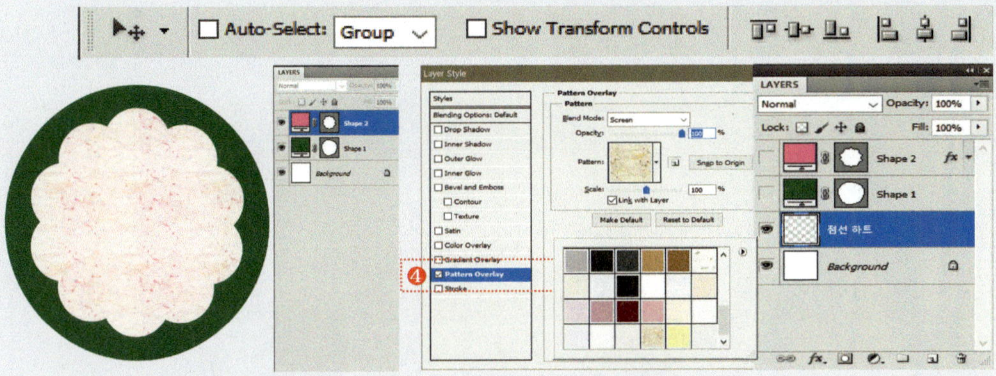

패턴 오버레이 응용기법 순서도

① 쉐이프 툴 ≪ 옵션창 쉐이프 레이어 선택 ≪ 모양 툴≪원형 모양 그리기
② 쉐이프 툴 ≪ 옵션창 쉐이프 레이어 선택 ≪ 모양 툴≪꽃 모양 그리기
③ 레이어 3개 모두 선택 ≪ 이동 툴 ≪ 가로 가운데 정렬, 세로 가운데 정렬
④ 꽃 모양 레이어 선택 ≪ 이펙트 효과 ≪ 패턴 오버레이 ≪ 패턴 선택하기

(6) 모양 툴과 브러쉬 활용 기법

예제 2. 하트패스 만들기

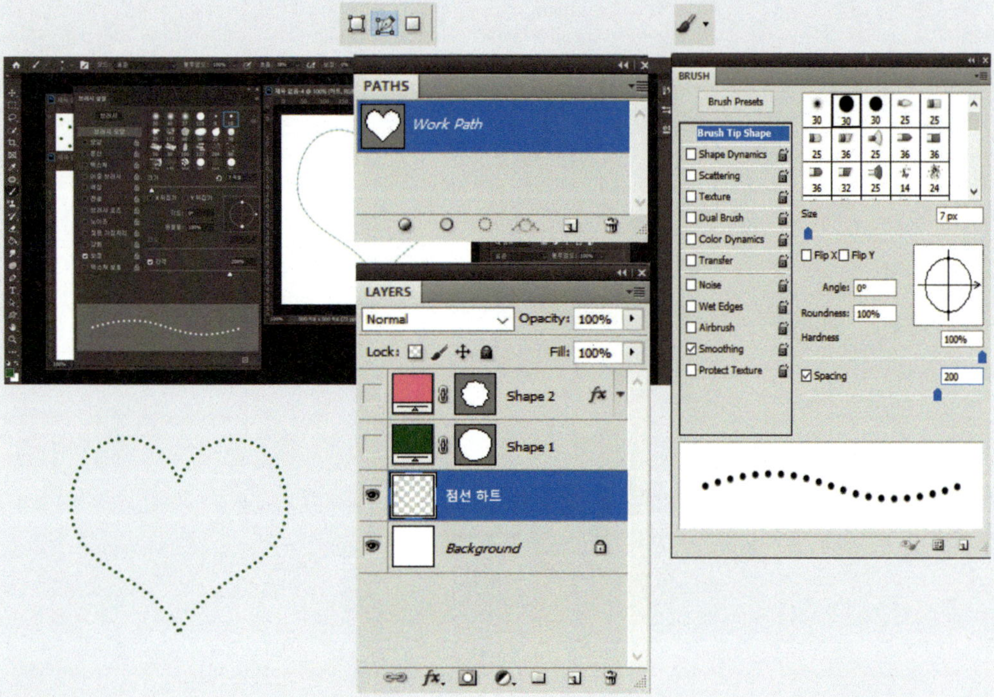

하트 패스 순서도

① 파일 ≪ 새로 만들기 ≪ 500*500 / RGB / 72 ≪ 흰색 배경
② 원형툴 선택 ≪ 드래그
③ 커스텀 옵션 ≪ 꽃 모양 선택 ≪ 원형 모양에 겹치기 ≪ 모든 레이어 선택 ≪ 정렬 툴 가운데 배치
④ 꽃 모양 레이어 더블클릭(효과 ≪ 패턴 오버레이 선택 ≪ 레이어 모드 ≪ 스크린
⑤ 파일 ≪ 새로 만들기 ≪ 500*500 / RGB / 72 ≪ 흰색배경
⑥ 모양툴 ≪ 모양 옵션 바 선택 ≪ 패스선택 ≪ 패스패널 생성 ≪ 커스텀 옵션패널 ≪ 하트모양 드래그
⑦ 레이어 추가 ≪ 이름변경 ≪ 새레이어 추가 패스의 하트레이어 클릭 하거나 패널에 드래그
⑧ 브러쉬 툴 선택 ≪창 (window) ≪ 브러쉬 사이즈 7px ≪ 작업 패널에 드래그

(7) 반복 문양 만들기 및 패턴 등록

예제 3. 도트 모양 만들기

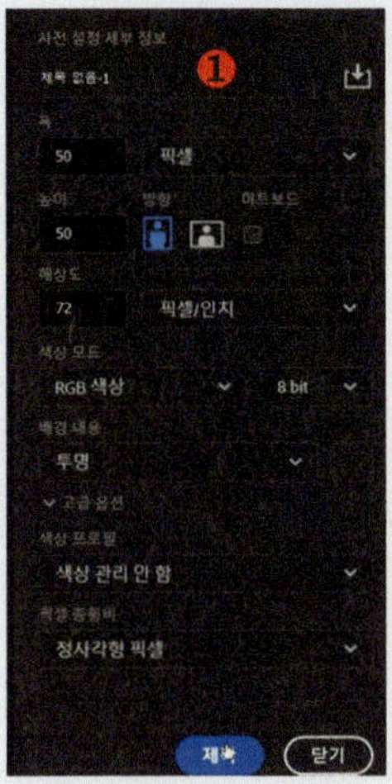

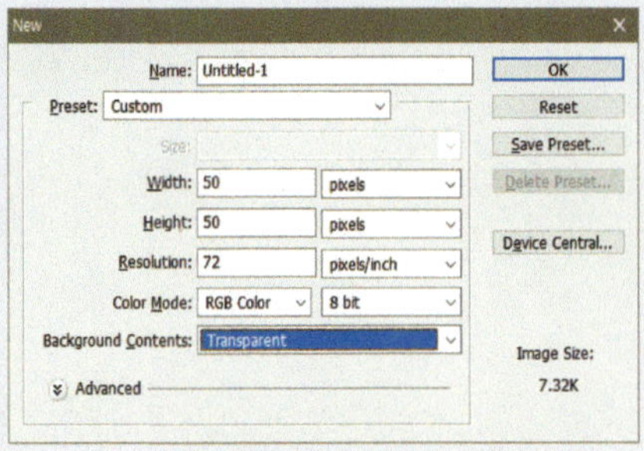

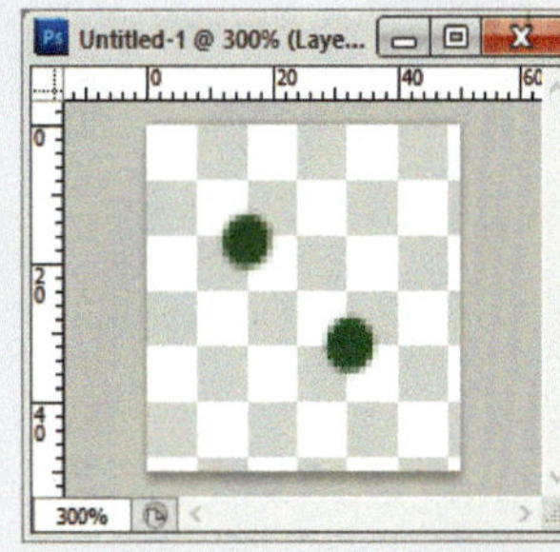

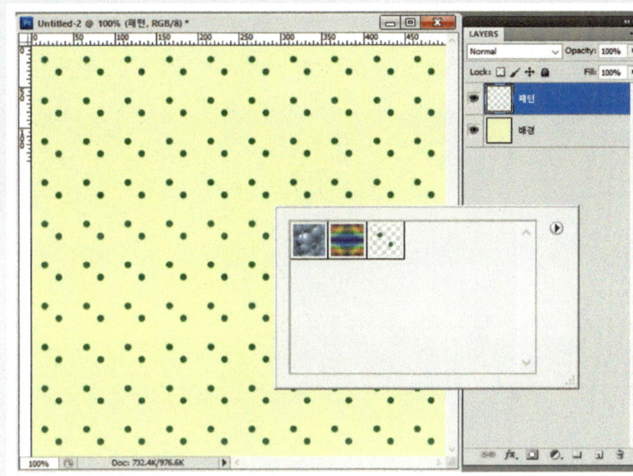

연속문양 패턴 등록 및 순서도

① 파일 ≪ 새로 만들기 ≪ ①과 같이 사전 설정 50*50 ≪ 세부 정보 입력
② 워크 스페이스 확대 ≪ 7px ≪ 브러쉬 선택 ≪ 전경색 클릭 ≪ 녹색 ≪ 알트 딜리트
③ 옵션 바 ≪ 눈금자 선택 ≪ 좌/우 교차점 클릭 두 개의 도트 문양 입력
④ 편집 ≪ 패턴 정의 ≪ 패턴 이름입력 ≪ 확인
⑤ 편집 ≪ 채우기 ≪ 칠 ≪ 패턴선택 ≪ 패턴 패널 도트 문양 선택 ≪ 확인
⑥ 새 레이어 만들기 ≪ 흰색배경 / 500*500 ≪ 새 레이어 선택 ≪ 편집 ≪ 칠 채우기 ≪ 패턴 ≪ 등록한 패선 선택≪확인 ≪ 전체 배경 도트 문양 입력

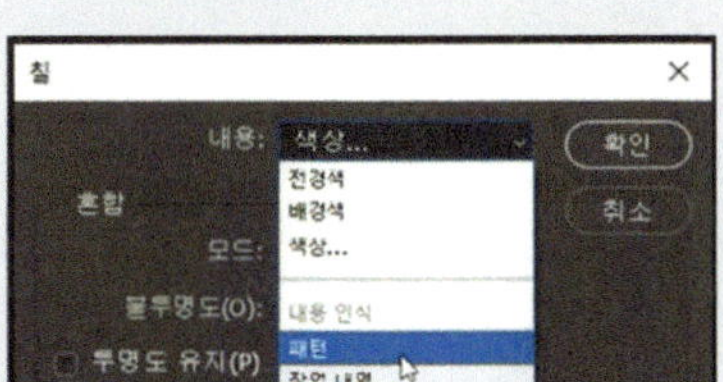

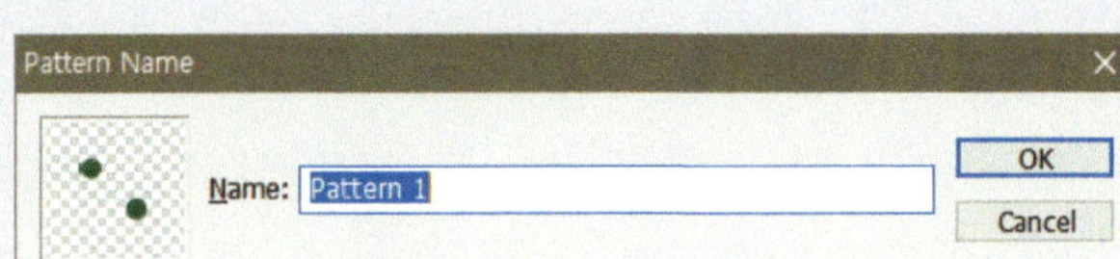

CHAPTER 06

디자인은 공간, 배경 분리

1. 합성을 통한 분리 기법

1) 옵션 혼합 모드 활용기법

(1) 기본 색상은 이미지의 원래 색상입니다.

(2) 혼합 색상은 페인팅 도구나 편집 도구를 사용하여 적용한 색상입니다.

(3) 결과 색상은 혼합한 결과 만들어진 색상입니다.

2) 혼합 ≪ 모드 옵션바 ≪ [모드] 팝업 메뉴 지정

(1) 혼합 모드 메뉴

[혼합 모드] 팝업 메뉴에서 다양한 옵션을 스크롤 하여 이미지에서 표시되는 방식을 확인합니다. 캔버스에 혼합 모드의 실시간 미리 보기가 표시됩니다.

(2) 32비트 이미지 활용

32비트 이미지에는 [표준], [디졸브], [어둡게 하기], [곱하기], [밝게 하기], [선형 닷지(추가)], [차이], [색조], [채도], [색상], [광도], [밝은 색상] 및 [어두운 색상] 혼합 모드만 사용할 수 있습니다.

(3) 합성기법

① 표준

각 픽셀을 편집하거나 페인트하여 결과 색상으로 만듭니다. 이 모드가 기본 모드입니다. 비트맵이나 인덱스 색상 이미지로 작업 하는 경우에는 [표준] 모드를 한계값 이라고 합니다.

② 디졸브

각 픽셀을 편집하거나 페인트하여 결과 색상으로 만듭니다. 그러나 결과 색상은 픽셀 위치의 불투명도에 따라 임의로 픽셀을 기본 색상이나 혼합 색상으로 대체한 색상입니다.

③ 배경

레이어의 투명한 부분만 편집하거나 페인팅합니다. 이 모드는 [투명 픽셀 잠그기] 옵션을 선택하지 않은 레이어에만 작용하며 아세테이트지에서 투명 영역의 뒷면에 페인트하는 것과 유사한 효과를 냅니다.

④ 지우기

픽셀을 편집하거나 페인트하여 투명하게 만듭니다. 이 모드는 [모양] 도구(칠 영역 ■을 선택한 경우), [페인트 통] 도구 , [브러시] 도구 , [연필] 도구, [칠] 명령 및 [획] 명령에 사용할 수 있습니다. 이 모드는 [투명 픽셀 잠그기] 옵션을 선택하지 않은 레이어 에서만 사용할 수 있습니다.

⑤ 어둡게 하기

채널의 색상 정보를 보고 기본 색상이나 혼합 색상 중 더 어두운 색상을 결과 색상으로 선택합니다. 혼합 색상보다 밝은 픽셀은 대체되고 혼합 색상보다 어두운 픽셀은 변경되지 않습니다.

⑥ 곱하기

채널의 색상 정보를 보고 기본 색상과 혼합 색상을 곱합니다. 결과 색상은 항상 더 어두운 색상이 됩니다. 어느 색상이든 검정색을 곱하면 검정색이 되고, 어느 색상이든 흰색을 곱하면 색상에 변화가 없습니다. 검정 색이나 흰색 이외의 다른 색상으로 페인트하면 페인팅 도구로 계속 획을 그릴수록 점점 더 어두운 색상이 됩니다. 이 모드는 이미지에 여러 개의 마킹 펜으로 그리는 것과 유사한 효과를 냅니다.

⑦ 색상 번

채널의 색상 정보를 보고 두 채널 사이의 대비를 증가시켜서 기본 색상을 어둡게 하여 혼합 색상을 반영합니다. 흰색과 혼합하면 색상 변화가 없습니다.

⑧ 선형 번

채널의 색상 정보를 보고 명도를 감소시켜서 기본 색상을 어둡게 하여 혼합 색상을 반영합니다. 흰색과 혼합하면 색상 변화가 없습니다.

⑨ 밝게 하기

채널의 색상 정보를 보고 기본 색상이나 혼합 색상 중 더 밝은 색상을 결과 색상으로 선택합니다. 혼합 색상보다 어두운 픽셀은 대체되고 혼합 색상보다 밝은 픽셀은 변경되지 않습니다.

⑩ 스크린

채널의 색상 정보를 보고 혼합 색상과 기본 색상의 반전색을 곱합니다. 결과 색상은 항상 더 밝은 색상이 됩니다. 검정색으로 스크린하면 색상에 변화가 없고, 흰색으로 스크린하면 흰색이 됩니다. 이 모드는 여러 장의 사진 슬라이드를 서로 포개서 투영하는 것과 유사한 효과를 냅니다.

⑪ 색상 닷지

채널의 색상 정보를 보고 두 채널 사이의 대비를 감소시켜서 기본 색상을 밝게 하여 혼합 색상을 반영합니다. 검정색과 혼합하면 색상 변화가 없습니다.

⑫ 선형 닷지(추가)

채널의 색상 정보를 보고 명도를 증가시켜서 기본 색상을 밝게 하여 혼합 색상을 반영합니다. 검정색과 혼합하면 색상 변화가 없습니다.

⑬ 오버레이

기본 색상에 따라 색상을 곱하거나 스크린 합니다. 패턴이나 색상은 기본 색상의 밝은 영역과 어두운 영역을 보존하면서 기존 픽셀 위에 겹칩니다. 기본 색상은 대체되지 않고 혼합 색상과 섞여 원래 색상의 밝기와 농도를 반영합니다.

⑭ 소프트 라이트

혼합 색상에 따라 색상을 어둡게 하거나 밝게 하여 이미지에 확산된 집중 조명을 비추는 것과 유사한 효과를 냅니다. 혼합 색상(광원)이 50% 회색보다 밝으면 이미지는 닷지[66]한 것처럼 밝아지고, 혼합 색상이 50% 회색보다 더 어두우면 이미지는 번한 것처럼 어두워집니다. 순수한 검정색이나 흰색으로 칠하면 더 밝거나 더 어두운 영역이 뚜렷이 나타나지만 순수한 검정이나 흰색이 되지는 않습니다.

⑮ 하드 라이트

혼합 색상에 따라 색상을 곱하거나 스크린 합니다. 이미지에 강한 집중 조명을 비추는 것과 유사한 효과를 냅니다. 혼합 색상(광원)이 50% 회색보다 밝으면 이미지는 스크린한 것처럼 밝아집니다. 이 모드는 이미지에 밝은 영역을 추가하는 데 유용합니다. 혼합 색상이 50% 회색보다 어두우면 이미지는 곱한 것처럼 어두워집니다. 이미지에 어두운 영역을 추가 하는데 유용 합니다. 순수한 검정색이나 흰색으로 페인트하면 순수한 검정색이나 흰색이 됩니다.

66) 이미지의 명도를 조절하는 도구로 이미지의 특정 부분을 밝게 처리하고 싶을때 사용하는 기능으로 노출 시 빛을 제거해서 이미지의 일부ㅁ를 밝에 만들기 위한 전통적인 사진 기법을 응용하거나 밝은 부분은 디테일하게 살리는 기능

⑯ 선명한 라이트

혼합 색상에 따라 대비를 증가 또는 감소시켜 색상을 번하거나 닷지합니다. 혼합 색상(광원)이 50% 회색보다 밝으면 대비를 감소시켜 이미지를 밝게 하고, 혼합 색상이 50% 회색보다 어두우면 대비를 증가시켜 이미지를 어둡게 합니다.

⑰ 선형 라이트

혼합 색상에 따라 명도를 증가 또는 감소시켜 색상을 번하거나 닷지합니다. 혼합 색상(광원)이 50% 회색보다 밝으면 명도를 증가시켜 이미지를 밝게 하고, 혼합 색상이 50% 회색보다 어두우면 명도를 감소시켜 이미지를 어둡게 합니다.

⑱ 핀 라이트

혼합 색상에 따라 색상을 대체합니다. 혼합 색상(광원)이 50% 회색보다 밝으면 혼합 색상보다 어두운 픽셀은 대체되고 혼합 색상보다 밝은 색상은 변화가 없습니다. 혼합 색상이 50% 회색보다 어두우면 혼합 색상보다 밝은 픽셀은 대체되고 혼합 색상보다 어두운 색상은 변화가 없습니다. 이 모드는 이미지에 특수 효과를 추가하는 데 유용합니다.

⑲ 하드 혼합

혼합 색상의 빨강, 녹색, 파랑 채널 값을 기본 색상의 RGB 값에 추가합니다. 채널의 결과 합계가 255 이상이면 255 값을 받고 255 미만이면 0 값을 받습니다. 따라서 모든 혼합 픽셀의 빨강, 녹색, 파랑 채널 값은 0 또는 255입니다. 그러면 모든 픽셀이 기본 가색(빨강, 녹색 또는 파랑), 흰색 또는 검정으로 변경됩니다.

(4) 합성모드 속성 이해

① CMYK

이미지의 경우 [하드 혼합]을 선택하면 모든 픽셀이 기본 감색(녹청, 노랑 또는 마젠타), 흰색 또는 검정으로 변경됩니다. 최대 색상 값은 100입니다.

② 차이

각 채널의 색상 정보를 보고 기본 색상과 혼합 색상 중 명도 값이 더 큰 색상에서 다른 색상을 뺍니다. 흰색과 혼합하면 기본 색상 값이 반전되고 검정색과 혼합하면 색상 변화가 없습니다.

③ 제외

[차이] 모드와 유사하지만 대비가 더 낮은 효과를 냅니다. 흰색과 혼합하면 기본 색상 값이 반전되고, 검정색과 혼합하면 색상 변화가 없습니다.

④ 빼기

채널의 색상 정보를 보고 기본 색상에서 혼합 색상을 뺍니다. 8비트 및 16비트 이미지에서는 결과로 산출된 음수 값이 0으로 클리핑됩니다.

⑤ 나누기

채널의 색상 정보를 보고 기본 색상에서 혼합 색상을 나눕니다.

⑥ 색조

기본 색상의 광도와 채도 및 혼합 색상의 색조로 결과 색상을 만듭니다.

⑦ 채도

기본 색상의 광도와 색조 및 혼합 색상의 채도로 결과 색상을 만듭니다. 이 모드를 사용하여 채도가 0인 영역(회색)을 페인트하면 색상 변화가 일어나지 않습니다.

⑧ 색상

기본 색상의 광도 및 혼합 색상의 색조와 채도로 결과 색상을 만듭니다. 이 모드는 이미지의 회색 레벨을 유지하며 단색 이미지에 색상을 칠하고 컬러 이미지에 색조를 적용하는 데 유용합니다.

⑨ 광도

기본 색상의 색조와 채도 및 혼합 색상의 광도로 결과 색상을 만듭니다. 이 모드는 [색상] 모드의 반대 효과를 냅니다.

⑩ 밝은 색상

혼합 색상과 기본 색상에 대한 모든 채널 값의 총합을 비교하고 더 높은 값의 색상을 표시합니다. [밝은 색상]은 제3의 새로운 색상을 생성하지 않으며, 결과 색상을 만들기 위해 기본 색상과 혼합 색상 중 가장 높은 채널 값을 선택하기 때문에 [밝게 하기] 혼합으로 만들어질 수 있습니다.

⑪ 어두운 색상

혼합 색상과 기본 색상에 대한 모든 채널 값의 총합을 비교하고 더 낮은 값의 색상을 표시합니다. [어두운 색상]은 제3의 새로운 색상을 생성하지 않으며, 결과 색상을 만들기 위해 기본 색상과 혼합 색상 중 가장 낮은 채널 값을 선택하기 때문에 [어둡게 하기] 혼합으로 만들어질 수 있습니다.

(5) 혼합 모드 합성기법 이미지 컬러

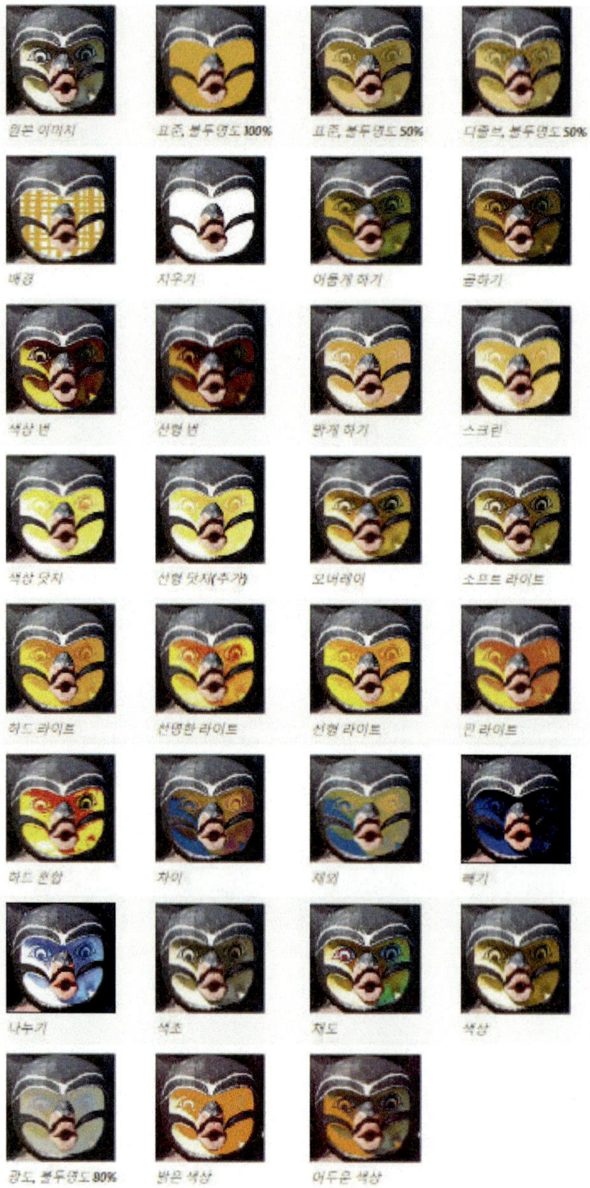

[그림 6-1] 혼합모드 적용 컬러

3) Photoshop의 선택툴 응용기법

(1) 이미지와 이미지 합성

① 새로운 레이어를 만들기 합니다.

② 파일≪열기 준비한 커피잔 이미지을 Ctrl+클릭과 함께 3장을 모두 가져옵니다.

③ 커피잔 아래 올가미 툴로 그림자 부분 지정하여 선택 후 이동툴로 배경 이미지에 드래그 합니다.

④ 드래그한 커피잔 이미지를 배경에 맞게(Ctrl+T) 크기를 조절합니다.

⑤ 선택한 부분에 그림자 색상 넣기를 합니다.

⑥ 그림자 레이어 선택 ≪ 필터 ≪ 흐림효과 ≪ 가우시안 흐림효과 지정하고 배치합니다.

예제 1. 커피잔 이미지 준비

커피1, 커피2, 커피3, 커피4, 커피5

① 커피1 이미지를 열기
② 커피2, 커피3 이미지의 커피잔 부분을 빠른 선택 도구를 이용하여 선택하고 커피1 이미지로 끌어서 옮기기
③ 레이어 마다 해당 이미지 이름으로 수정
④ 이동 툴로 커피잔 위치 지정하여 옮기기
⑤ Ctrl + T로 이미지 사이즈 조절

(2) 레이어 모드를 이용한 합성

예제 2. 돌 이미지 합성기법

① 새로운 레이어 추가 합니다.

② 레이어 이름을 그라디언트 로변경 합니다.

③ 툴바에서 그라디언트툴 선택 합니다.

④ 보조메뉴에서 위의 그라디언트부분 클릭하면 옆의 대화상자가 나타납니다.

⑤ 대화상자에서 색상 추가와 삭제 변경합니다.

⑥ 대화상자에서 투명도 조절 위치 변경합니다.

⑦ 레이어에 그라디언트 클릭후 드래그로 표현합니다.

⑧ 레이어 합성 모드를 이용하여 돌이미지의 색상을 변경하는 합성 합니다.

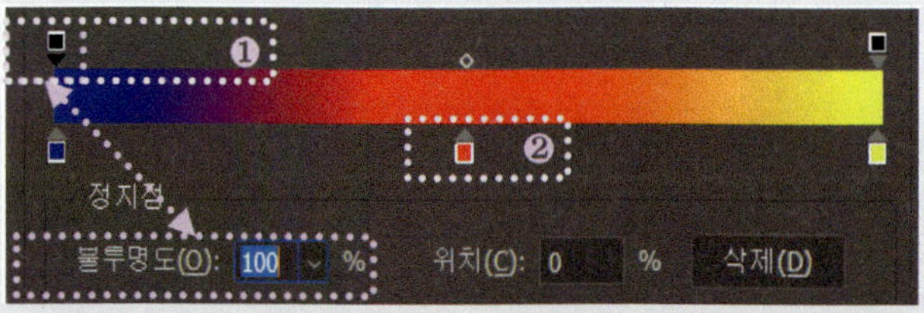

① 불투명도 조절 : 0~100% 사이의 값으로 조절

② 그라디언트 시작과 끝 사이의 원하는 위치로 드래그하여 투명도 시작점과 끝점 변경

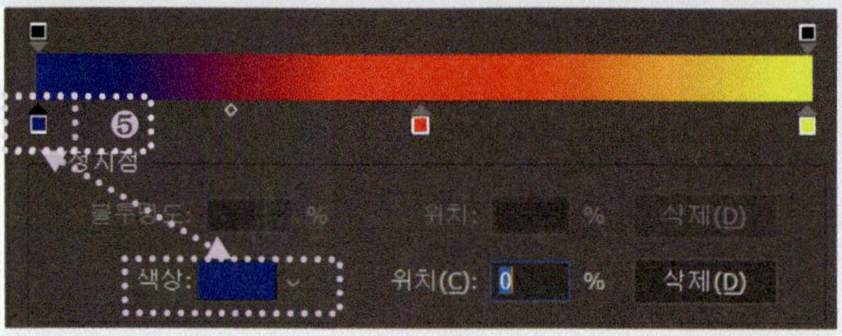

③ 색상 부분 클릭하여 컬러 피커에서색상을 수정

④ 빈 곳을 클릭하여 색상 추가

⑤ 색상이 지정된 집 모양 아이콘을 드래그하여 상자 밖으로 드래그하여 색상 삭제

(3) 마스크를 이용한 합성

예제 3. 마스크 합성 순서도

① 자연 이미지 배경 설정
② 커피잔 이미지 드래그 ①이동
③ 하단 마스크 레이어 아이콘 클릭
④ 그라디언트 흰색과 검정색 설정
⑤ 마스크 레이어에 그라디언트 드래그

(4) 마스크 합성하기 (클리핑마스크)

예제 4. 커피잔 in 스페이드 모양

① 쉐이프툴에서 스페이드 모양 입력
② 커피배경 이미지 더블 클릭
③ 레이어 순서 확인 및 이동
④ 커피 레이어 마우스 오른쪽 클릭 또는 레이어 경계 Art+클릭
⑤ 클리핑마스크 선택

예제 5. 마스크 합성(퀵 마스크)

전원마을, 민들레1, 민들레 2

① 민들레1 이미지 열기≪가져오기
② 민들레1 이미지 복사하여≪편집≪변형≪가로로 뒤집기
③ 선택 툴 선택 및 마스크 클릭
④ 브러시 선택
⑤ 보기 모드 컬러 설정
⑥ 페더, 대비, 설정
⑦ 확인 나가기
⑧ 전원마을 이미지 이동
⑨ 레이어 순서 지정

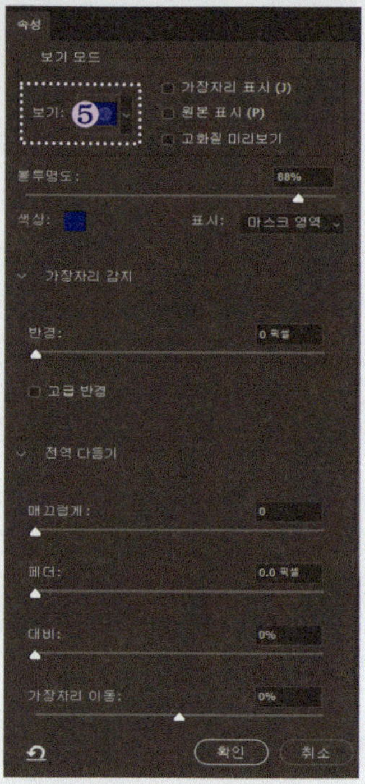

예제 6. 레이어 마스크 합성

필터를 응용 예제 1

① 배경 이미지 전원 ① 가져오기

② 배경이미지 호수 ② 가져오기

③ 레이어 ③ 마스크 클릭

④ 그라디언트툴 선택

⑤ 브러시로 배경 ② 드래그

필터를 응용 예제 2

① 쉐입 모양 하트 선택

② 인물 이미지 추가

③ 마우스 우클릭 클리핑 마스크

④ 쉐입 레이어에 마스크 추가

⑤ 그라디언트 추가

CHAPTER

07

포토샵 애니메이션 제작기법

1. 3D영상과 스마트 오브젝

1) 스마트 오브젝 활용 기법과 구성요소이해

(1) 포토샵 고급 객체로 변환, 스마트 오브젝트(Smart Object)

① 이기능은 이미지를 벡터(Vector) 속성으로 변경하여 이펙트 효과나 필터 기능을 적용했을 때 원본은 그대로 살아 있고 효과들을 개별적으로 컨트롤 할 수 있어서 매우 유용합니다.

② 여기서 말하는 벡터는 점과 점을 연결하는 선과 면으로 표현되는 방식으로 크기를 늘리거나 줄일 때 해상도가 깨지지 않아 로고, 캐릭터, 폰트, 각종 인쇄물에 적합하고 대표적인 프로그램은 일러스트레이터입니다.

(2) 포토샵도 벡터 기능인 고급 객체로 변환

① 파일의 종류에는 다양한 확장자 효과 처리를 위해 스마트 오브젝트로 변형하여 활용 할 수 있는데 일러스트레이터와 다소 다른 특징을 지니고 있습니다.

② 일러스트레이터에서 작업한 원본을 불러온 경우에는 크기를 조절해도 형태를 유지 하지만 원본이 사진 같은 jpg, png, bmp, gif 파일에 적용된 스마트 오브젝트는 벡터 형식을 갖추고 있지만 이미지를 늘렸을 때 해상도가 깨지는 현상이 나타날 수 있습니다.

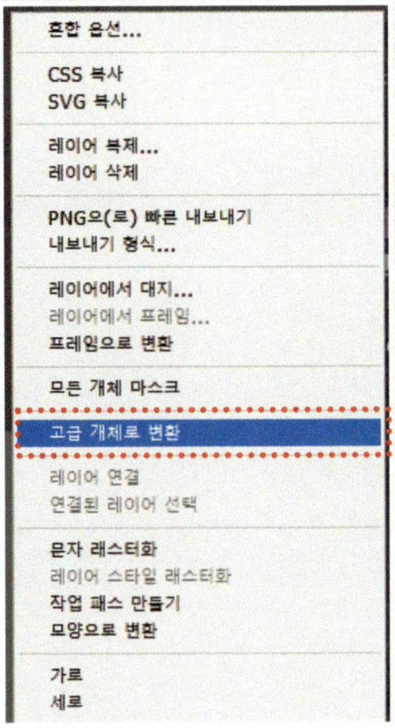

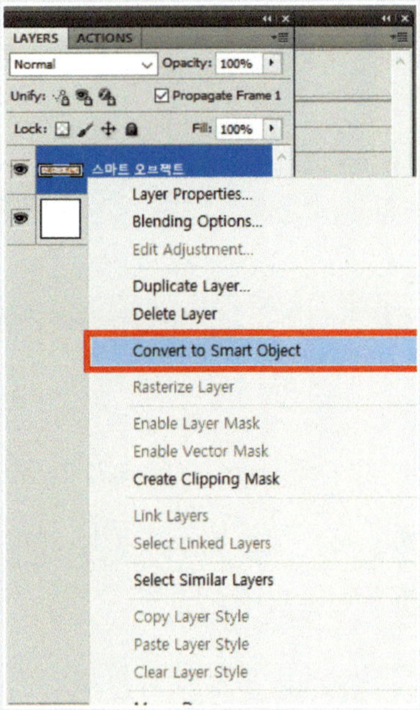

③ 사진 편집을 할 때 필터, 이펙트등 효과가 원본에 적용되지 않고 별도의 레이어로 구분되기 때문에 히스토리를 되돌리지 않아도 편리하게 사용할 수 있습니다.

④ 포토샵도 일러스트레이터의 벡터 기능중 Rectangle Tool의 Shape Layer와 Paths, Pen Tool 등이 벡터의 속성을 지니고 있습니다.

⑤ Pen Tool (펜툴) 기능으로 그림이나 로고를 만들면 크기와 상관없이 원본을 그대로 유지할 수 있고 다양한 효과까지 적용 가능합니다.

(3) 포토샵 스마트 오브젝트 적용

① 고급 객체로 변환, Smart Object 적용 방법은 레이어 팔레트에서 적용하고자 하는 레이어에 커서를 대로 우측 마우스를 클릭 후 'Convert to Smart Object'를 선택하면 됩니다.

② 레이어가 'Smart Object thumbnail' 아이콘이 생기면서 벡터의 속성을 가지가 됩니다.

(4) 포토샵 스마트 오브젝트 해제

① 포토샵에서 스마트 오브젝트를 해제하고 싶을 경우에는 위와 같은 방법으로 우측 마우스를 클릭해서 'Rasterizs Layer'를 선택하시면 Smart Object가 해제되면서 비트맵(픽셀) 단위로 변경됩니다.

② 필터 기능을 적용한 상황이라면 분리 되어 있는 필터 레이어가 원본과 함께 합쳐지므로 스마트 오브젝트를 해제하지 않는 것이 좋습니다.

2. 고급 개체 이해(Smart Object)

1) 고급 개체는 Photoshop 또는 Illustrator 파일

(1) 래스터 이미지나 벡터 이미지의 이미지 데이터

① 고급 개체는 모든 원본 특성과 함께 이미지의 소스 내용을 유지하여 레이어를 비 파괴적으로 편집할 수 있게 합니다.

② Photoshop에서 Photoshop 문서에 이미지 내용을 포함할 수 있습니다. Photoshop에서는 내용이 외부 이미지 파일에서 참조되는 연결된 고급 개체를 만들 수도 있습니다.

③ 연결된 고급 개체의 내용은 소스 이미지 파일이 바뀌면 업데이트됩니다.

④ 연결된 고급 개체는 Photoshop 문서 내의 중복된 고급 개체인스턴스와는 구분됩니다.

⑤ 연결된 고급 개체를 사용하면 익숙한 여러 Photoshop 문서 간에 공유되는 소스 파일을 사용하고 웹 디자이너를 위한 개념을 활용할 수 있습니다.

2) 고급 개체 장점

(1) 고급 개체를 사용하여 다음과 같은 작업을 수행할 수 있습니다.

① 비파괴 변형을 수행할 수 있습니다. 비파괴 변형은 원본 데이터에 영향을 주지 않기 때문에 원본 이미지 데이터 또는 품질을 유지하면서 레이어를 비율 조정하거나 회전하거나 기울이거나 왜곡하거나 원근 변형하거나 뒤틀 수 있습니다.

② Illustrator의 벡터 아트워크와 같은 벡터 데이터를 사용할 수 있습니다. 고급 개체를 사용하지 않으면 이러한 벡터 데이터가 Photoshop에서 래스터화 됩니다.

③ 비파괴 필터링을 수행할 수 있습니다. 고급 개체에 적용된 필터를 언제든지 편집할 수 있습니다.

④ 하나의 고급 개체를 편집하고 이와 연결된 인스턴스를 모두 자동으로 업데이트할 수 있습니다.

⑤ [고급 개체] 레이어와 연결되거나 연결되지 않은 레이어 마스크를 적용합니다.

⑥ 나중에 최종 버전으로 교체할 저해상도의 자리 표시자 이미지를 사용하여 다양한 디자인을 적용해 봅니다.

3) 고급 개체 적용 효과

(1) 일반 레이어와 고급개체 레이어

① 픽셀 데이터를 변경하는 페인트, 닷지, 번 또는 복제 등의 작업을 [고급 개체] 레이어에 직접 수행할 수 없습니다.

② [고급 개체] 레이어를 래스터화될 일반 레이어로 먼저 변환하는 경우는 예외입니다. 픽셀 데이터를 변경하는 작업을 수행하려면 고급 개체의 내용을 편집하거나, 고급 개체 레이어 위에 새 레이어를 복제하거나, 고급 개체의 복제본을 편집하거나, 새 레이어를 만듭니다.

4) 포함된 고급 개체 만들기

(1) 고급 개체로 열기

① 명령을 사용하거나, 파일을 가져오거나(Photoshop CS6), 파일을 포함된 파일로 가져와(Photoshop 및 Photoshop CS6), Illustrator로부터 데이터를 붙일 수 있습니다.

② 하나 이상의 Photoshop 레이어를 고급 개체로 변환하는 등의 여러 가지 방법으로 연결된 고급 개체를 만들 수 있습니다.

(2) 고급개체 전환방법

① (Photoshop) [파일] 〉 [포함 가져오기]를 선택하여 열려 있는 Photoshop 문서에 파일을 고급 개체로 불러옵니다.

② [파일] 〉 [고급 개체로 열기]를 선택하고 파일을 선택한 후 [열기]를 클릭합니다.

③ (Photoshop CS6) [파일] 〉 [가져오기]를 선택하여 열려 있는 Photoshop 문서에 파일을 고급 개체로 불러옵니다.

④ [레이어] 〉 [고급 개체] 〉 [고급 개체로 변환]을 선택하여 선택한 레이어를 고급 개체로 변환합니다(그림 7-1).

⑤ Bridge에서 [파일] 〉 [가져오기] 〉 [Photoshop]을 선택하여 열려 있는 Photoshop 문서에 파일을 고급 개체로 불러옵니다.

⑥ 하나 이상의 레이어를 선택하고 [레이어] 〉 [고급 개체] 〉 [고급 개체로 변환]을 선택합니다.

[그림 7-1] 레이어 패널의 일반 레이어 개체와 사과 이어 축소판의 오른쪽 하단 아이콘 고급개체

레이어가 하나의 고급 개체로 묶입니다.

⑦ PDF 또는 Adobe Illustrator 레이어나 개체를 Photoshop 문서로 드래그 합니다.

⑧ Illustrator의 아트워크를 Photoshop 문서에 붙이고 [붙여넣기] 대화 상자에서 [고급 개체]를 선택합니다.

⑨ 유연성을 극대화하기 위해 Adobe Illustrator에서 [환경 설정] 대화 상자의 [파일 처리 및 클립보드] 섹션에서 [PDF]와 [AICB(투명도 지원 안함)]를 모두 사용합니다.

5) 연결된 고급 개체 만들기

(1) Photoshop연결된 고급 개체 기능은 Photoshop CC 버전 14.2

① Photoshop에서 연결된 고급 개체를 만들 수 있습니다.

② 연결된 고급 개체의 내용은 소스 이미지 파일이 바뀌면 업데이트됩니다.

③ 연결된 고급 개체는 팀 단위로 작업하거나 여러 디자인에서 자산을 재 사용 해야할 경우에 특히 유용합니다.

(2) 단계에 따라 연결된 고급 개체 만들기

① 파일 〉 포함 가져오기를 선택합니다.

② 해당 파일을 선택하고가져오기를 클릭합니다.

③ 연결된 고급 개체가 만들어진 후레이어패널에 연결 아이콘( )과 함께 표시됩니다.

(3) 연결된 고급 개체를 사용한 파일 크기 절약

① 연결된 고급 개체는 개체를 포함하는 문서 내에서 소스 파일을 포함하지 않고 외부 파일에 대한 종속성을 유지하므로 종종 파일 크기를 크게 줄일 수 있습니다.

② 연결된 고급 개체가 원본 파일을, 개체를 포함하는 문서에 저장하지 않아도 연결된 고급 개체는 여전히 원본 파일의 이미지 데이터에 대한 크기가 조정된 병합 버전을 저장합니다.

③ 일부 경우, 이 데이터의 크기가 원본 파일보다 훨씬 커서 절약되는 파일 크기가 미미하게 보일 수 있습니다.

(4) 연결된 고급 개체 업데이트

① 외부 소스 파일을 참조하는 Photoshop 문서가 열려 있는 상태에서 이 외부 소스 파일이 변경되면 관련된 연결된 고급 개체가 자동으로 업데이트됩니다.

② 동기화되지 않은 연결된 고급 개체를 포함하는 Photoshop 문서를 열 경우에는 고급 개체를 업데이트할 수 있습니다.

③ 연결된 고급 개체 레이어를 마우스 오른쪽 단추로 클릭하고수정된 내용 업데이트를 선택합니다.

④ 레이어 ≪ 고급 개체 ≪ 수정된 내용 업데이트를 선택합니다.

(5) 연결된 고급 개체 속성 보기

① 레이어패널에서 연결된 고급 개체를 선택한 채창 〉 속성을 선택합니다.

② 연결된 고급 개체에 대한 외부 소스 파일의 경로

③ 연결된 고급 개체 크기 및 위치 좌표(X, Y)

(6) [속성] 패널 내에서 바로 다음 작업을 수행

① 외부 이미지 파일의 내용을 편집합니다.

② Photoshop에서는 필요하면 소스 이미지 파일을 처리할 수 있는 외부 응용 프로그램을 엽니다. 예를 들어, Photoshop에서는 외부 소스 이미지가.ai파일일 경우 Adobe Illustrator를 엽니다.

③ 현재 문서 내에서 연결된 고급 개체를 포함합니다.

(7) 연결된 고급 개체 포함

① 레이어패널에서 연결된 고급 개체 레이어를 마우스 오른쪽 단추로 클릭하고포함된 연결을 선택합니다.

② 레이어〉 고급 개체 〉 포함된 연결을 선택합니다.

③ 속성 패널에서 포함을 클릭합니다.

(8) 연결된 고급 개체 패키지 만들기

① 소스 파일이 컴퓨터의 폴더에 저장되듯이, Photoshop 문서에서 연결된 고급 개체를 패키지로 만들 수 있습니다.

② Photoshop 문서 사본은 폴더의 소스 파일과 함께 저장 됩니다.

③ 파일〉 패키지를 선택합니다.

④ 소스 파일과 Photoshop 문서 사본을 배치할 위치를 선택합니다.

⑤ 문서에 있는 모든 오디오 또는 비디오 연결된 고급 개체도 패키징 됩니다.

⑥ 연결된 고급 개체를 패키징 하기 전에 파일을 저장해야 합니다.

(9) Photoshop이 연결된 파일을 찾는 방법

① Photoshop은 항상 마지막으로 알려진 상대적 위치에서 연결된 파일을 찾습니다.

② 연결된 파일이 그 위치에 없으면 다음 위치나 방법으로 찾습니다.

③ 마지막으로 알려진 절대 위치

④ 저장된 별칭 사용(Mac OS전용)

⑤ 개체를 포함하는 문서와 동일한 폴더

⑥ 이 동작을 통해 깨어진 링크가 발생하는 위험을 최소화하면서 프로젝트 폴더와 파일을 이동, 복사, 공유할 수 있습니다.

(10) 포함된 고급 개체를 연결된 고급 개체로 변환

① 포함된 고급 개체를 연결된 고급 개체로 변환할 수 있습니다.

② 포함된 고급 개체에 적용된 변형, 필터 및 기타 효과는 변환 후에도 유지됩니다.

③ Photoshop 문서에서 포함된 고급 개체 레이어를 선택합니다.

④ 레이어〉 고급 개체 〉 연결됨으로 변환을 선택합니다.

⑤ 컴퓨터에서 소스 파일을 저장할 위치를 선택합니다. 지원되는 확장자를 포함한 파일 이름을 입력합니다.

(11) 레이어 패널을 고급 개체로 필터링 | Photoshop

① [레이어] 패널의 필터링 팝업 메뉴 고급 개체

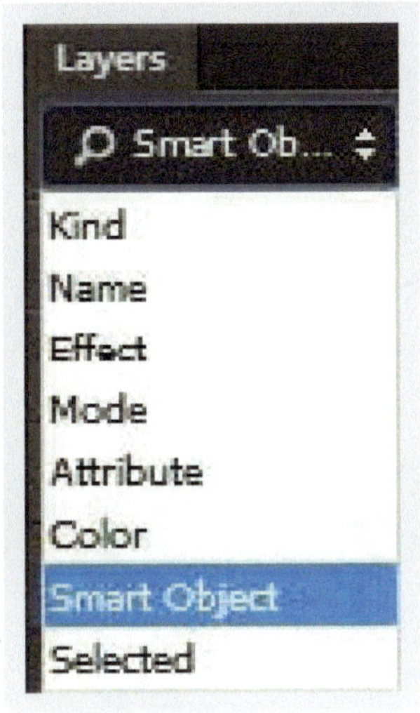

② 레이어를 고급 개체로 필터링

③ 아이콘 선택과 활용

- 최신의 연결된 고급 개체를 필터링합니다.
- 동기화되지 않은 연결된 고급 개체를 필터링합니다.
- 없는 연결된 고급 개체를 필터링합니다.
- 포함된 고급 개체를 필터링합니다.

6) 포함된 고급 개체 복제

(1) [레이어] 패널 [고급 개체] 레이어를 선택 활용

① 원본에 연결되는 복제 고급 개체를 만들려면 [레이어] 〉 [새로 만들기] ≪[복사한 레이어를 선택하거나 [고급 개체] 레이어를 [레이어] 패널 아래쪽에 있는 새 레이어를 만듭니다.

② 원본에 연결되지 않는 복제 고급 개체를 만들려면 [레이어] 〉 [고급 개체] 〉 [복사를 통해 새 고급 개체 만들기]를 선택합니다. 원본의 편집 내용이 사본에 영향을 주지 않습니다.

③ 새 고급 개체가 원본과 같은 이름에 접미어 "사본"이 추가된 이름으로 [레이어] 패널에 나타납니다.

(2) 고급 개체의 내용 내보내기

① 고급 개체를 편집

Photoshop에서(내용이 래스터 데이터 또는 Camera Raw 파일인 경우) 또는 기본적으로 가져온 형식을 처리하는 응용 프로그램에서(Adobe Illustrator 또는 Adobe Acrobat) 소스 내용이 열립니다.

② 소스 내용의 변경 내용을 저장

편집 내용이 Photoshop 문서에서 고급 개체의 연결된 모든 인스턴스에 나타납니다.

③ [레이어] 패널에서 고급 개체를 선택 및 수행

- [레이어] 〉 [고급 개체] 〉 [내용 편집]을 선택합니다.
- [레이어] 패널에서 고급 개체 축소판을 두 번 클릭합니다.
- 속성 패널에서 내용 편집을 클릭합니다.
- 확인을 클릭하여 대화 상자를 닫습니다.
- 소스 내용 파일을 편집하고 [파일] 〉 [저장]을 선택합니다.
- 고급 개체가 업데이트되어 변경 내용을 반영합니다.
- 변경 내용이 표시되지 않으면 고급 개체가 들어 있는 Photoshop 문서를 활성화합니다.

(3) 고급 개체의 내용 대체

① 하나의 [고급 개체] 또는 여러 연결된 인스턴스에서 이미지 데이터를 대체

이 기능을 사용하면 시각적 디자인을 빠르게 업데이트하거나 저해상도 자리 표시자 이미지를 최종 버전으로 대체할 수 있습니다.

② 고급 개체를 대체하면 첫 번째 고급 개체에 적용한 비율 조정, 뒤틀기 또는 효과가 모두 유지

- 고급 개체를 선택하고 [레이어] 〉 [고급 개체] 〉 [내용 대체]를 선택합니다.
- 사용하려는 파일을 찾고 [가져오기]를 클릭합니다.
- [확인]을 클릭합니다.

- 고급 개체에 새 내용을 가져옵니다.
- 포함 또는 연결된 고급 개체를 레이어로 변환
- 포함 또는 연결된 고급 개체를 구성 요소 레이어로 다시 변환

7) 고급 개체를 구성 요소 레이어로 다시 변환

(1) 레이어패널에서 고급 개체 레이어

① 고급 개체 레이어를 마우스 오른쪽 버튼으로 클릭(Win)/Control-클릭(Mac)하고 컨텍스트 메뉴에서 레이어로 변환을 선택합니다.

② 메뉴 막대에서레이어 〉 고급 개체 〉 레이어로 변환을 선택합니다.

③ 속성패널에서레이어로 변환을 클릭합니다.

④ 레이어패널의 옵션 메뉴에서레이어로 변환을 선택합니다.

⑤ 레이어는 레이어 패널에서 그룹으로 압축이 풀립니다.

8) 포함 또는 연결된 고급 개체 래스터화

(1) 고급 개체 데이터를 더 이상 편집하지 않아도 되는 경우에는 고급 개체의 내용을 일반 레이어로 래스터화 할 수 있습니다.

(2) 고급 개체를 래스터화 한 후에는 고급 개체에 적용된 변형, 뒤틀기 및 필터를 더는 편집할 수 없습니다.

(3) 고급 개체를 선택하고레이어 〉 고급 개체 〉 래스터화를 선택합니다.

(4) 고급 개체를 다시 만들려면 고급 개체의 원본 레이어를 다시 선택하고 처음부터 다시 만들면 되지만, 원본 고급 개체에 적용한 변형은 새 고급 개체에서 유지되지 않습니다.

9) 포함된 고급 개체의 내용 내보내기

(1) [레이어] 패널에서 [고급 개체]를 선택하고 [레이어] 〉 [고급 개체] 〉 [내용 내보내기]를 선택합니다.

(2) 고급 개체의 내용을 내보낼 위치를 선택하고 [저장]을 클릭합니다.

(3) 고급 개체가 원래 가져온 형식(JPEG, AI, TIF, PDF 또는 기타 형식)으로 내보내집니다. 레이어로 고급 개체를 만든경우 고급 개체가 PSB 형식으로 내보내집니다.

10) 고급 개체 변형 재설정

(1) 고급 개체를 변형한 경우 다음 중 하나를 수행하여 이전에 적용한 모든 변형을 재설정할 수 있습니다.

① 고급 개체 레이어를 마우스 오른쪽 단추로 클릭하고변형 재설정을 선택합니다.

② 레이어 〉 고급 개체 〉 변형 재설정을 선택합니다.

3. 3D 디자인 파일 용량 줄이기

1) png파일 8비트와 24비트 이해하기

(1) 8비트(bit) 최대 256 컬러로 구성되어 있으며 컬러의 개수를 줄이면 용량은 줄고 이미지가 깨져 보이는 현상이 나타납니다.

(2) 256 컬러로 표현하는 gif 파일과 비슷한 특성을 지니고 있습니다.

(3) 24비트(bit) : 원본이 표현하라 수 있는 모든색(ture color)을 표현할 수 있고 반투명 저장까지 가능합니다.

(4) 용량이 크기 때문에 파일에 대한 용량 한도가 없는 경우 활용 가능합니다.

2) jpg파일 이해하기 컬러가 아닌 양자화

(1) 대체로 스마트폰으로 사진을 찍으면 저장되는 확장자명이 jpg입니다.

(2) gif, png가 아닌 jpg로 저장되는 이유는 사물에 적용되어 있는 수많은 컬러를 표현하고 적절한 용량을 표현하는데 jpg가 효율적이기 때문입니다.

(3) 원본 jpg파일의 용량을 줄이는 방식은 컬러의 수를 줄이는 것이 아닌 양자화 과정으로 압축합니다.

(4) 양자화라는 단어가 지니는 의미가 어려운데요 쉽게 표현하면 보이는 화면의 연속적인 값을 3, 6, 9처럼 띄엄띄엄 값을 구하는 방식입니다. 그래서 압축률을 크게 올리면 사진에 노이즈가 많이 생기게 됩니다.

3) png jpg 변환 전에 체크할 내용

(1) png jpg 두 파일이 지니고 있는 기본적인 특징들을 정리해 이미지 파일을 줄이기 위한 실무 단계입니다.

(2) 위 기준을 토대로 체크할 2가지 방법중에서 사진은 256컬러 이상의 JPG 또는 PNG(24bit)를 말합니다.

(3) 컬러가 적은 이미지인가? 사진이 아닌 디자인, 컬러 등 256 컬러 이하 모든 이미지를 말합니다.

(4) 이미지 파일 용량 줄이기 마지막 단계 지금 변환하고자 하는 파일이 사진 이미지라면 JPG 파일로 압축하는 것이 좋습니다.

(5) 사진은 대부분 png 24bit보다 용량이 적습니다.

(6) 먼저 png 24bit와 jpg 퀄리티를 100으로 맞춰놓고 용량을 비교합니다.

(7) 이미지의 컬러가 적다면 jpg보다 png가 용량이 매우 적다는 것을 확인할 수 있습니다.

4) 사진을 그림판으로 저장할 경우 파일 저용량 순위

(1) 저용량 ≪ GIF ≪ JPG ≪ 256색 BMP ≪ PNG ≪ 24비트 BMP ≪ 고용량

4. 스마트 오브제 활용 예제실습 001

예제 1. 3D메탈 느낌 로고 만들기

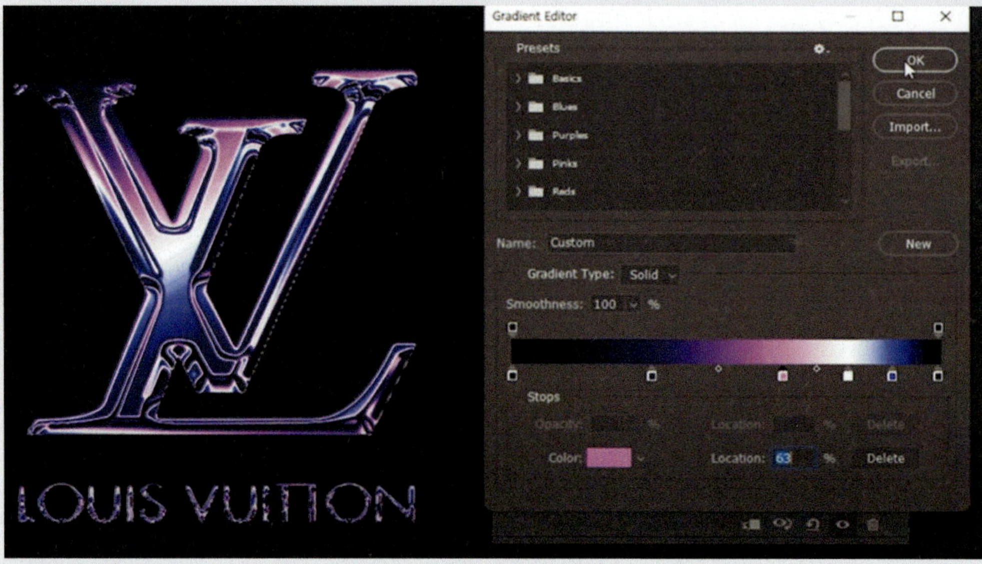

작업 순서도

① 두께감 있는 가져오거나 입력 폰트 사용
② 스마트 오브젯 ≪ 으로 체크
③ 레이어 스타일 샐렉트 박스 체크
④ 레이어 스타일맨뒤 ≪ 스타일 두번째, 스무스 1000% ≪ 30사이즈 ≪ 10 - 8% 각도 90 - 30
⑤ 도형은 삼지창 ≪ 속성 노멀, 100 ≪ 노멀, 50~55% / 위 흰색 아래 검정
⑥ 인어 쉐도우 ≪ 노멀 블랙 ≪ 투명도 100 각도 90, 10, 10, 0 / 치수 5~10 ≪ 기본도형 0%
⑦ 그라디언트 오버레이 선택 ≪ 노멀-100% ≪ 그라디언트 클릭후
⑧ 그라디언트 오발 ≪ 그라체크박스 블랙, 오른쪽 화이트 왼쪽 각도, 120도 하단 셀렉트 박스 체그 ≪ OK
⑨ 조정 ≪ 곡선,커브 ≪ 하단 끝까지 오른쪽 곡선 맨위 N곡선 만들기
⑩ 조정 ≪ 6개 피커 그라디어트 ≪ 좌측 블랙 ≪ 17026-ff875f ≪ 화이트, 3c4d2d-
⑪ 레이어로 이동 ≪ 로고 Crrl+G ≪ Crrl+E 병합 ≪ 우클릭 ≪ 컨버트 투 스마트 레이어
⑫ 필터 ≪ 애드노이즈4 ≪ 2%
⑬ 쉐입 6각형 ≪ 드래그 ≪ 스트록빼고 ≪ 라운드 4/5 ≪ 엔터 엑스별
⑭ 컨드로러 복사 ≪ 컨드록+T 크로스 ≪ 엔터 ≪ 컨트롤 일 레이어 합치기
⑮ 필터 ≪ 블러 ≪ 가우시안블러 ≪ 컨버트오브젯 ≪ 1,5% ≪ oK ≪ 레이어 투명도 80%
⑯ 10 Alt+Shift+ 드래그로 반착이 복사 필요만큼 축소 확대 복사 활용

예제 2. 3D 스마트 오브제 제작 실습

작업 순서도3D 제작 순서도

① 윈도우3D ≪ 패널 레이어 채널 3개 같이 움직임(3D, 레이어, 채널)
② 새로 만들기 ≪ A4 그라디언트 ≪ 전경색 레디얼 ≪ 흰/검정
③ 레이어 선택 흰색배경 ≪ 3D ≪ 레이어에서 새메쉬 만들기 ≪ 메쉬 사전설정 ≪ 와인병, 링, 모자, 소다켄 만들기
④ 3D 선택후 새3D 레이어 창 설정된 공간에서 랜더설정 ≪ 꼭지점 와이어프레임 ≪ 소다 ≪ 레이블 ≪ 3D 아이콘 선택 ≪ 재질 선택
⑤ 그림 넣기 ≪ 3D ≪ 재질 더블클릭 ≪ 아이콘 색상클릭 ≪ 텍스트대체클릭 ≪ 선택(열기) ≪ 이미지 들어옴
⑥ 3D 선택 ≪ 레이블재질 더블클릭 ≪ 재질감선택 클릭 ≪ 기본색상 텍스처 대체 ≪ 원하는 사진 열기 가져오기 ≪ 대체
⑦ 3D 선택 ≪ 무한 광원선택 ≪ 아이콘 더블클릭 ≪ 원하는 광원 선택 ≪ 오른쪽 레이어 선택 적용 수정
⑧ 완성된 모든 이미지 복사 ≪ 레스터화(복사 사이즈 조절 응용 활용)

5. 포토샵 에니메이션 3D타임라인 이해

1) 3D 애니메이션이란

시간의 경과에 따라 연속적으로 표시되는 이미지 또는 프레임의 시퀀스 입니다. 각 프레임은 이전 프레임과 약간씩 다르기때문에 여러 프레임을 연속으로 빠르게 보면 마치 이미지가 움직이고 변하는 것처럼 보이는 현상입니다.

2) 타임라인 패널 비디오 생성

(1) 새롭게 디자인된 클립 기반 타임라인 패널

변환 및 효과를 포함하여 완료된 비디오에 전문적인 수정 기능 제공하는 Adobe Premiere와 같은 비디오 편집기를 반영한 3D 동영상 제작 기능입니다.

(2) 타임라인 애니메이션 작업 과정 보기

① 타임라인 모드에서 레이어 내용을 애니메이션으로 저장하려면 현재 시간 표시기를 다른 시간/프레임으로 이동할 때 [타임라인] 패널에서 키프레임을 설정한 다음 레이어 내용의 위치, 불투명도 또는 스타일을 수정합니다.

② Photoshop에서는 기존의 두 프레임 사이에 프레임들이 자동으로 추가되거나 수정됩니다.

③ 새 프레임들 사이에서 레이어 속성(위치, 불투명도, 스타일)이 균일하게 변하면서 움직이거나 변하는 모양이 만들어집니다.

(3) 레이어에 페이드 아웃 효과를 적용

① 시작 프레임의 레이어 불투명도를 100%로 설정하고 레이어의 [불투명도 초시계]를 클릭합니다.

② 다음 현재 시간 표시기를 끝 프레임의 시간/프레임으로 이동하고 같은 레이어의 불투명도를 0%로 설정합니다.

③ Photoshop에서는 시작 프레임과 끝 프레임 사이의 프레임들이 자동으로 보간 되며 레이어의 불투명도가 새 프레임에서 균일하게 감소 됩니다.

④ Photoshop에서 자동으로 애니메이션의 프레임을 보간 하는 것 외에도 빈 비디오 레이어를 페인트하여 손으로 그린 프레임별 애니메이션을 만들 수 있습니다.

⑤ SWF 형식 애니메이션을 만들려면 Adobe Flash, Adobe After Effects 또는 Adobe Illustrator를 사용합니다.

3) 타임라인 비디오 애니메이션 생성과 저장

(1) 새 문서를 만들기 실행

① 크기 및 배경 내용을 지정합니다.

② 픽셀 종횡비 및 치수가 애니메이션의 출력에 적합한지 확인합니다.

③ 색상 모드는 RGB여야 합니다.

④ 특별히 변경해야 할 이유가 없다면 해상도를 72픽셀/인치, 비트 심도를 8bpc, 픽셀 종횡비를 정사각형으로 두는 것이 좋습니다.

⑤ 타임라인 패널이 열려 있는지 확인하십시오. 필요한 경우, 패널의 중앙에 있는 아래쪽 화살표를 클릭하고 메뉴에서 [비디오 타임라인 만들기]를 선택한 다음 화살표의 왼쪽에 있는 단추를 클릭합니다.

⑥ 타임라인 패널이 프레임 애니메이션 모드일 경우 패널의 왼쪽 하단에 있는 [비디오 타임라인으로 변환]을 클릭합니다.

⑦ 패널 메뉴에서 [타임라인 프레임 속도 설정]을 지정합니다. 재생 시간 및 프레임 속도를 지정합니다.

(2) 레이어를 추가

① 배경 레이어는 애니메이션으로 만들 수 없습니다.

② 내용을 애니메이션으로 만들려면 배경 레이어를 일반 레이어로 변환하거나 다음 중 하나를 추가합니다.

③ 내용을 추가할 새 레이어

④ 비디오 내용을 추가할 새 비디오 레이어

⑤ 내용을 복제하거나 손으로 그린 애니메이션을 만들 새 빈 비디오 레이어에 내용을 추가합니다.

⑥ (선택 사항) 레이어 마스크를 추가합니다.

⑦ 레이어 마스크는 레이어 내용 중 일부를 표시할 때 사용할 수 있습니다. 레이어 마스크를 애니메이션으로 저장하여 시간에 따라 레이어 내용의 다른 부분을 표시할 수 있습니다. 자세

한 내용은 레이어 마스크 추가를 참조하십시오.

⑧ 첫 번째 키프레임을 설정할 시간 또는 프레임으로 현재시간 표시기를 이동합니다.

⑨ 자세한 내용은 키프레임을 사용하여 레이어 속성을 애니메이션으로 저장을 참조하십시오.

⑩ 레이어 속성의 키프레임 기능을 켭니다.

⑪ 레이어 이름 옆의 삼각형을 클릭합니다. 아래쪽을 가리키는 삼각형이 레이어의 속성을 표시합니다.

⑫ 그런 다음 초시계를 클릭하여 애니메이션으로 저장할 레이어 속성에 첫 번째 키 프레임을 설정합니다. 한 번에 하나 이상의 레이어 속성에 키 프레임을 설정할 수 있습니다.

⑬ 현재시간 표시기를 이동하고 레이어 속성을 변경합니다.

⑭ 레이어 속성이 변경되는 시간 또는 프레임으로 현재 시간 표시기를 이동합니다. 다음 중 하나 이상을 수행할 수 있습니다.

⑮ 레이어의 위치를 변경하여 레이어 내용이 이동하게 만듭니다.

⑯ 레이어 불투명도를 변경하여 내용에 페이드인 또는 페이드아웃 효과를 적용합니다.

⑰ 레이어 마스크의 위치를 변경하여 레이어의 다른 부분을 표시합니다.

⑱ 레이어 마스크를 켜거나 끕니다.

⑲ 개체 색상 변경이나 프레임 내용 완전 변경과 같은 일부 애니메이션 유형의 경우 새로운 내용의 추가 레이어가 필요합니다.

(3) 애니메이션 레이어 저장

① 모양 레이어를 애니메이션으로 저장하려면 [벡터 마스크 위치] 또는 [벡터 마스크 사용 가능]에 [시간 변경 가능 초시계]를 사용하여 모양 레이어 보다는 벡터 마스크를 애니메이션으로 저장합니다.

② 내용이 있는 추가 레이어를 추가하고 필요에 따라 레이어 속성을 편집합니다.

③ 레이어 재생 시간 막대를 이동하거나 컷 편집하여 레이어가 나타나는 시점을 지정합니다.

④ 애니메이션을 미리 보기로 애니메이션을 만들면서 [타임라인] 패널에 있는 컨트롤을 사용하여 애니메이션을 재생해 볼 수 있습니다.

⑤ 애니메이션을 저장합니다.

⑥ 웹용으로 저장 명령을 사용하여 애니메이션을 애니메이션 GIF로 저장하거나, [비디오 렌더] 명령을 사용하여 이미지 시퀀스나 비디오로 저장할 수 있습니다.

⑦ PSD 형식으로 저장한 후 Adobe After Effects로 불러올 수도 있습니다.

⑧ 키프레임을 사용하여 레이어 속성을 애니메이션으로 저장[위치], [불투명도], [스타일] 등의 여러 레이어 속성을 애니메이션으로 저장할 수 있습니다.
⑨ 각각의 변경 작업을 다른 변경 작업과 동시에 또는 별도로 수행할 수 있습니다.
⑩ 여러 개체를 애니메이션으로 개별 저장하려면 별개의 레이어에 각 개체를 만드는 것이 좋습니다.

(4) 레이어 속성별 애니메이션으로 저장 기법

① 지정된 위치 속성에 키 프레임을 추가한 후 현재 시간 표시기를 이동하고 문서 창에서 레이어를 드래그하여 위치를 애니메이션으로 저장할 수 있습니다.
② 불투명도 속성에 키 프레임을 추가한 후 현재 시간 표시기를 이동하고 [레이어] 패널에서 레이어의 불투명도를 변경하여 레이어의 불투명도를 애니메이션으로 저장할 수 있습니다.
③ 개체 및 카메라 위치와 같은 3D 속성을 애니메이션으로 저장할 수 있습니다.
④ 키 프레임을 사용하여 속성을 애니메이션으로 저장하려면 해당 속성에 대해 두 개 이상의 키 프레임을 설정해야 합니다. 그렇지 않으면 레이어가 재생되는 동안에만 레이어 속성의 변경 내용이 적용됩니다.
⑤ 각 레이어 속성에는 애니메이션 만들기를 시작할 때 클릭하는 [시간 변경 가능 초시계] 아이콘이 있습니다. 특정 속성에 대해 초시계를 활성화하면 현재 시간과 해당 속성 값을 변경할 때마다 새 키 프레임이 자동으로 설정됩니다.
⑥ 속성에 대해 초시계를 비활성화하면 속성에 키 프레임이 없습니다. 초시계가 비활성화된 상태에서 레이어 속성값을 입력하면 해당 레이어가 재생되는 동안에만 값이 적용됩니다. 초시계를 선택 해제하면 해당 속성의 모든 키 프레임이 영구적으로 삭제됩니다.

(5) 보간 방법 선택

① 보간(트윈)은 알려진 두 값 사이에 알 수 없는 값을 입력하는 프로세스입니다.
② 디지털 비디오와 필름에서 보간은 대개 두 키 프레임 사이에 새 값을 생성하는 것을 의미합니다.
③ 예를 들어 15개 프레임의 그래픽 요소를 왼쪽으로 50픽셀 이동하려면 첫 번째 프레임과 15번째 프레임의 그래픽 위치를 설정하고 둘 다 키 프레임으로 표시합니다. 이렇게 하면 두 키 프레임 사이의 프레임이 보간 됩니다.

④ 키 프레임 간의 보간을 사용하여 움직임, 불투명도, 스타일 및 전체 조명을 애니메이션으로 저장할 수 있습니다.

⑤ [타임라인] 패널에서 키프레임의 모양은 키프레임 간의 간격에 대해 선택하는 보간 방법에 의해 결정됩니다.

(6) 선형 키프레임

① 애니메이션 속성을 키 프레임 간에 균일하게 변경합니다.

② 활성 상태와 비활성 상태 사이를 갑자기 변환하는 레이어 마스크 위치 속성은 예외입니다.

(7) 키프레임 유지

① 현재 속성 설정을 유지합니다. 이 보간 방법은 레이어가 갑자기 나타나거나 사라지게 하려는 경우나 섬광 효과에 유용합니다.

② 키 프레임의 보간 방법을 선택하려면 다음을 수행합니다.

③ [타임라인] 패널에서 하나 이상의 키프레임을 선택합니다.

④ 다음 중 하나를 수행합니다.

⑤ 선택한 키 프레임을 마우스 오른쪽 단추로 클릭한 다음 상황에 맞는 메뉴에서 [선형 보간] 또는 [보간 유지]를 선택합니다.

⑥ 패널 메뉴를 열고 [키프레임 보간] 〉 [선형] 또는 [키프레임 보간] 〉 [중단]을 선택합니다.

(8) 키프레임으로 현재 시간 표시기 이동

① 속성의 첫 키 프레임을 설정하면 키 프레임 간을 이동하거나 키 프레임을 설정 또는 제거하는 데 사용할 수 있는 키 프레임 내비게이터가 표시됩니다.

② 키 프레임 내비게이터 다이아몬드가 활성화되면(노랑) 해당 레이어 속성의 키 프레임에 현재 시간 표시기가 정확히 놓이고, 키 프레임 내비게이터 다이아몬드가 비활성화되면(회색) 키 프레임 사이에 현재 시간 표시기가 놓입니다.

③ 키 프레임 내비게이터 상자의 각 면에 화살표가 표시되면 해당 속성의 다른 키 프레임이 현재 시간의 양면에 나타납니다.

④ [타임라인] 패널에서 키프레임 내비게이터 화살표를 클릭하십시오. 왼쪽 화살표는 현재 시간 표시기를 이전 키 프레임으로 이동하고, 오른쪽 화살표는 현재 시간 표시기를 다음 키 프레

임으로 이동합니다.

(9) 키프레임 선택

① 타임라인 패널에서 다음 중 원하는 작업을 수행하십시오.

② 키 프레임을 선택하려면 키 프레임 아이콘을 클릭합니다.

③ 여러 키 프레임을 선택하려면 Shift 키를 누른 채 키 프레임을 클릭하거나 키 프레임 주위로 선택 윤곽을 드래그합니다.

④ 하나의 레이어 속성에 대해 모든 키 프레임을 선택하려면 [초시계] 아이콘 옆의 레이어 속성 이름을 클릭합니다.

(10) 키프레임 이동

① 타임라인 패널에서 하나 이상의 키프레임을 선택합니다.

② 선택한 키 프레임 아이콘을 원하는 시간으로 드래그합니다. 여러 키 프레임을 선택한 경우 선택한 키 프레임이 그룹으로 이동하며 동일한 시간 간격을 유지합니다.

(11) 키프레임 복사 및 붙여넣기

① 위치 속성에 대한 키 프레임을 다른 레이어의 같은 속성에 복사할 수 있습니다.

② 키 프레임을 붙여넣으면 붙인 키 프레임은 현재 시간 표시기에서 복사된 오프셋을 반영하여 한 번에 한 레이어에서만 키 프레임을 복사할 수 있습니다.

③ 다른 레이어에 키 프레임을 붙이면 대상 레이어의 해당 속성에 키 프레임이 나타납니다. 맨 앞의 키 프레임이 현재 시간에 나타나며 나머지 프레임이 순서대로 나타납니다.

④ 키 프레임은 붙인 후 선택된 상태로 나타나므로 타임프레임에서 즉시 해당 키 프레임을 이동할 수 있습니다.

⑤ 하나 이상의 키 프레임을 선택합니다.

⑥ 선택된 키 프레임을 마우스 오른쪽 단추로 클릭하고 복사를 선택 합니다.

⑦ 대상 레이어가 들어 있는 [타임라인] 패널에서 키프레임을 표시할 시점으로 현재 시간 표시기를 이동합니다. 대상 레이어를 선택합니다. 패널 메뉴를 열고 [키프레임 붙여넣기]를 선택합니다.

(12) 키프레임 삭제

① 타임라인 패널에서 하나 이상의 키프레임 선택하고 다음 중 하나를 수행합니다.

② 선택된 키프레임을 마우스 오른쪽 단추로 클릭하거나 Control+클릭하고 컨텍스트 메뉴에서 키프레임 삭제를 선택합니다.

③ 패널 메뉴에서 키프레임 삭제를 선택합니다.

6. 3D 타임라인 패널 구성요소

1) 애니메이션 패널 메뉴에는 프레임이나 타임라인

(1) 타임라인 오른쪽 버튼키 세모를 클릭하여 재생 시간을 편집하고 패널 표시를 구성할 수 있는 추가 명령이 포함됩니다.

(2) 사용할 수 있는 명령은 패널 메뉴 아이콘을 클릭 합니다.

(3) 프레임 모드의 애니메이션 패널 애니메이션 패널(프레임 모드)입니다.

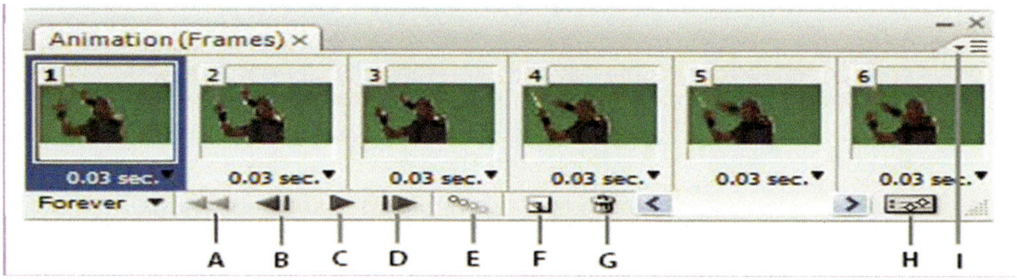

① A. 첫 번째 프레임 선택 B. 이전 프레임 선택 C. 애니메이션 재생 D. 다음 프레임 선택 E. 애니메이션 프레임 트윈 F. 선택한 프레임 복제 G. 선택한 프레임 삭제 H. 타임라인 모드로 변환 I. 애니메이션 패널 메뉴입니다.
② 애니메이션 패널을 프레임 모드나 타임라인 모드로 사용할 수 있습니다.
③ 타임라인 모드 에서는 문서 레이어의 프레임 재생 시간 및 애니메이션 속성이 표시됩니다.
④ 패널 아래쪽에 있는 도구를 사용하여 프레임들을 살펴보고, 시간 표시를 확대/축소하고, 어니언 스킨 모드를 전환하고, 키프레임을 삭제하고, 비디오를 미리 볼 수 있습니다.
⑤ 타임라인 자체에 있는 제어로는 레이어의 프레임 재생 시간을 조정하고, 레이어 속성의 키프레임을 설정하고, 비디오 섹션을 작업 영역으로 지정할 수 있습니다.

[그림 7-2] 애니메이션(프레임모드)

2) Photoshop 타임라인 모드의 애니메이션 패널

(1) 라임라인 패널과 속성

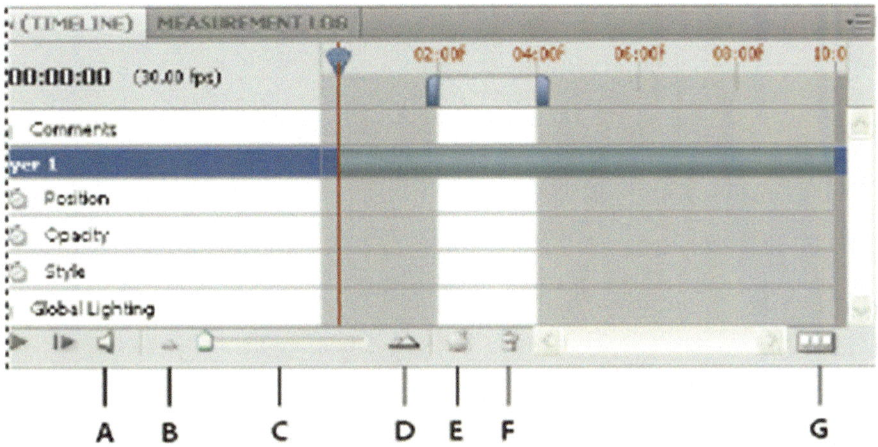

① A. 오디오 재생 사용 가능 B. 축소 C. 확대/축소 슬라이더 D. 확대 E. 어니언 스킨 전환 F. 키프레임 삭제 G. 프레임 애니메이션으로 변환모드입니다.
② 타임라인 모드에서는 애니메이션 패널이 Photoshop 문서의 각 레이어(배경 레이어 제외)를 표시하고 레이어 패널과 동기화됩니다.
③ 레이어가 추가, 삭제, 그룹화, 복제되거나 이름이 바뀌거나 색상이 지정될 때마다 변경 내용이 두 패널에서 모두 업데이트됩니다.

[그림 7-3] 애니메이션 패널(타임라인 모드)

(2) 프레임 모드 제어

① 프레임 모드에서는 [애니메이션] 패널에 다음과 같은 제어가 포함됩니다.

② 애니메이션을 애니메이션 GIF 파일로 내보낼 때 재생할 횟수를 설정합니다.

③ 프레임 지연 시간 재생 중 프레임 재생 시간을 설정합니다.

④ 애니메이션 프레임 트윈 새 프레임에 레이어 속성이 고르게 적용되도록 보간 하면서 기존의 두 프레임 사이에 원하는 타임의 여러 프레임을 추가합니다.

⑤ 선택한 프레임 복제 [애니메이션] 패널에서 선택한 프레임을 복제하여 애니메이션에 프레임을 추가합니다.

⑥ 타임라인 애니메이션으로 변환 키프레임을 사용하여 프레임 애니메이션을 타임라인 애니메이션으로 변환하여 레이어 속성을 애니메이션으로 저장합니다.

3) 타임라인 모드 컨트롤

(1) 타임라인 모드의 애니메이션 패널

① 캐시 프레임 표시기 재생을 위해 캐쉬된 프레임을 나타내는 녹색 막대를 표시합니다.

② 설명 트랙패널 메뉴에서 [타임라인 설명 편집]을 선택하여 현재 시간에 텍스트 설명을 삽입합니다. 설명이 설명 트랙에 아이콘 ■으로 나타납니다.

③ 포인터를 이러한 아이콘 위로 이동하면 설명이 도구 설명으로 표시됩니다. 이러한 아이콘을 두 번 클릭하여 설명을 수정합니다.

④ 특정 설명에서 다음 설명으로 이동하려면 [설명 트랙] 왼쪽 끝에 있는 [이전으로 이동] ◀ 또는 [다음으로 이동] ▶ 단추를 클릭합니다.

4) 프레임 애니메이션으로 변환

(1) 키프레임의 타임라인 애니메이션 변환

① 시간 코드 또는 프레임 번호 표시패널 옵션에 따라 현재 프레임의 시간 코드 또는 프레임 번호를 표시합니다.

② 현재 시간 표시기 ▼현재 시간 표시기를 드래그하여 프레임을 찾아보거나 현재 시간 또는 프레임을 변경합니다.

③ 전체 조명 트랙 그림자 효과, 내부 그림자, 경사와 엠보스 등의 레이어 효과를 위해 마스터 조명 각도를 설정하고 변경하는 키프레임을 표시합니다.

④ 키프레임 내비게이터 ◀▶트랙 레이블 왼쪽의 화살표 단추를 클릭하여 현재 시간 표시기를 현재 위치에서 이전 또는 다음 키프레임으로 이동합니다.

⑤ 현재 시간에서 키프레임을 추가하거나 삭제하려면 가운데 단추를 클릭합니다.

⑥ 레이어 재생 시간 막대 비디오 또는 애니메이션 내에서 레이어의 시간상 위치를 지정합니다.

⑦ 레이어를 다른 시간상 위치로 이동하려면 막대를 드래그합니다. 레이어를 컷 하려면 막대의 한쪽 끝을 드래그합니다.

⑧ 변경된 비디오 트랙 비디오 레이어의 경우 변경된 프레임에 대한 재생 시간 막대를 표시합니다.

⑨ 변경된 프레임으로 이동하려면 트랙 레이블 왼쪽에 있는 키프레임 내비게이터를 사용합니다.

(2) 시간 눈금자

① 문서의 재생 시간과 프레임 속도에 따라 재생 시간 또는 프레임 수를 가로로 측정합니다.

② 패널 메뉴에서 문서 설정을 선택하여 재생 시간이나 프레임 속도를 변경합니다. 눈금 표시와 숫자는 자를 따라 나타나며 타임라인의 확대/축소 설정에 따라 간격이 변합니다.

③ 시간 변경 가능 초시계 레이어 속성의 키 프레임 기능을 활성화하거나 비활성화합니다.

④ 키프레임을 삽입하고 레이어 속성에서 키프레임 기능을 활성화하려면 이 옵션을 선택합니다.

⑤ 모든 키프레임을 제거하고 레이어 속성에서 키프레임 기능을 비활성화하려면 이 옵션의 선택을 해제합니다.

(3) 애니메이션 패널 메뉴

키프레임, 레이어, 패널 모양, 어니언 스킨 및 문서 설정에 영향을 주는 기능을 포함합니다.

(4) 작업 영역 표시기

가장 위쪽 트랙의 한쪽 끝에 있는 파랑 탭을 드래그하여 미리 보거나 내보낼 애니메이션 또는 비디오의 특정 부분을 표시합니다.[67]

67) https://helpx.adobe.com/kr/photoshop/using/video-animation-overview.html

7. 에니메이션 타임라인 패널 응용 실습

1) 3D 타임라인 애니메이션 움짤 제작

예제 1. 하트 애니메이션

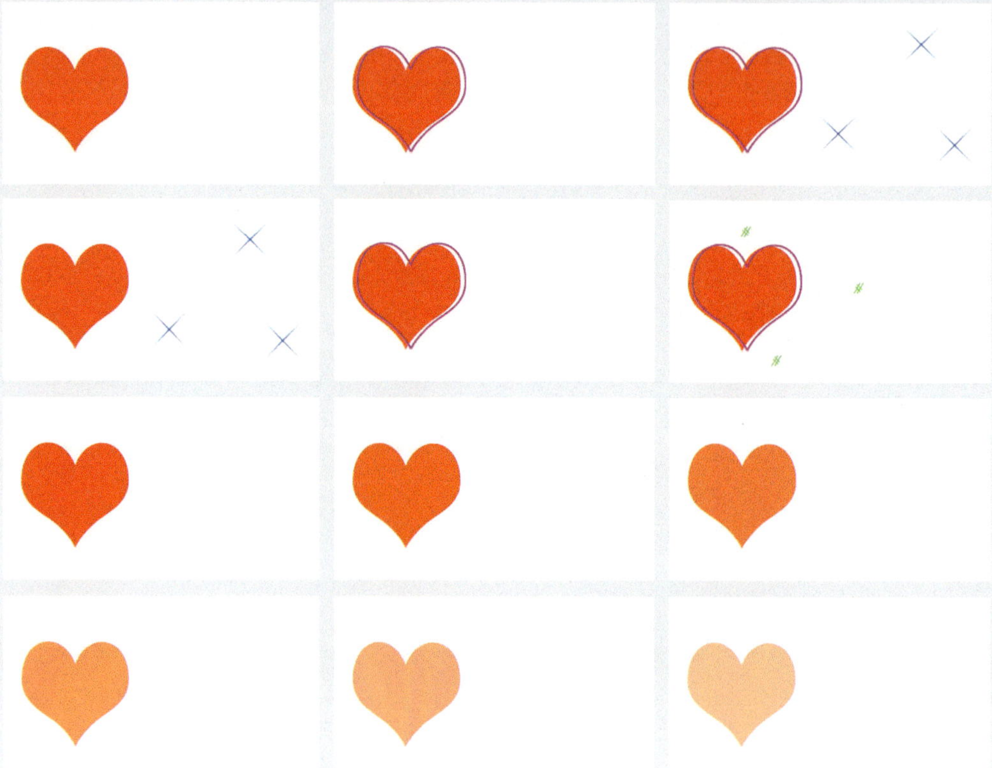

① 포토샵 프로그램을 실행합니다.

② 파일 ≪ 새로 만들기 ≪ 프리셋 설정 400*200 / 해상도 72 / GRB / 화이트 배경 ≪ OK 합니다.

③ 애니메이션 위한 각 각의 레이어 만들기

④ 움직임 모션 스토리 생각하기

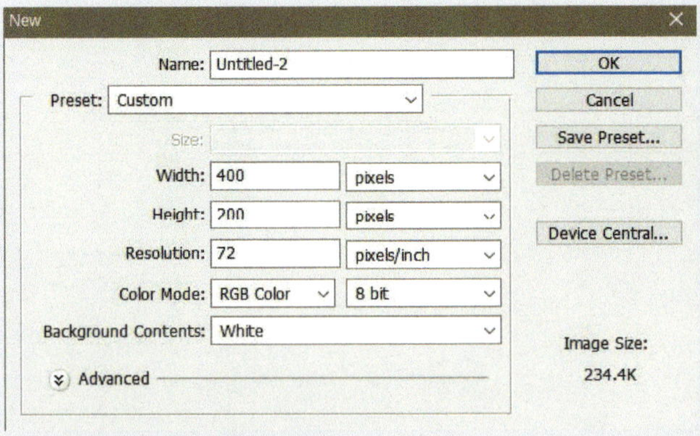

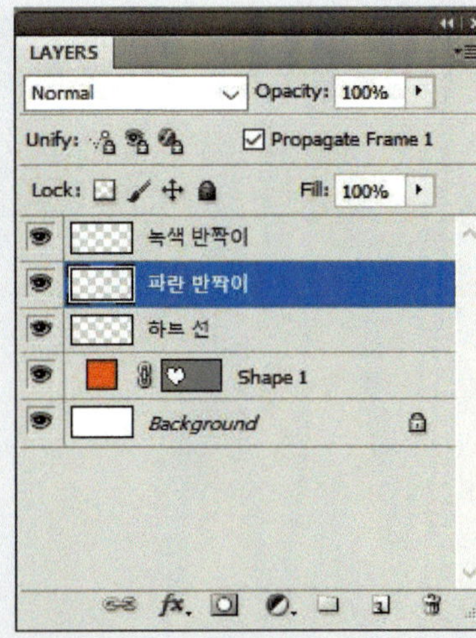

① 하트 라인 레이어 만들기
② 모양 툴선택≪모양패널 하트모양 선택
③ 툴로 지정 작업패널 드래그 하트 그리기
④ 편집 메뉴≪획 메뉴에서 선의 굵기, 색상, 선택 기준선 긋는 기준 설정

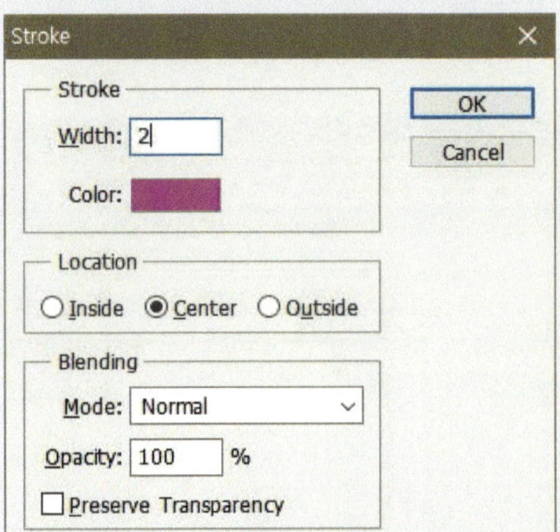

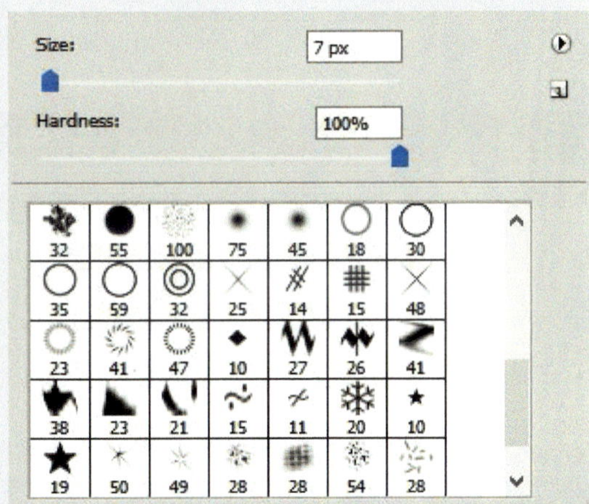

① 새 레이어 추가 ≪ 모양 패널의 14# 모양선택하여 녹색 반짝이, 파란 반짝이 레이어추가하고 만들기 합니다.
② 브러시 툴 선택하고 활성된 메뉴바에서 특수효과 브러쉬의 종류와 크기를 조절 합니다.
③ 새로운 레이어에 모양 패널의 48반짝이 위치 지정 배치 합니다.
④ 창(윈도우) 타임라인 옵션을 선택하여 애니메이션 패널을 활성시킵니다.
⑤ 프레임 애니 메이션 만들기 선택합니다.

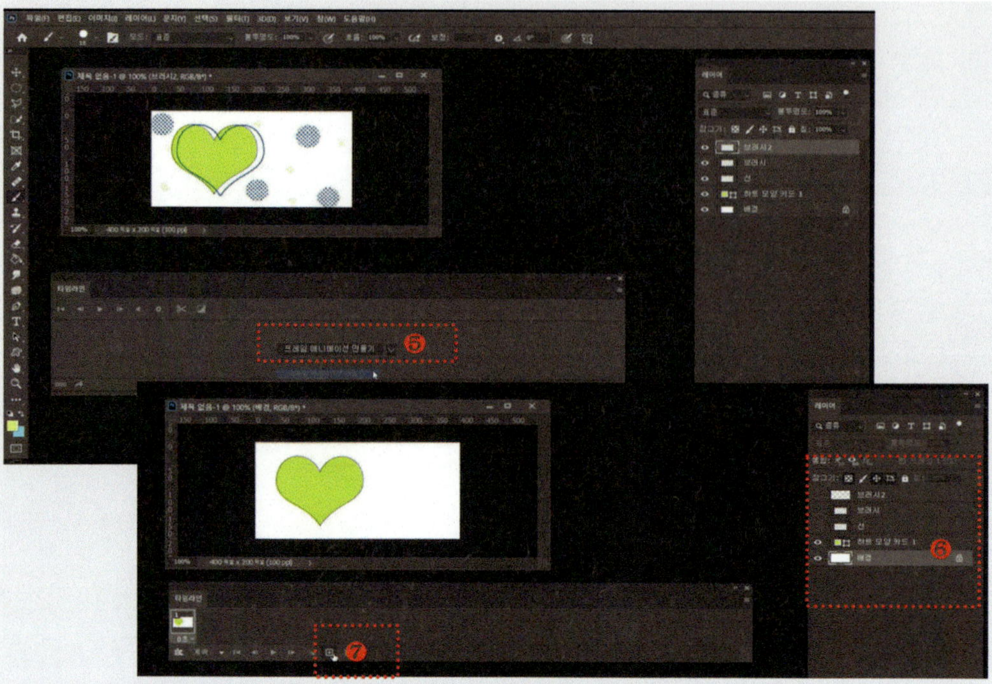

⑥ 레이어 패널의 흰색 배경을 제외한 모든 레이어의 눈을 꺼 둡니다.

⑦ 그림 ❼과같이 레이어 추가 버튼을 클릭하면서 보이고 싶은 레이어 눈을 순차적으로 끄고 켜기를 반복합니다.

⑧ 그림 ❽과 같이 원하는 길이의 추가 레이어 만큼의 투명를 갖는 애니메이션을 편집할 수 있습니다.

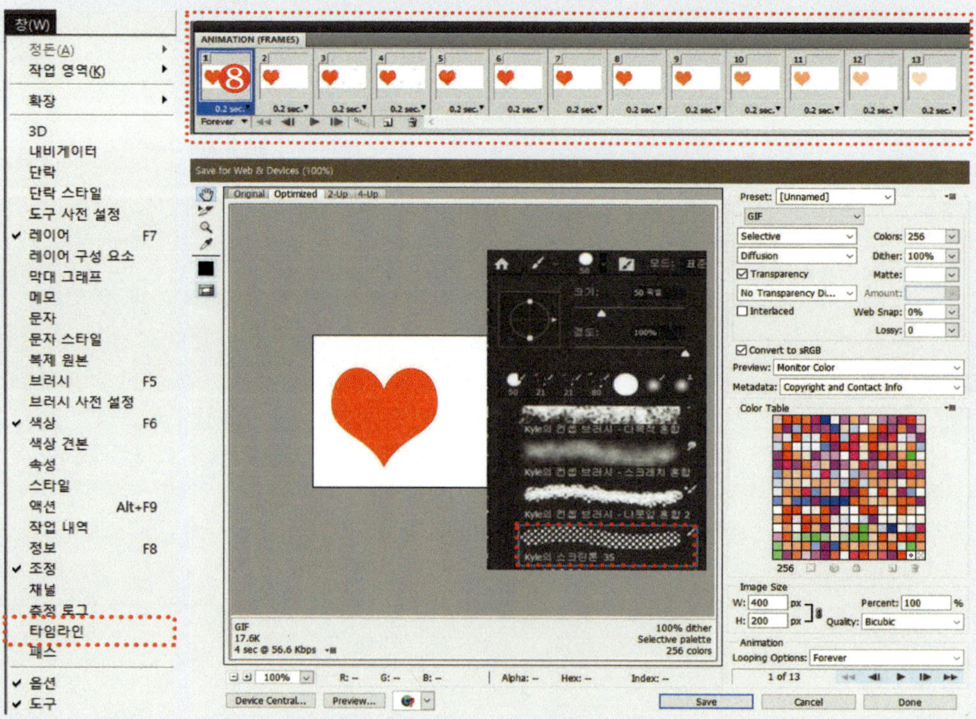

예제 2. 커피잔 애니메이션

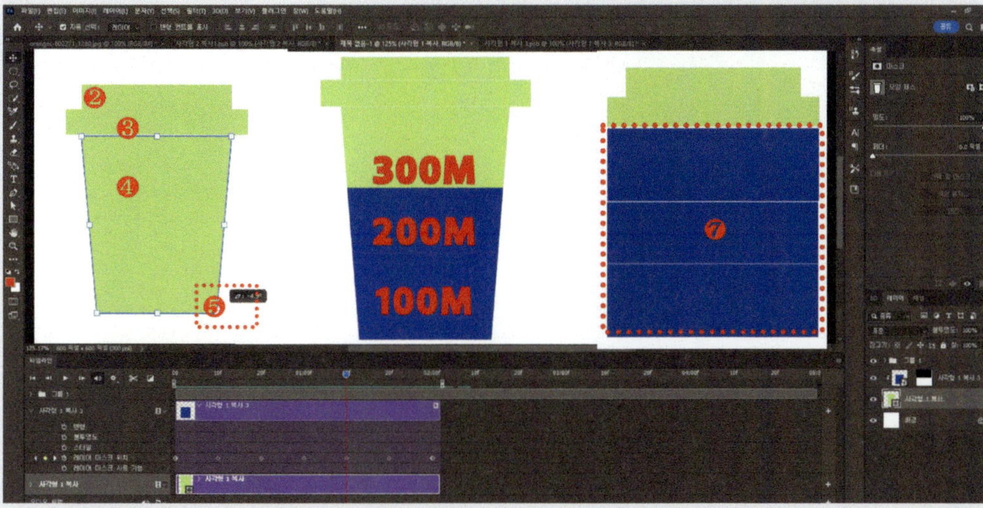

① 파일 ≪ 새로 만들기 ≪ 600*600 해상도 72 / GRB / 화이트 배경 ≪ OK 합니다.
② 사각툴 선택 ≪ 모양 칠 ≪ 클릭 드래그 가로 ②사각형 만들기 ≪ 복사하여 ③과 ④ 3개의 사각형 레이어 만들어 줍니다.
③ 복사한 ③의 사각형 레이어 선택 ≪ 가로*세로 Shift + Alt + 그래그 하여 가로 길이를 ③과 같이 늘려 줍니다.
④ ④레이어 선택 ≪ Ctrl + T ≪ Shift + 클릭 드래그 세로컵 길이로 드래그 합니다.
⑤ ④도형 선택 "편집" 또는 ≪ 마우스 우클릭 ≪ 변형 ≪ 원근(perspective) ⑤와 같이 하단 모서리 클릭 안쪽으로 밀어 좁혀 줍니다.
⑥ 3개의 도형 컵레이어 모두 선택 ≪ 크리에이트 클리핑 마스크 처리후 Ctrl + E 레이어를 묶어 줍니다.
⑦ ⑦과 같이 사각형 숫자 레이어 3개 만들기 ≪ 3개의 도형 레이어에 숫자를 입력 ≪ 마우스 우클릭 ≪ 클리핑 마스크 만들기 클릭 합니다.
⑧ 윈도우 ≪ 타임라인 선택 ≪ 비디오 만들기 ≪ 배경 컵 ≪ 마스크 레이어 아이콘 선택 ≪ 링크를 풀어 줍니다.
⑨ 배경 컵레이어 마스크위치 스톱워치 ≪ 1초 이동 마스크 클릭 상위로 드래그 ≪ 3단까지 반복 ≪ 확인은 재생 버튼으로 ≪ 상단 아이콘≪설정 루프 플레이백 체크 ≪ 재생키 선택 플레이 확인합니다.

예제 3. 움직이는 비포 에프터

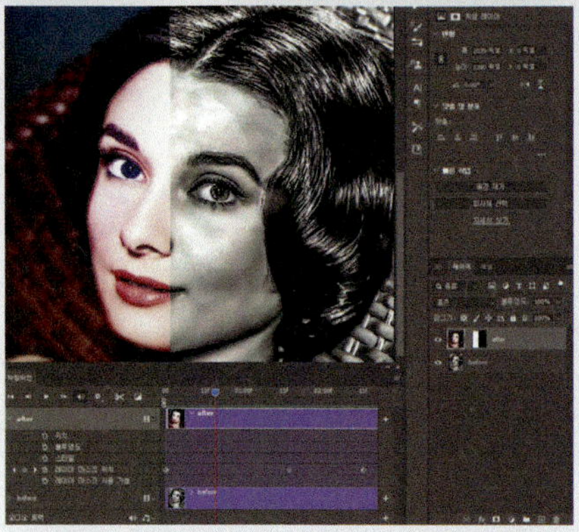

제품광고 상세 페이지 전후 비교, 인물 변동사항 제작 순서도

① before & after 배경 이미지 2장 불러오기 합니다.
② before 이미지 Ctrl + A, C, V복사 붙여 넣기 ≪ 이미지 레이어 더블클릭 ≪ 이름 수정 ≪ before 이미지 자물쇠 해제합니다.
③ before 이미지 선택 ≪ 이름 after수정 후 ≪ 마스크 처리(검정) 후 ≪ 링크 해제 합니다.
④ 창(윈도우) ≪ 타임라인 ≪ 비디오 타임라인 만들기 선택 ≪ 클릭
⑤ after 프레임 열기 ≪ 하위목록보기 ≪ 레이어 마스크 위치 키프레임 클릭 ≪ 1초이동 ≪ 화면 좌측에서 우측으로 이동
⑥ 타임라인 재생 버튼 플레이 확인
⑦ 재생 시간 줄일때 ≪ 인디게이터 끝 키프레임으로 이동 ≪ 마우스 우클릭 ≪ 작업영역 끝설정 클릭 ≪ 반복재생 확인 할 수 있음
⑧ 재생 시간 늘림 ≪ 프레임 레이어 뒤로 이동 ≪ 프레임 레이어 끝 지점 ≪ 클릭 뒤로 이동
⑨ 경계면에 흰색 세로 라인 넣기 ≪ 마스크 처리된 레이어 빈공간 더블클릭 ≪ 레이어 스타일 ≪ 획 / 크기4 / 위치, 바깥쪽 / 혼합모드, 표준 / 색상, 흰색 ≪ 확인
⑩ 저장하기 ≪ 메뉴바 ≪ 파일 ≪ 내보내기 ≪ 웹용으로 내보내기 ≪ GIF 확장자 선택 ≪ 내폴더 ≪ 저장
⑪ 실행하기 ≪ 저장파일 불러오기 ≪ 창(윈도우) ≪ 타임라인 ≪ 재생 확인
⑫ 오디오트랙 플러스 버튼 ≪ 열기(배경음악) ≪ 불러오기

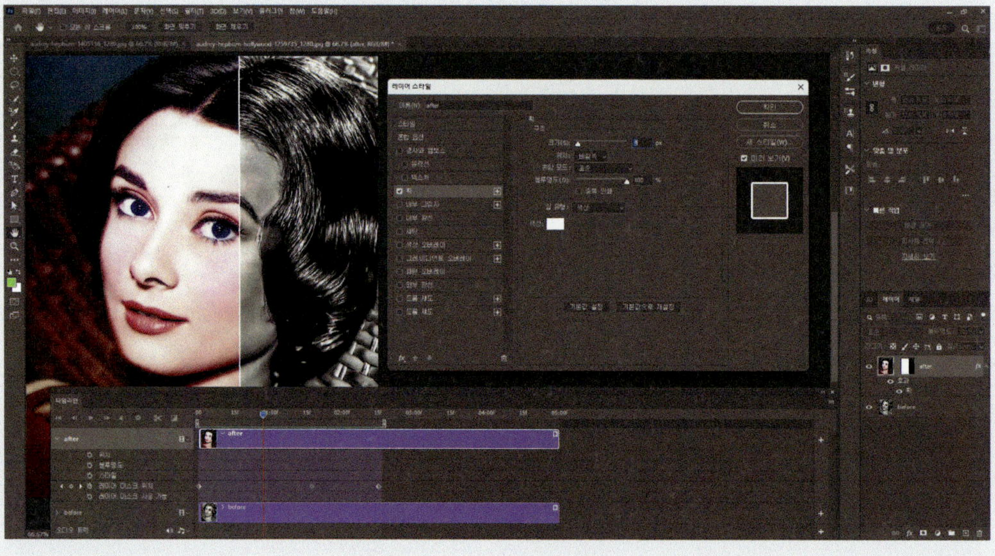

예제 4. 무한반복 텍스트 애니메이션

무한반복 텍스트 애니메이션 제작 순서도

① 배경 이미지 파일가져오기
② 툴 박스 만들기 – 툴바 – 사각형 툴 선택 – 새로 만들기 W, 190*H, 79 만들기
③ 타입툴 선택T – 키워드 텍스트 입력(#영상, #미디어, #광고, #디자인) – 문단 정렬 중앙 – 왼쪽으로 – 상단체크 또는 Ctrl + Enter
④ 텍스트레이어 T섬네일 더블클릭 – 복사 – 텍스트 길게 이어 붙이기
⑤ 보기 – 눈금자 Ctrl + R – 눈금자 라인 텍스트 첫 자에 배치 – 창(window) – 타임라인 – 크리에이트 비디오 타임라인
⑥ 목록보기 클릭 – 위치(트렌스폼) 스탑 워치 클릭 – 인디게치터 3초 이동 – 이동툴 선택 + shift – 이어 붙인 텍스트까지 이동
⑦ 끝 쪽 키프레임 방향 인디케이터 이동 – 마우스 우클릭, 작업영역 끝 설정선택
⑧ 재생 버튼 확인 – 않 될 때 / 설정 나사 모양 – 재생 루프플레이 백 박스체크

예제 5. 아래에서 위로 올라가는 텍스트 애니메이션

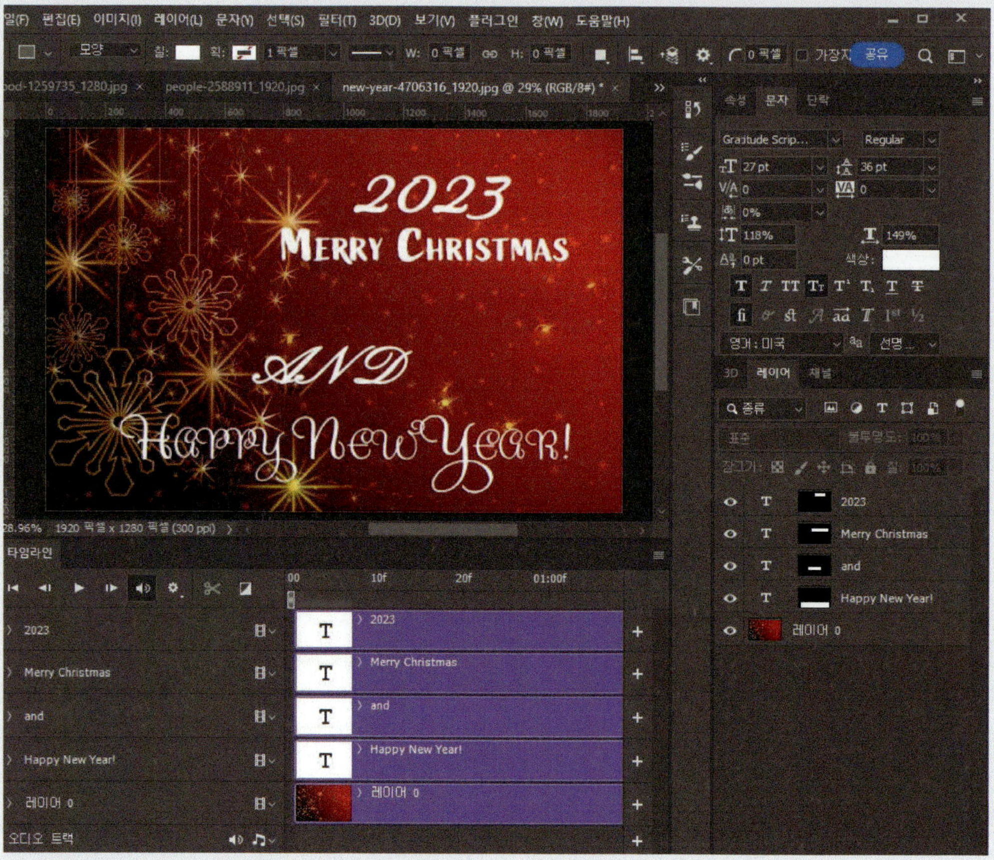

타임라인 애니메이션 모션 텍스트만들기

① 배경이미지 가져오기 합니다.

② 툴바의 “T” 선택 ≪ 배경레이어 탭 ≪ 시, 연말 인사, 가사 등을 입력합니다.

③ 전달하고 싶은 텍스트 순서에 따라 레이어 선택 후 사각선택 툴 ≪ 텍스트 드래그 선택영역으로 지정합니다.

④ 상위 레이어 텍스트 선택 ≪ 사각 마키툴 선택 ≪ 상위 레이어 드래그 선택영역 ≪ 마스크클릭 ≪ 링크해제 ≪ 텍스트섬네일 선택 합니다.

⑤ 윈도우 ≪ 타임라인 ≪ 변형 ≪ 인디게이터 1초이동 스톱워치 클릭 ≪ 인디게이터 다시 “0” 스타트 위치이동 ≪ 텍스트 클릭 ≪ Shift + 아래로 드래그합니다.

⑥ 모든 텍스트 순차적으로 ⑤와 같이 반복합니다.

CHAPTER

08

3D 캐릭터 & 타이틀 디자인 응용

1. 포토샵 애니메이션 제작기법

예제 1. 2D 이미지 3D 캐릭터 만들기

① 사용툴 포토샵 한 마리 캐리터 가져오기

② 일러스트 파일 포토샵으로 분리해서 가져오기합니다.

③ 포토샵 레이어에 대조 편집
④ 캐릭터에 라인이 있다면 면색으로 덮어 줍니다.
⑤ 몸통레이어 더블클릭- 레이어 스타일 원하는톤, 사이즈 수정
⑥ 브러쉬로 마무리
⑦ 일러저장 ≪ 파일 - 내보내기 ≪ 저장위치 ≪ 파일형 포토샵(psd) ≪ 내보내기 ≪ RGB / CMIK 확인 ≪ 옵션 ≪ 레이어쓰기 ≪ OK
⑧ 바탕화면 PS 파일생성 ≪ 더블클릭후 열기 ≪ 목록보기 ≪ 모든 레이어 들어옴 ≪ 모두 편집 가능

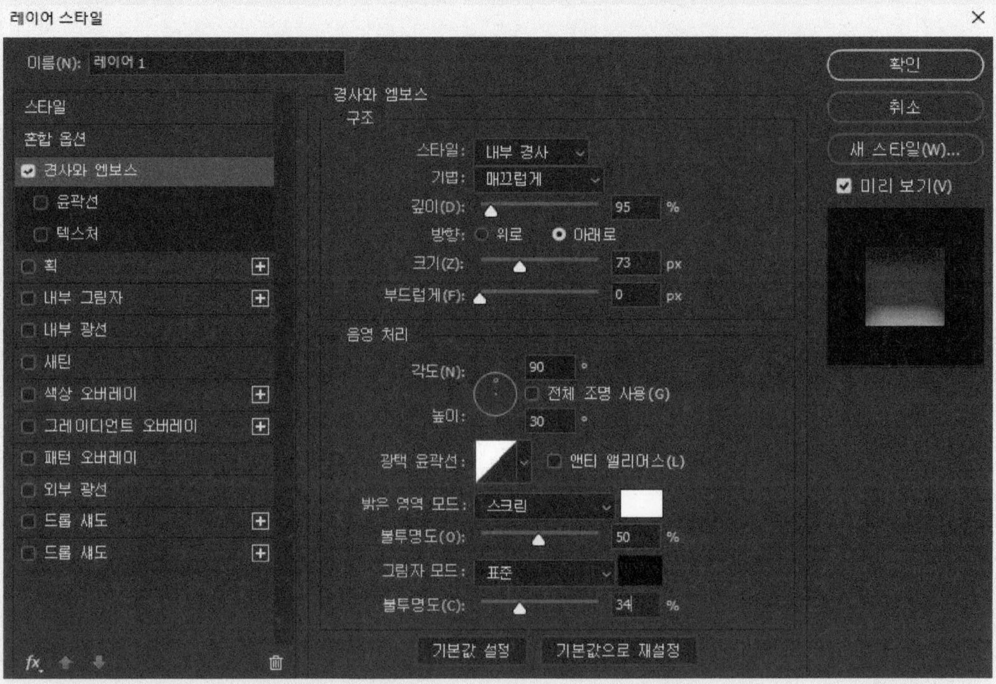

포토샵으로 2D를 3D바꾸기 순서도

① 상단 오토셀렉트 ≪ 선택레이어 하나씩 선택가능 ≪ 아니면 알트 클릭하고 선택
② 캐릭터 확대 더블크릭 ≪ 레이어 스타일 ≪ 엠보 ≪ 하단 그림자, 투명도, 컬러, 반사광 활용 설정
③ 이기능을 토대로 3D 입체 잡아줍니다.
④ 안쪽 파임 ≪ 인어 쉐도우 그림자 넣기 ≪ 사이즈, 거리, 컬러, 투명도 적용후 OK
⑤ 디테일한 작업 ≪ 레이어 새로 만들고 ≪ 클리핑 마스크 ≪ 스포이드로 진한 영역 찍기 ≪ 브러쉬 / 블러 최대로, 투명도10% 어두운 톤으로 칠하기

2. 3D 캐릭터 & 타이들 디자인 응용기법

예제 2. 3D 포토샵에서 내캐릭터 만들기

① 사진을 불러 옵니다.

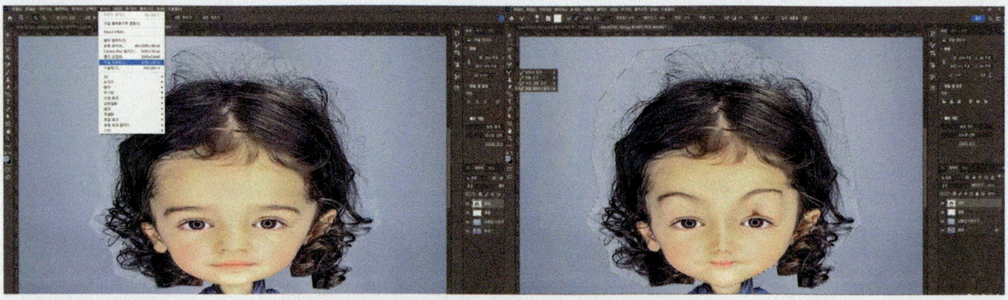

② 올가미 선택툴 선택–턱 라인오리기 머리뒤 배경포함≪Ctrl+J≪선택영역 저장
③ 다시 백그라운드 선택– 턱선 아래 몸통따기
④ 배경 Ctrl+J 배경 복사

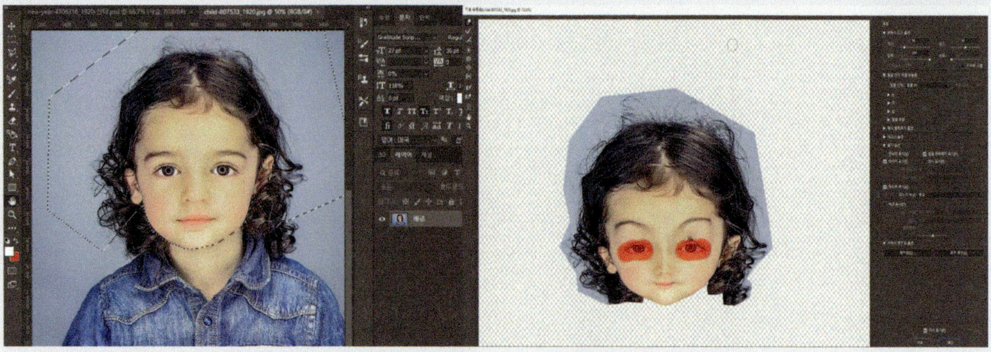

⑤ 복사된 배경 선택 ≪ 피사체 없애줄 영역 따기 위해 어린이 이미지 배경 ≪ 복사 ≪ 전체 선택영역 오리기
⑥ 편집 ≪ 컨텐츠 어웨어 필(내용인식채우기)
⑦ 복사된 몸통 레이어 ≪ Ctrl + T ≪ 축소(Shift)
⑧ 얼굴 레이어 선택 ≪ Ctrl+T ≪ 마우스 우클릭 ≪ 왜곡 ≪ Alt + Shift 상단 드래그 넓히기 목과 몸통 맞주기 ≪ 엔터
⑨ 얼굴 레이어 크게 확대 ≪ 필터 ≪ 픽셀 유동화 5번째 퍼커툴(코, 입 줄이기)
⑩ 첫번째 손가락 툴 ≪ 코 형태 유지 하면서 줄이기 ≪ 특징 살려 얼굴형태 다듬기, 눈가쪽 안쪽으로 모으기≪ 입 미소로 작게 만들기
⑪ 눈썹 올려주기 ≪ 눈동자 고정 8번째 마스크고정 도구(프리즈 마스크)툴선택 눈 칠하기
⑫ 첫번째 뒤틀기 도구 툴 – 눈섭 위로 드래그 ≪ 귀 크기 조절 ≪ 첫번째 (뒤틀기 도구) ≪ 턱 각 살리기 ≪OK
⑬ 얼굴 칠 ≪ 밝은 핑크, 회색톤 이나 피부톤 컨트로 + 레이어 1번 클릭, 선택영역 ≪ 믹스 브러쉬선택 ≪ 샘플 올 레이어 없음 ≪ 상단 옵션 모두 20% ≪ 얼굴 붓 터치 부드럽게 반복
⑭ 눈 위 아래 남은 눈섭 그림자 정리되게 문질러 지워서 피부턴 보정 – 콧볼 형태 살려서 문지르기
⑮ 새레이어 만들기 ≪ 원형툴 선택 ≪ 패더 1% ≪ 드래그 눈 영역 ≪ 펜툴 ≪ 반달눈 아래 없애 줌 ≪ 컨트롤 + 쉬프트 + 알트 + 앤터 ≪ 흰색으로 채우기

[그림 8-1] 눈 내부 그림자

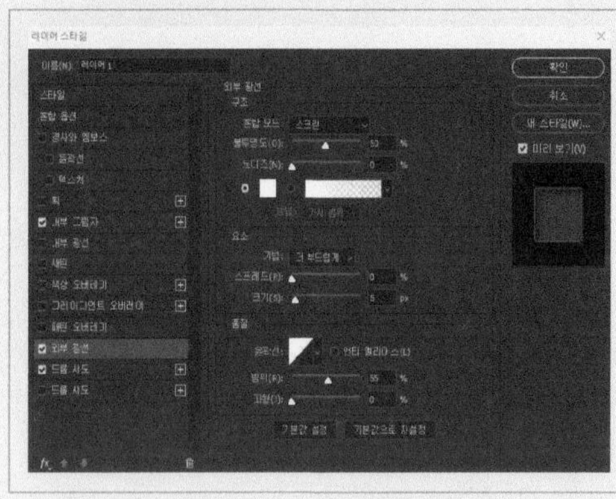

[그림 8-2] 눈 외부 광선

⑯ 눈살짝 기울여줌 ≪ 드랍 쉐도우 ≪ 앵글 – 120, 블렌드모드 멀티 1, 2, 3 그림 참조
⑰ 눈동자 만들기 ≪ 새레이어 만들기 ≪ 원형툴 엘립스툴 ≪ 드래그 원형 ≪ 붉은 갈색 채우기 ≪ 입체주기 ≪ 레이어 스타일 그라디언트 오버레이 ≪ 레이어 참조
⑱ 새레이어 만들기 ≪ 안쪽 검정 동자 만들기 ≪ 큰 동그라미 ≪ 짙은 갈색
⑲ 새레이어 만들기 ≪ 원형 엘립스 툴 선택 ≪ 눈동자 중앙 드래그 ≪ 동자안에 흰색 반사광
⑳ 레이어 4번 눈동자 경계선 ≪ 닷지 툴 밝게 ≪ 윗쪽 번 툴 어둡게 만들기
㉑ 새레이어 선택 ≪ 브러쉬 툴 ≪ 흰색 눈동자 컨트롤 클릭 ≪ 반전 컨트롤 쉬프트 아이 ≪ 눈섭 갈색으로 ≪ 밖에서 안으로 터치
㉒ 눈 레이어 모두 컨트롤 + G그룹 묶고 살짝 줄이기 ≪ 복사 마우스 우클릭 ≪ 가로로 회전
㉓ 레이어 1얼굴선택 ≪ 조정레이어 ≪ 커브 ≪ 크리핑 마스크 체크 ≪ 아래로 살짝 톤 다운 조절 ≪ 어두운마스크 영역 일반 브러쉬 ≪ 하드니스 0% ≪ 오파시티 50% ≪ 이마, 코, 뺨, 턱 터치 입체감 위해 밝게 터치
㉔ 레이어1 복제 ≪ 머리카락 ≪ 필터 ≪ 오일페인트 ≪ 브러쉬 조절 ≪ 얼굴 배경 오일브러쉬 효과 지우기 ≪ 레이어 얼굴 1번 카피 마스크처리 ≪ 오파시티 100 브러쉬로 리터치 하여 지우기

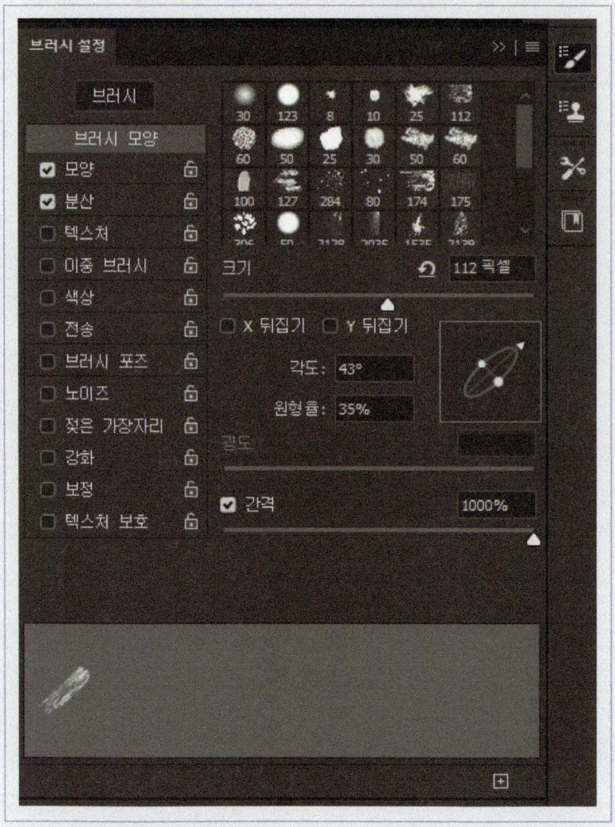

[그림 8-3] 눈썹 브러쉬 설정

3. 3D무료 사이트

1) 3D 모델링 기법 활용 4대 무료 사이트

(1) Get animated글연동mixamo(Adobe) 회원 가입후 - 로그인 - 캐릭터 다운로드후 사용

- 게임전사들 캐릭터, 포트폴리오, 애내메이션 탭 - 다양한 게임제작 가능
- 유닛트실행 - 오징어 게임 압축파일 다운로드 풀어 주고 후 폴더 만들고 - 텍스쳐 모델

(2) 믹사모 기능 CG - trader(전문가들 많이 사용) 캐릭터 모델 사용 지불후 유료, 무료(무료 캐릭터도 가능) 선택 할 수 있습니다.

(3) TURBOSQUID - 3D MODELS for Professionals

탭 선택 후 사용 가능 - 유료 퀼리티높고 비싼게 단점입니다.

(4) Sketchfab(스케치 팹)- 유용한 카테고리

① 다운로드 한되는 모델 많음(스파이더맨 등 가장 많은 캐릭터 모델 확보, 무료 유료 사용 가능

② 유료는 퀄리트 높은 캐릭터 사용할 수 있습니다.

③ 탭에 리깅탭 없습니다.

④ 압축파일 자체도 mixamo에 가져오기 작업 가능 합니다.

4. GIF 애니메이션 다른 이름으로 저장

1) 다른 이름, 위치 또는 형식으로 파일을 저장기법

(1) 파일 〉 다른 이름으로 저장을 선택

(2) 형식 메뉴에서 형식을 선택

(3) 파일 이름 및 위치를 지정

(4) 다른 이름으로 저장 대화 상자에서 저장 옵션을 선택 저장 클릭

(5) 일부 이미지 형식으로 저장하는 경우에는 옵션 선택 대화 상자가 나타남

2) 기본 다른 이름으로 저장

(1) Photoshop 24.1에서 업데이트됨(2022년 12월 릴리스)

(2) Photoshop 24.1의 2022년 12월 릴리스에서 기본값은 Creative Cloud에 저장하는 대신 파일을 컴퓨터에 로컬로 저장하는 것입니다.

3) 기본 파일 위치를 내 컴퓨터에서 설정

(1) 새 문서를 만들 때 로컬 경로가 표시되도록 할 수 있습니다.

① Windows: 편집 〉 환경 설정 〉 파일 처리

② macOS: Photoshop 〉 환경 설정 〉 파일 처리

③ 문서를 클라우드 문서로 저장하려면 Creative Cloud를 기본 파일 위치로 선택

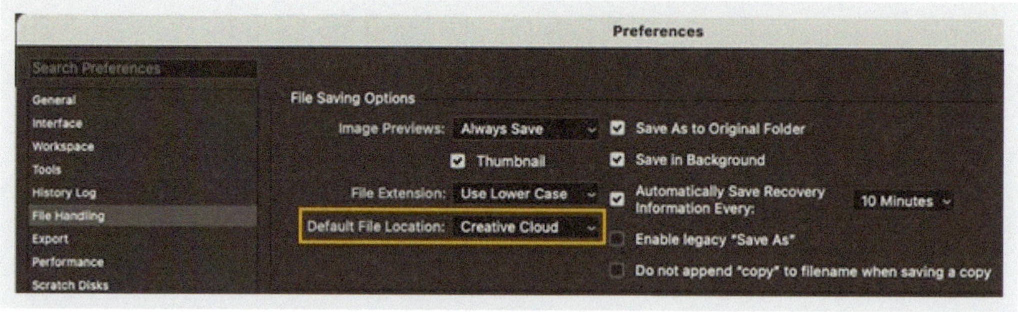

④ 기존 [다른 이름으로 저장] 옵션으로 되돌리기

Photoshop 22.4.2 릴리스에서는 기존 다른 이름으로 저장 프로세스로 되돌리거나 원할 경우 사본으로 저장할 때 추가된 "사본"을 생략할 수 있습니다.

⑤ 새 환경 설정 옵션을 찾으려면 다음 위치로 이동합니다.

4) (macOS) Photoshop > 환경 설정

(1) (Windows) 편집≪환경 설정≪파일 처리≪ 파일 저장 옵션

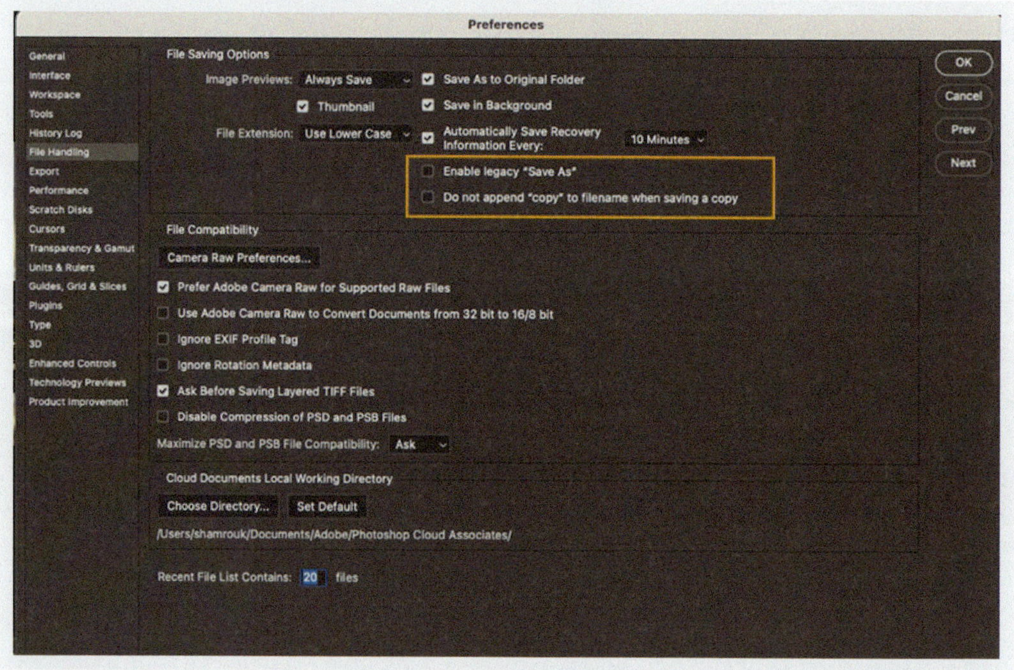

① Windows: 기존 "다른 이름으로 저장" 활성화 환경 설정을 하면 필요한 경우 파일 이름에 "사본"을 대화형으로 추가 등 기존의 다른 이름으로 저장 프로세스가 운영됩니다.

② Windows에서 기존 환경 설정을 사용 설정하면 경고가 표시되지 않습니다.

③ 기존 다른 이름으로 저장 프로세스는 파일 이름에 "사본"을 추가할 수 있으므로, 경고가 표시되지 않으며 사본을 저장할 때 파일 이름에 '사본'을 추가하지 않음 환경 설정 옵션은 필요에 따라 사용 설정 또는 사용 중지할 수 있습니다.

④ 사본을 저장할 때 파일 이름에 '사본'을 추가하지 않습니다.

⑤ macOS 및 Windows: 사본 저장 시 파일 이름에 "사본" 추가 안 함 환경 설정은 사용자가 파일을 덮어쓸 위험에 노출되어 있는 경우 Photoshop 문서의 파일 이름에 "사본"을 추가할지 여부를 제어합니다.

⑥ 환경 설정을 선택하면, 새 사본 저장 및 기존 다음으로 저장 (macOS 및 Windows) 옵션 모두에서 사본으로 저장할 때 파일 이름에 "사본"이란 용어가 추가되지 않습니다.

⑦ 환경 설정을 켜면 경고 대화 상자가 표시되어 macOS와 Windows의 파일 이름에 "사본"이 없는 경우 Photoshop 파일을 덮어쓸 수 있는 잠재적인 위험에 대한 경고 대화 상자가 표시됩니다.

(2) 사본 저장

① 레이어 파일을 플랫 파일로 저장하려면 문서의 새 버전을 만들어야 합니다.

JPEG나 PNG와 같은 원하는 형식이 보이지 않으면 모든 형식에 대해 [사본 저장] 옵션을 사용하여 문서의 보존된 버전을 만듭니다.

② 파일 〉 사본 저장

[다른 이름으로 저장] 대화 상자 아래 사본 저장 버튼

③ 파일 저장 속성

다른 이름으로 저장 및 사본 저장 대화 상자 아래에서 다양한 파일 저장 옵션을 설정할 수 있습니다. 저장하고 있는 파일과 선택한 파일 형식에 따라 사용할 수 있는 옵션이 달라집니다.

④ 알파 채널

이미지와 함께 알파 채널 정보를 저장합니다. 이 옵션을 사용하지 않는 경우 저장된 이미지에서 알파 채널이 제거됩니다.

⑤ 레이어

이미지의 모든 레이어를 유지합니다. 이 옵션을 사용할 수 없는 경우에는 보이는 모든 레이어가 선택한 형식에 따라 배경으로 또는 하나로 병합됩니다.

⑥ 설명

이미지와 함께 메모를 저장합니다.

⑦ 별색

이미지와 함께 별색 채널 정보를 저장합니다. 이 옵션을 사용하지 않는 경우 이미지에서 별색이 제거됩니다.

⑧ 저해상도 인쇄 설정 사용, ICC 프로필(Windows) 또는 색상 프로필 포함(Mac OS)색상 관리 문서를 만듭니다.

5. 파일 저장 환경 설정

1) (Windows) 편집 및 파일 설정

(1) (macOS) [Photoshop] ≪ 환경 설정 ≪ 파일 처리를 선택

① 이미지 미리 보기 저장 옵션을 선택합니다.

② 미리 보기 없이 파일을 저장하려면 [저장 안함]을 선택하고, 지정된 미리 보기와 함께 파일을 저장하려면 [항상 저장]을 선택합니다.

③ 저장할 때 파일별로 미리 보기를 할당하려면 [저장 시 확인]을 선택합니다.

(2) 파일 확장자(Windows)

① 파일 형식을 나타내는 3개 문자로 이루어진 파일 확장자 옵션을 선택합니다.

② 대문자를 사용하여 파일 확장자를 추가하려면 [대문자 사용]을 선택하고, 소문자를 사용하여 파일 확장자를 추가하려면 [소문자 사용]을 선택합니다.

(3) 원래 폴더에 다른 이름으로 저장

① 기본적으로 이미지가 원래 생성된 폴더에 저장됩니다.

② 가장 최근에 파일을 저장한 폴더를 기본값으로 지정하려면 이 옵션을 선택 해제합니다.

(4) 배경에 저장

① 배경 저장을 사용하여 [저장] 명령을 선택한 후에도 Photoshop에서 계속 작업할 수 있습니다.

② Photoshop에서 파일 저장이 끝날 때까지 기다릴 필요가 없습니다.

(5) 복구 정보 자동 저장

① Photoshop에서는 사용자가 지정한 간격으로 충돌 복구 정보를 자동으로 저장합니다. 충돌이 발생할 경우 사용자가 작업을 다시 시작하면 Photoshop에서 작업을 복구합니다.

2) 레이어를 파일로 내보내기

(1) 다양한 확장자로 내보기

① PSD, BMP, JPEG, PDF, Targa, TIFF 등 다양한 형식을 사용하여 레이어를 개별 파일로 내보내거나 저장할 수 있습니다.

② 레이어는 저장되면서 자동으로 이름이 지정됩니다. 필요한 경우에는 이름 지정에 사용할 옵션을 설정할 수 있습니다.

③ 파일 〉 내보내기 〉 레이어를 파일로 내보내기를 선택 합니다.

④ [레이어를 파일로 내보내기] 대화 상자의 [대상] 아래에서 [찾아보기]를 클릭하여 파일을 내보낼 대상을 선택합니다. 기본적으로 생성된 파일은 소스 파일과 동일한 폴더에 저장됩니다.

⑤ [파일 이름 접두어] 텍스트 상자에 이름을 입력하여 파일에 사용할 공통 이름을 지정합니다.

⑥ 레이어 패널에 가시성이 켜져 있는 레이어만을 내보내려면 [보이는 레이어만] 옵션을 선택합니다.

⑦ 일부 레이어만 내보내려는 경우에 이 옵션을 사용하고, 내보내지 않을 레이어는 가시성을 끕니다.

⑧ 파일 유형 메뉴에서 [파일 형식]을 선택합니다. 필요에 따라 옵션을 설정 합니다.

⑨ 내보내는 파일에 작업 영역 프로필을 포함하려면 [ICC 프로필 포함] 옵션을 선택합니다.

편집기초 SKILL

PART 02
편집실무 일러스트

CHAPTER

09

디자인 기초 일러스트

1. 일러스트 기본 개념과 이해

1) 일러스트의 개념

그래픽 디자인과 일러스트레이션의 차이점 일반적으로 그래픽 디자이너는 기성품으로 작업하며 그들의 임무는 그로부터 적절한 구성을 만드는 것입니다. 일러스트레이터는 직접 제품을 만듭니다(콜라쥬 일지라도) 디자이너의 주요 임무는 고객의 요구 사항과 대상 고객의 요구 사항을 충족하는 성공적인 제품을 만드는 것입니다.

일러스트레이션 아트는 말 그대로의 예술이 아닙니다. 예술은 작가의 내면을 표현하기 위해 만들어지고, 삽화는 아이디어를 설명하기 위해 만들어집니다. 예술 작품의 주요 목표는 미학입니다. 그림의 주요 목적은 설명하는 것입니다. 특정 목표를 가진 특정 고객의 요구에 맞게 일러스트레이션이 만들어지며, 그것 없이도 예술 작품을 만들 수 있습니다. 좋은 일러스트레이터는 항상 시청자와 고객의 목표에 대해 생각합니다.

2) 일러스트레이션 활용과 이해

일러스트레이터가 어떤 기술을 사용하는지는 중요하지 않습니다. 중요한 것은 그림이 무엇을 위한 것인지입니다. 이것은 이미지를 만드는 방법에 관한 이야기가 아니라 이미지의 목적이 무엇인지에 관한 이야기입니다. 상업적인 일러스트레이션은 전통적인 기법일 수 있습니다. 그런 다음 연필, 잉크및 페인트로 그려집니다. Photoshop, Illustrator, Procreate 등과 같은 디지털 프로그램에서 만들 수 있습니다.

일부 일러스트레이터는 혼합 기법을 사용합니다. 예를 들어 연필로 그린 다음 컴퓨터에서 이미지를 처리합니다. 콜라주 기법과 조각을 사용하는 사람들도 있습니다. 작품의 목적과 일러스트레이터의 선호도에 따라 다릅니다.

디자이너가 개발하려는 분야와 사용할 기술에 달려 있습니다. 일러스트레이터가 되기 위해서는 그림을 그릴 수 있는 것이 바람직합니다. 관련 디자인 프로그램을 활용하여 직접 구상하고 디자인하여 기획, 구성, 색상 및 원근법에 대한 실무 기법과 기본 드로잉 요소에 필요한 기술적인 기법을 익히기 위해 많은 연습이 필요합니다.

생산, 소비, 처리 및 폐기 등에 있어 친환경적인 패키지 디자인에 대한 관심이 증가하고 있으며, 친환경적 요소는 향후 패키지디자인에 더욱 적극적으로 반영될 것입니다. 이에 더하여 온라인 커머스, 소셜 커머스, 글로벌 커머스와 같은 시장의 변화, 1인 공급자 시대의 도래, 소비자 행태의 변화 등에 대응한 변화들이 지속적으로 나타날 것으로 예측됩니다.[68]

3) 일러스트레이션은 예술가가 만든 시각화

(1) 메세지를 전달하거나 설명하는 그림 또는 그림, 콜라주, 조각, 사진

① 사전에 정의된 내용은 그림 일러스트는 디자이너가 전달하고 싶은 정보를 시각화하기 좋은 그림 도구를 활용하여 메시지가 같은 의도를 설명하는 것입니다.

② 제작자가 메시지를 담아 설명하지 않는다면 삽화가 아니라 순수 예술 작품이 됩니다.

③ 예술 작품의 그림은 텍스트가 없어도 아이디어를 설명할 수 있습니다.

④ 보는 사람들은 텍스트를 읽는 것처럼 이야기를 그림을 보고 읽어야 합니다.

⑤ 드로잉된 그림으로 이야기를 한다는 것은 의미를 전달하고 이미지를 통해서만 특정 상황을 설명하는 것을 의미합니다.

⑥ 일러스트 라는 단어는 영적 또는 지적 깨달음을 의미하는 라틴 삽화에서 유래 되었습니다.

68) [네이버 지식백과] 패키지디자인 [Package design] (두산백과 두피디아, 두산백과)

⑦ 디자인 요소로 포토샵과 일러스트의 프로그램을 활용하면서 많은 면에서 상이한 특징을 살리지 못하고 활용하는 경우가 많이 있습니다.

⑧ 디자이너의 목적을 갖고 실무를 익히는 것이라면 반드시 구별해서 사용 할 수 있어야 디자인 요소를 극대화 할 수 있습니다.

⑨ 디자인 요소를 프로그램별로 특화 되어 있는 속성을 좀더 이해하기 쉽게 설명 한다면 포토샵 프로그램의 특징은 이미지 편집과 합성이 특화되어 있고 일러스트는 아이디어를 구상하고 표현하고 싶은 정보를 시각화하여 빈 페이지에 레이어 추가 없이 툴 도구를 활용하여 자유롭게 그림을 그리는 것입니다.

⑩ 각 도구의 기능이 포토샵과 비슷하고 어느 정도의 포토샵이 가능하면 그리는 방법과 재료에 따라 일러스트를 직접 드로잉 할 수 있어 다양한 표현을 더 쉽게 구성 할 수 있습니다.

⑪ 일러스트는 픽셀을 이루는 단위가 벡터 형식의 비트맵(네모난 점)으로 구성되어 포토샵과 다르게 점과 점을 연결하는 데이터의 좌표값 연산을 통해 표현하는 방식으로 점과 점 사이의 위치들을 기억하여 확대 및 축소 해도 포토샵의 비트맵 형식과 다르게 이미지가 깨지거나 흐려지는 경우가 없이 정교한 작업과 세밀한 디자인 표현을 극대화할 수 있습니다.

⑫ 주요 활용 컨텐츠는 TV, 컴퓨터, 디스플레이 등 장치에서 화면을 구성하고 있는 용도에 따라 필요한 픽셀 72,150,300 해상도를 선택적으로 활용하여 그 선명도를 다르게 조절할 수 있지만 속도가 느려지거나 선명도가 조밀해서 출력 및, 인쇄에 더욱더 유용한 형식을 취하고 있습니다.

4) 포토샵과 일러스트의 차별화

(1) 포토샵과 확실히 다른점은 픽셀과 벡터 방식의 차이 셀의 최소단위 픽셀은 기록완성 비트맵, 일러스트 수식으로 좌표값을 계산하므로 이미지를 확대 해도 좌표값을 다시 연산하여 셀이 깨지지 않는 장점이 있습니다.

(2) 정교한 디자인 입체 텍스트, 로고, 마크, 각인, 인쇄, 만화, 텍스트 디자인에 유용하며 경계면 정확하게 드러낼 수 있는 컬러 구분 디자인 분야 다목적 기능으로 활용됩니다. 활용 형식은 크게 7단계 분야로 나뉘어 다양한 유형의 시각화가 필요한 영역에서 활용 되고 있습니다.

(3) 에디토리얼(editorial illustration)[69], 컨셉 아트 (concept art), 광고 일러스트레이

69) [명사] 어떤 의미나 내용을 시각적으로 전달하기 위하여 사용되는 삽화, 사진, 도안 따위를 통틀어 이르는 매체 신문, 서적, 잡지 따위의 편집 작업에서 필요로 하는 그래픽 디자인. 레이아웃 기술을 중심으로 사진, 일러스트레이션, 지도 따위의 디자인을 포괄한다.

션 (advertising illustration), 인포그래픽스 (infographics), 테크니컬 일러스트레이션 (technical illustration), 패키징 일러스트레이션 (packaging illustration), 패션 일러스트레이션 (fashion illustration) 형식 면에서 자세히 살펴보면 아래 그림과 같습니다.

5) 편집디자인 일러스트레이션 (editorial illustration)

(1) 에디토리얼 일러스트레이션은 일반적으로 책, 잡지, 신문 또는 웹 리소스에서 사용되는 텍스트에서 아이디어를 더 잘 표현하기 위해 만든 일러스트레이션입니다.

(2) 이 유형의 일러스트레이션은 텍스트 없이는 디자인 할 수 없어 구성 레이 아웃이 필요 합니다. 편집에 필요한 디자인은 그래픽, 이미지, 텍스트 등 으로 구성된 복합 정보를 전달하기 쉽게 페이지를 구성해야 합니다.

(3) 단면구성의 대표적인 포스터 디자인더 에디토리일 디자인의 대표적 사례로 단면에 다양한 디자인 기법을 활용하여 효과적으로 메세지를 전달하기 위한 디자인입니다.[40)]

(4) 영화 포스터에서 볼 수 있는 지면 포스터는 양면에 영화와 관련된 이미지와 텍스트 등의 내용을 구성하여 편집에 가깝지만 사용목적을 보면 포스터 디자인에 더 가깝다고 할 수 있습니다.

(5) 크게는 시각디자인 중 편집디자인에 속하고 더 세분화하면 포스터 디자인 또 포스터에 사용된 기법에 따라 그래픽, 일러스트 포스터, 타이포 그라피 목적에 따라 광고, 이벤트, 연극, 영화, 뮤지컬 포스터 등으로 나뉘어 집니다.

6) 일러스트 실행과 사전 설정 방법

(1) 어도비 일러스트 아이콘을 클릭하여 실행

① 빈 문서 사전 설정에는 크기, 색상, 모드, 단위, 방향, 위치, 도련 및 해상도 설정이 미리 정의되어 있습니다.

② 이러한 설정을 수정한 후에 사전 설정을 사용하여 문서를 만들 수 있습니다.

③ 템플릿과 사전 설정은 다음 세트로 분류됩니다.

④ 모바일

⑤ 웹 팔레트

⑥ 인쇄

⑦ 영화 및 비디오

⑧ 아트 및 일러스트레이션

(2) 새 문서 대화 상자

① 새 문서 대화 상자에 액세스하려면 Illustrator를 실행하고 새 파일을 선택합니다.

② 다른 작업 중에서 새 문서 대화 상자를 통해 다음 작업을 수행할 수 있습니다.

③ Adobe Stock에서 선택한 템플릿을 사용하여 모바일, 웹, 인쇄, 영화 및 비디오 및 아트 및 일러스트레이션과 같은 다양한 범주의 문서를 만들 수 있습니다.

④ Adobe Stock에서 더 많은 템플릿을 검색한 다음 템플릿을 사용하여 문서를 만들 수 있습니다.

⑤ 최근에 액세스했던 파일, 템플릿 및 항목에 빠르게 액세스할 수 있습니다(최근 목록탭).

⑥ Adobe Stock에서 다운로드한 템플릿에 빠르게 액세스할 수 있습니다(저장됨).

⑦ 여러 범주 및 디바이스 형태 요소에 관한빈 문서 사전 설정을 사용하여 문서를 만들 수 있습니다. 사전 설정을 열기 전에 해당 설정을 수정할 수 있습니다.

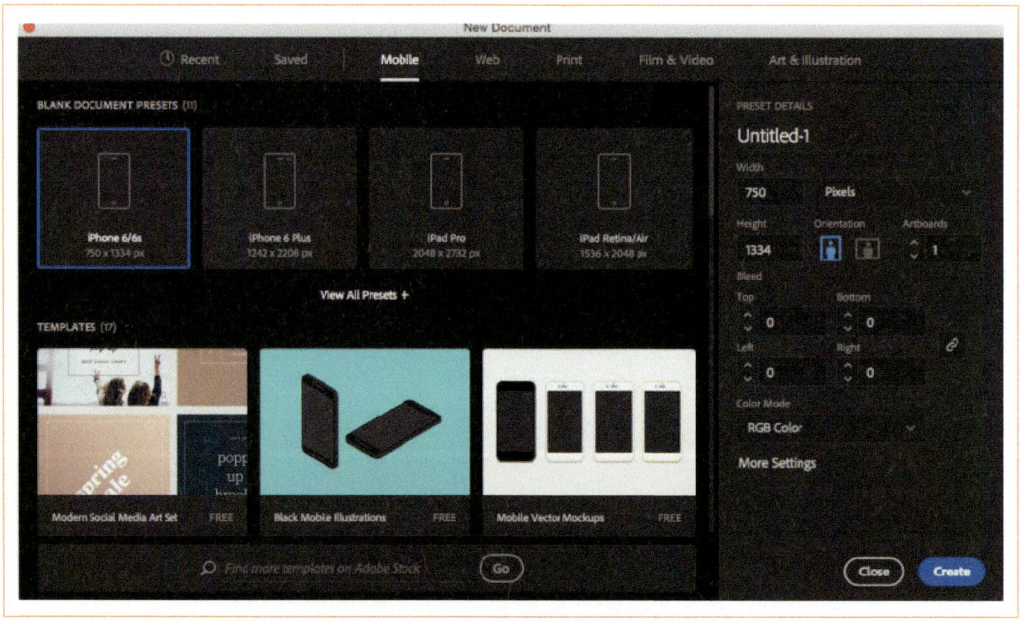

[그림 9-1] 모바일 탭 새 문서 대화 상자

(3) 사전 설정을 사용하여 문서 만들기

① 새 문서대화 상자에서모바일, 웹, 인쇄, 영화 및 비디오및아트 및 일러스트레이션중 원하는 범주 탭을 선택합니다.

② 사전 설정을 선택합니다.

③ 만들기를 클릭합니다. Illustrator에서 사전 설정을 바탕으로 새 문서가 열립니다.

7) 사전 설정 편집기법

(1) 사전 설정을 사용하여 문서를 열기 전에 오른쪽 창에서 해당 설정을 수정

① 문서의 이름을 지정합니다.

② 선택한 사전 설정에 대해 다음 옵션을 지정합니다.

③ 폭 및 높이 : 아트보드의 크기를 지정합니다. 팝업 메뉴에서 단위를 선택합니다.

④ 방향 : 문서의 페이지 방향(가로 또는 세로)을 지정합니다.

⑤ 아트보드 : 문서의 아트보드 수를 지정합니다.

⑥ 색상 모드 : RGB 및 CMYK 중 원하는 문서 색상 모드를 지정합니다.

⑦ 래스터 효과 : 문서에서 래스터 효과의 해상도를 지정합니다.

⑧ 미리보기 모드 : 문서의 기본 미리보기 모드를 설정합니다.

⑨ 초기값을 선택하면 문서에서 작성한 아트워크에 전체 색상이 적용되어 벡터 보기로 표시됩니다. 확대 / 축소를 적용하면 곡선이 매끄럽게 유지됩니다.

⑩ 픽셀을 선택하면 아트워크가 래스터화(픽셀화)된 모양으로 표시됩니다. 이때 실제로 문서의 내용이 래스터화되는 것은 아니며 화면에서 내용이 래스터화된 것처럼 시뮬레이션된 미리보기가 표시되는 것입니다.

⑪ 중복 인쇄를 선택하면 혼합, 투명도 및 중복 인쇄가 색상 분판 출력에 어떻게 나타나는지를 대략적으로 보여 주는 "잉크 미리보기" 기능을 제공합니다.

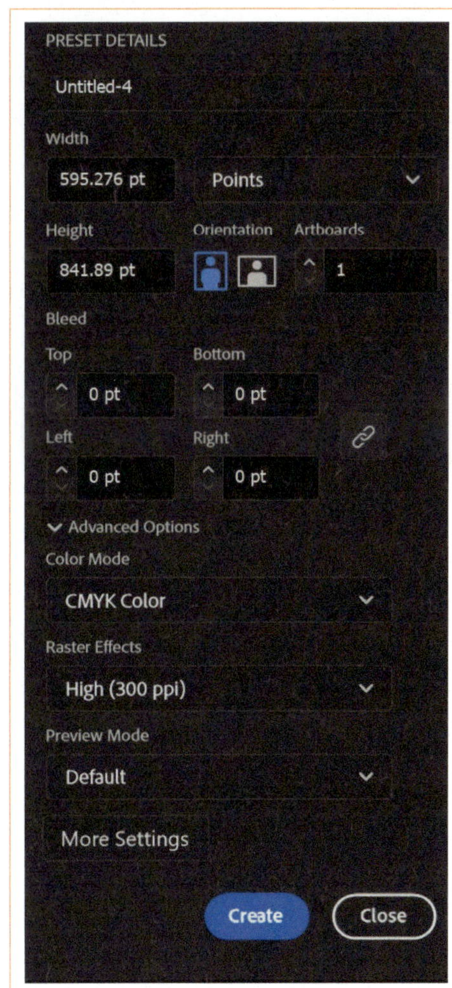

[그림 9-2] 사전설정 세부정보

2. 일러스트 UI구성 패널이해

1) 다양한 옵션과 도구 속성 다루기

(1) 기본 패널과 도구 모음 속성

① 기본 Illustrator를 실행할 때 기본적으로 이 도구 모음이 표시됩니다.

② Illustrator에서 작업하는 동안 자주 필요한 도구의 선택적 세트가 포함 됩니다.

③ 전체 도구 목록을 보려면 기본 도구 모음 하단에 표시된 도구 모음 편집(...) 아이콘을 선택 합니다.

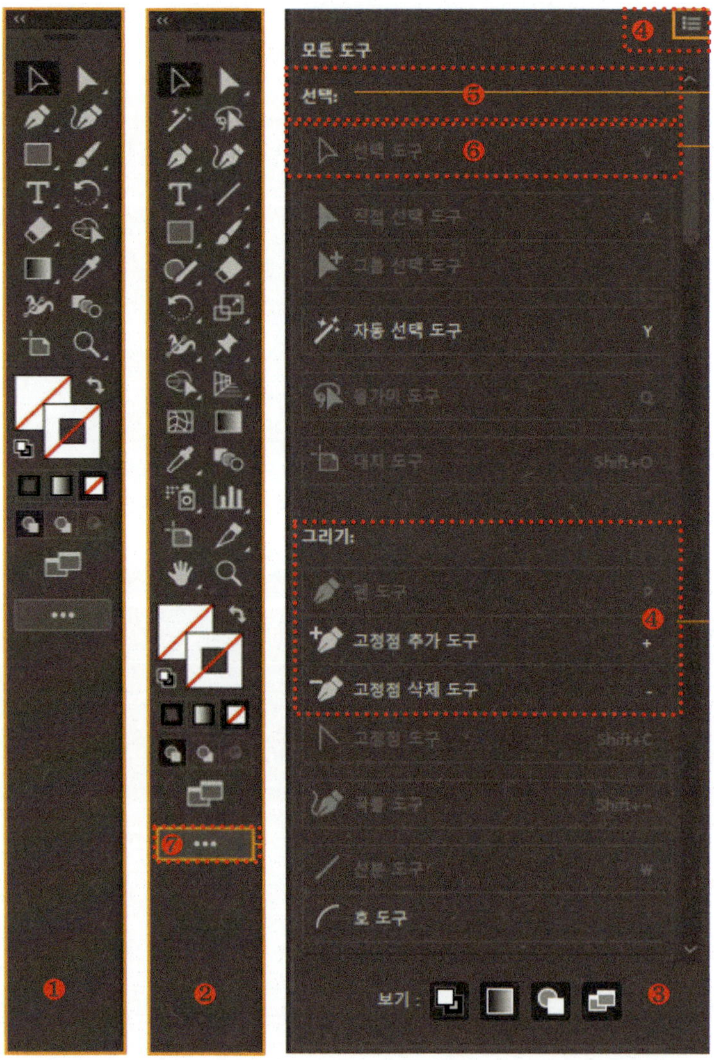

① 기본 도구 툴바
② 고급 도구 툴바
③ 모든 도구 창
④ 플라이아웃 메뉴
⑤ 도구 범주
⑥ 도구 모음에서 사용 가능한 도구
⑦ 창에서 사용가능한 도구 모음에서 선택 합니다.
⑧ 도구 모음 ⑦더보기 아이콘 클릭 합니다.
⑨도구 팁을 숨기려면 편집 ≪ 환경 설정 ≪ 일반 (Windows) 또는 Illustrator ≪ 환경 설정 ≪ 일반 (macOS)을 선택하고 도구 팁 보기를 선택 취소 합니다.

[그림 9-3] 툴바와 더보기 모음패널

(2) 기본도구 모음에서 고급으로 전환 및 실행

① 창 ≪ 도구 모음 ≪ 고급을 선택합니다.

② 창의 플라이아웃 메뉴에서 고급을 선택합니다.

(3) 기본 도구 모음 활용기법

① 도구 모음 편집 버튼을 선택하여 기본 도구 모음의 모든 도구 창을 열고, 창의 문자 도구를 도구 모음에 드래그합니다.

② 고급도구 모음을 엽니다.

(4) 보기 도구 옵션

① 도구 모음의 일부 도구에는 [속성] 패널에 나타나는 옵션이 있습니다.

② 도구 모음에 있는 도구를 더블 클릭하여 해당 도구에 대한 설정을 보고 변경할 수 있습니다.

③ 도구 모음의 제목 표시줄을 클릭 드래그하여 도구 모음을 이동할 수 있습니다.

④ 제목 표시줄의 양방향 화살표를 클릭하여 도구 모음의 단일 열 보기와 이중 누적 보기 간을 전환할 수 있습니다.

⑤ 도구 모음을 표시하거나 숨기려면 창(Window) 도구 모음클릭 하거나 제목 표시줄의 (닫기) 버튼을 선택합니다.

(5) 도구 모음 사용자 정의

① 도구 모음과 창(Window) 사이에서 도구를 이동하며 도구 모음을 사용자 정의할 수 있습니다.

② 창의 도구를 도구 모음 패널에 추가하거나 도구 모음에서 도구를 제거할 수 있습니다.

③ 도구 모음 패널이 열려 있을 때만 도구 모음에서 도구를 추가, 제거 또는 재 정돈할 수 있습니다.

(6) 도구 추가 및 제거

① 모든 도구 모음 패널에서 하나 또는 여러 도구를 하나의 그룹으로 함께 도구 모음에 추가할 수 있습니다.

② 도구 모음에서 한 번에 하나의 도구를 추가하려면 도구를 드래그하여 도구 사이의 구분선

에 놓습니다.

③ 도구 모음에서 도구를 제거하려면 도구 모음의 도구를 끌어다 창의 아무 곳에나 놓습니다. 도구가 속하는 범주에 자동으로 추가됩니다.

④ 원래 설정으로 돌아가려면 창의 플라이아웃 메뉴에서 재설정을 선택합니다.

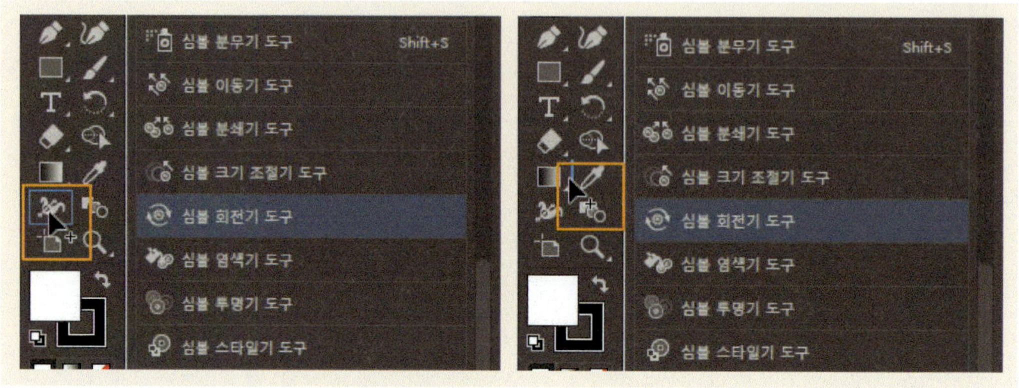

(7) 도구 모음의 그룹 추가 & 도구 모음에 별도 추가

① 도구가 속한 범주에 관계없이 창에서 여러 도구를 선택하여 하나의 그룹으로 도구 모음에 추가할 수 있습니다.

② Shift키를 누르고 도구 모음에 추가할 도구를 클릭합니다. 또는 Ctrl키(Windows)를 사용하여 여러 도구를 선택합니다.

③ 선택한 도구를 드래그하여 도구 모음에 있는 도구 사이의 구분선에 놓습니다.

④ 먼저 선택한 도구의 아이콘이 도구 모음에 표시 됩니다.

⑤ 여러 개의 도구를 함께 제거 하려면 Shift키를 사용하여 여러 도구를 선택하고 도구 모음에서 창으로 드래그할 수 있습니다.

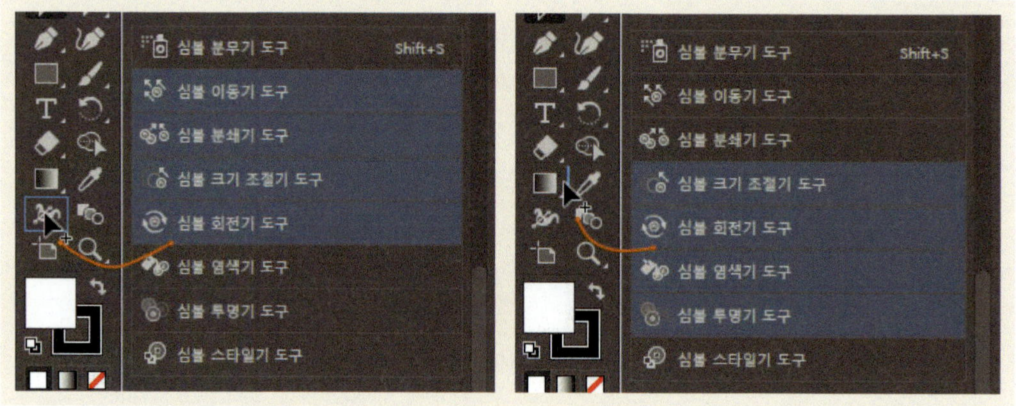

⑥ 여러 개의 도구를 도구 모음의 도구 내에 그룹으로 추가B.여러 개의 도구를 도구 모음의 별도 그룹에 추가할 수 있습니다.

(8) 도구 포인터 변경

① 대부분의 도구에 대한 포인터는 해당 도구의 아이콘과 일치합니다. 각 포인터에서 효과나 액션이 시작되는 핫스폿은 서로 다릅니다.

② 도구에 대해 포인터를 정밀한 커서로 전환할 수 있습니다. 정밀한 커서는 핫스폿을 중심으로 하는 십자선으로 나타나며 정밀한 아트워크 작업을 보다 정확하게 수행할 수 있도록 합니다. 다음 중 하나를 수행합니다.

③ 편집 ≪ 환경설정 ≪ 일반(Windows) 또는 Illustrator ≪ 환경 설정 ≪ 일반(macOS)을 선택하고 정밀한 커서 사용을 선택합니다.

④ 키보드의 Caps Lock키를 누릅니다.

(9) 컨트롤 표시 또는 숨기기

창 아래쪽에 표시된 표시섹션에 있는 아이콘을 선택하여 도구 모음에서 다음 컨트롤을 표시하거나 숨길 수 있습니다.

① 칠 획 컨트롤
② 색상 컨트롤
③ 그리기 모드 컨트롤
④ 화면 모드 컨트롤

(10) 도구 모음에서 그리기 모드 및 화면 모드 변경

① 그리기 모드를 표준 그리기( )에서 배경 그리기( ) 또는 내부 그리기( )로 변경하려면 도구 모음의 아래쪽에서 그리기 모드 아이콘을 선택합니다.

② 도구 모음의 아래쪽에 있는 화면 모드 변경 아이콘( )을 선택하고 원하는 화면 모드를 선택하여 화면 모드를 변경할 수도 있습니다.

(11) 도구 모음 만들기 및 관리

① 고유한 사용자 정의 도구 모음을 생성하려면 다음 작업을 실행 합니다.

② 도구 모음 창의 플라이아웃 메뉴에서 새 도구 모음을 선택합니다.

③ 창 ≪ 도구 모음 ≪ 새 도구 모음을 선택합니다.

④ 이름을 입력하고 확인을 선택하면 빈 도구 모음이 만들어 집니다.

⑤ 도구 모음 편집버튼을 선택하여 창을 열고 도구 모음에 도구를 추가합니다.

(12) 도구 모음 관리

① 도구 모음이 여러 개 있는 경우, 관리하려면 다음 작업을 실행 합니다.

② 도구 모음 관리 대화 상자를 열고 창 ≪ 도구 모음 ≪ 도구 모음 관리를 선택합니다.

③ 패널의 플라이아웃 메뉴에서 도구 모음 관리를 선택합니다.

④ 이름 바꾸기: 목록에서 도구 모음을 선택하고 텍스트 상자에 도구 모음의 새 이름을 입력합니다.

⑤ 새로 만들기/복사: 도구 모음의 복사본을 만들려면 목록에서 도구 모음을 선택하고 + 버튼을 선택합니다. 도구 모음을 선택하지 않으면 새 도구 모음이 생성 됩니다.

⑥ 삭제: 목록에서 도구 모음을 선택한 다음 삭제 버튼을 선택합니다.

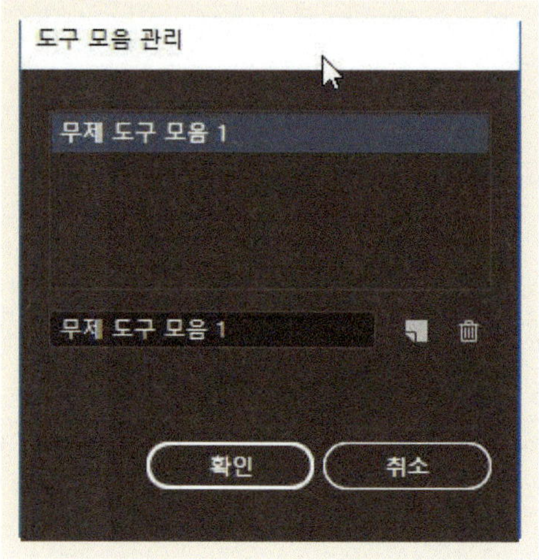

2) Advertising illustration

[그림 9-4] 에디토리얼 표지 디자인

(1) 광고 일러스트레이션 advertising illustration

홍보물에 사용되는 일러스트로 시청자의 시선을 사로 잡는 것이 주 목적 입니다.

텍스트없이 사용할 수 있지만 (회사로고 타입)기억 하기 쉽도록 강력한 아이디어를 표현합니다.

[그림 9-5] 광고 일러스트레이션

(2) 컨셉 아트 (concept art)[41]

① 컨셉 아트는 영화, 게임 및 기타 산업 분야에서 작품의 분위기에 대한 최상의 이미지를 찾기 위한 작업 재료로 사용됩니다. 컨셉 아트는 일반적으로 여러 번 반복됩니다.

② 가장 중요한 것은 완벽하게 아름다운 이미지를 만드는 것이 아니라 적절한 이미지를 선택하는 것입니다. 최종 제품은 아트 디렉터의 비판을 거친 최종 스케치를 사용합니다.

③ 컨셉 아트는 일반적으로 환경, 캐릭터, 의상 및 아이템을 위해 만들며 컨셉 아트 용도는 영화, 비디오 게임, 애니메이션, 만화 등의 매체에서 사용하는 디자인, 분위기 등을 최종 제품으로 완성 전에 구상한 일러스트레이션의 한 형태입니다.[42]

[그림 9-6] 콘셉트 디자인의 작업 흐름도

(3) 테크니컬 일러스트레이션 (technical illustration)[43]

① 기술 (과학적) 일러스트레이션의 목적은 이해를 단순화하기 위해 대상을 정확하게 묘사하는 것입니다.

② 테크니컬 일러스트레이션에서 중요한 것은 이미지와 아름다움이 아니라 이미지의 명확성과 정확한 정보기술이 바탕입니다.

③ 정보 디자인은 시각 디자인의 하위 집합 혹은 시각디자인 과정의 일부로 이러한 용어를 처음으로 사용한 것은 런던의 시각디자인 컨설턴트 펜타 그램에서 비롯 되었습니다.

④ 1970년대 제품이나 다른 영역의 디자인과는 별개로 그들의 시각디자인을 의미하는 용어로 사용되어 이후 이 용어는 매력적이거나 예술적 표현만이 아니라, 정보를 효과적으로 전달하기 위한 수단으로서의 그래픽 디자인을 뜻하는 용어가 되었습니다.

⑤ 정보 디자인이라는 용어는 1970년대 학제적 영역에서 부각 되기 시작하여 1979년 출판된 "정보 디자인 저널(Information Design Journal)"에서 통합적으로 사용되어 1980년대, 시각 정보 디자인의 역할에 메시지의 내용에 대한 책임이 확대되었습니다.

⑥ 정보 디자인은 일반적인 주류 그래픽 디자인보다 많은 사용자 테스트와 연구를 필요로 하게 되었습니다.

⑦ 테크니컬 그래픽스(Information graphics)[44]라는 용어는 주로 다이어그램과 양적 정보의 시각화를 말하는 경향으로 기술적 커뮤니케이션(technical communication)에서는 정보 디자인이 지정된 청중을 대상으로 한 정보 구조를 만들어 내는 역할을 합니다. 서로 다른 규모에 적용될 수 있어 큰 규모일 경우, 정보 디자인은 관련성 있는 콘텐츠를 선택하여 대상과 목적에 맞게 별도의 매뉴얼로 나누는 것을 의미합니다.

⑧ 중간 규모일 경우, 이것은 각각의 매뉴얼을 구성하여 개요, 개념, 사례, 참고 문헌, 정의가 포함되어 있는지, 조직 원칙을 따르는지 확인하는 것을 말합니다.

⑨ 작은 규모일 경우, 이것은 주제 논리를 강조하기 위한 과정으로, 쓰기, 내비게이션 단서, 페이지 디자인, 글꼴 선택, 여백을 디자인하는 것을 말합니다.

⑩ 때때로 컴퓨터 과학(computer science)과 정보기술(information technology), 정보 디자인이 비슷한 용어로 쓰이지만 정보 아키텍처 (information architecture)는 정보 시스템, 데이터베이스, 자료 구조의 디자인과 데이터 모델링, 프로세스 분석을 포함하는 개념으로 확대 되었습니다.[70) 71)]

70) Wikimedia Foundation, Inc.

71) "Origins of the IDA : Information Design Association". Infodesign.org.uk. 1991년 5월 14일. 2010년 8월

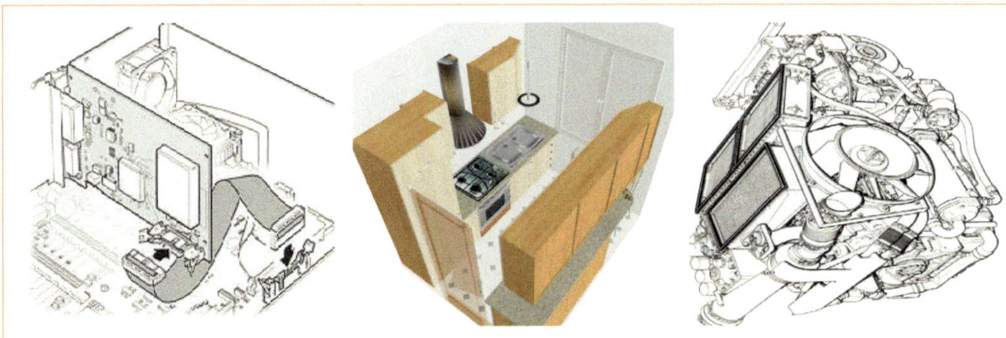

[그림 9-7] 인터페이스 케이블의 인터페이스 카드 컨베잉 배치의 3D 테크니컬 일러스트레이션

(4) 패션 일러스트레이션 (fashion illustration)

① 패션 일러스트레이션은 제작되기 전에 옷을 시각화하는 데 사용할 수 있는 드로잉 기법입니다.

② 패션 디자이너는 창의적인 과정에서 그것을 많이 사용하며 재봉하기 전에 컨셉에 맞는 의상을 그려내는 것입니다.

③ 패션 일러스트레이터는 드로잉 작품을 활용하여 제품을 홍보하고 독창적인 스타일을 보여주기 위한 디자인 과정으로 옷과 장신구에 관한 디자인 및 미학 응용 분야를 통칭합니다.

④ 패션 일러스트레이션 디자인은 사회 문화적 영향을 받으며 시간과 장소에 따라 다양하게 활용되고 있습니다. 이러한 일을 하는 사람을 패션 디자인(fashion designer) 분야의 전문 디자이너로 구분됩니다.

[그림 9-8] 패션 일러스트레이션 (fashion illustration)

19일에 원본 문서에서 보존된 문서. 2010년 3월 5일에 확인함

⑤ 패션 디자이너는 의상, 액세서리, 보석 디자인을 전문으로 할 수 있으며 이 분야 중 하나 이상에서 종사라 할 수 있습니다.

(5) 인포그래픽스 (infographics)[45]

① 인포그래픽스는 최소한의 텍스트로 구성된 이미지와 다이어그램의 선택으로 주제의 본질을 빠르게 이해할 수 있습니다.

② 인포그래픽은 커뮤니케이션 및 그래픽 디자인과 관련이 있지만, 일러스트레이션에 기여할 수 있습니다.

③ 긋 인포그래픽은 정보와 많은 양의 데이터를 더 쉽게 이해할 수 있게 복잡한 정보를 쉽고 빠르게 전달하기 위해 차트, 그래픽 등으로 축약해서 표현한 것으로 정보(information)와 그래픽스(graphics)의 합성어로, 정보를 분석 정리하여 차트, 그래프, 아이콘, 그래픽스, 이미지 등을 활용하여 시각화 한 것입니다.

④ 인포그래픽스 형태로는 한 장에 정보를 표현하는 원 페이지 인포그래픽스(one page inforgraphics), 사용자의 선택에 따라 반응하는 인터랙티브 애니메이션(interactive animation), 그래픽스를 영상으로 표현하는 모션그래픽스(motion graphics) 등이 있으며 이용자들의 관심과 참여를 필요로하는 설문 조사 결과, 제품 홍보, 교육 자료 등에 많이 사용됩니다.[72]

[그림 9-9] 인포그래픽스 (infographics)

(6) 패키징 일러스트레이션 (packaging illustration)

① 패키지디자인은 제품을 담는 용기나 포장지를 디자인하고 만드는 활동입니다. 과거에는 '포장디자인'이라고도 불렀으나 '패키지디자인'이 보편적으로 사용되고 있습니다.

72) 인포그래픽스 [Infographics] (IT용어사전, 한국정보통신기술협회)

② 일반적으로 디자인 작업 외에도 기획, 마케팅, 제작, 유통, 진열 등 제품 관리의 총체적 과정과 밀접하게 연관되어 있어 패키지 디자이너는 디자인적 창의성과 기술뿐만 아니라 마케팅 감각도 요구되며, 제품의 규격, 생산방식 및 패키지 공정에 대한 이해도 요구되어 광고 일러스트레이션과 마찬가지로 패키징 일러스트레이션은 회사가 제품을 판매하는 필요 불가결한 요소입니다.

③ 기업의 마케팅 요소를 전달하기 위해 빠르게 시선을 사로잡아야 하기 때문입니다. 또한 포장 일러스트레이션은 브랜드를 정의 하는데 도움이 되며 개인화된 터치와 맞춤형 느낌을 주어야 상업적 메세지를 어필할 수 있습니다.

④ 사용 목적은 제품의 보존과 기능 판매 촉진을 위해 판촉성을 담보하고 있기 때문에 적절한 정보를 제공하고 소비자의 감성을 자극하여 구매 동기를 자극하는 디자인이어야 합니다.

⑤ 패키지디자인은 포장의 필수 기능을 고려함과 동시에 제품의 특징 및 브랜드 아이덴티티(BI, brand identity)를 드러내고, 소비자의 취향에 맞춘 감성적 디자인을 선보이는 등 다양한 목적을 달성할 수 있습니다.[73]

[그림 9-10] 패키지 일러스트레이션 (packaging illustration) 디자인

73) [네이버 지식백과] 패키지디자인 [Package design] (두산백과 두피디아, 두산백과)

CHAPTER 10

디자인 기초 일러스트 실무

1. 일러스트 UI 구성과 기본 툴 응용실습

일러스트는 디자이너가 전달하고 싶은 정보를 시각화하기 좋은 그림 도구로 포토샵의 기초를 사진편집 합성이 특화 되어 있는 반면 일러스트는 아이디어를 구상하고 표현하고 싶은 정보를 시각화하여 빈 페이지에 도구를 활용하여 그림을 그리는 것입니다.

각 도구의 기능이 포토샵과 비슷하고 어느 정도의 포토샵이 가능하면 그리는 방법과 재료에 따라 일러스트를 직접 드로잉 할 수 있어 다양한 표현을 더 쉽게 할 수 있습니다.

일러스트는 벡터 형식으로 구성되어 비트맵(네모난 점인 픽셀로 이루어진형식)으로 구성된 포토샵과 다르게 점과 점을 연결하는 데이터의 좌표 값 연산을 통해 표현하는 방식입니다. 그러므로 점과 점 사이의 위치들을 기억하여 확대 및 축소를 해도 포토샵과 다르게 이미지가 깨지거나 흐려지는 경우가 없습니다. 정교한 작업과 세밀한 디자인에 더 유리합니다.

해상도: TV, 컴퓨터, 디스플레이 등 장치에서 화면을 구성하고 있는 픽셀 수 72/150/300 해상도에 따라 선명도를 다르게 조절할 수 있지만 속도가 느려지나 선명하고 조밀해서 출력 및, 인쇄에 유용합니다.

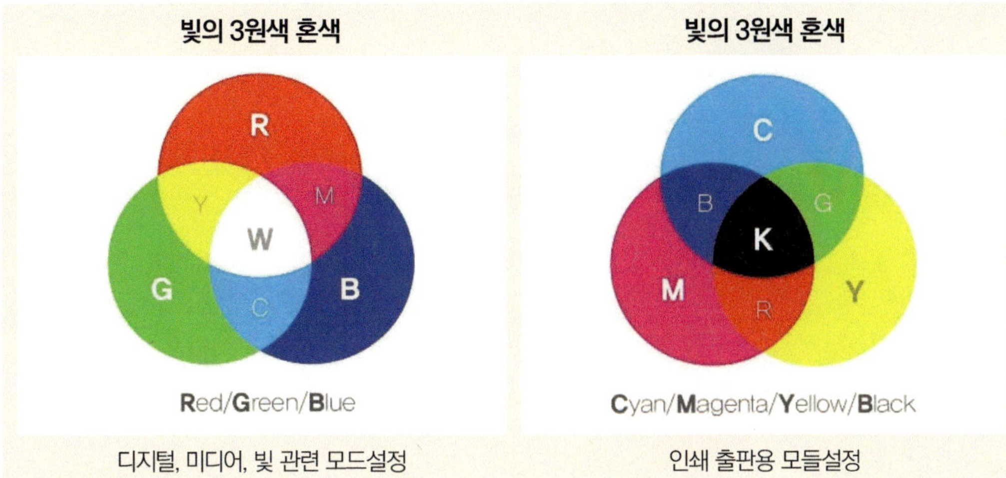

2. 일러스트 비트맵, 벡터 속성 이해

1) 색상모드(RGB/CMYK) 일러스트/ 포토샵 차이점

(1) 일러스트(벡터방식)

- 포토샵과 다른점/픽셀과 벡터 방식의 차이 셀 최소단위 픽셀 기록완성 비트맵
- 일러스트 : 수식으로 좌표값으로 계산 하므로 확대해도 좌표값 다시 연산하여 셀 깨지지 않는 장점이 있어 정교한 디자인 입체텍스트, 로고, 마크, 각인, 인쇄, 만화, 텍스트 디자인에 유용하며 경계면 정확하게 드러낼 수 있는 컬러 구분 디자인분야 다목적 기능으로 활용 됩니다.

(2) RGB

① 색광 혼합방식

② 웹, 모바일, TV, 컬러모니터, 빔프로젝트, 무대조명

③ 0~255단계의 2의 8승, 256단계 표현 가능 / 0, 0, 0 - 검은색 / 255, 255, 255 - 흰색

④ R-0~255, G-0~255, B-0~255 RGB모두 255일 때 흰색

⑤ RGB모두 000 일때 검은색

(3) CMYK

① 색료 혼합방식

② 컬러인쇄, 출력, 사진, 색필터 겹침, 색 유리판 겹침, 안료, 물감에 의한 색 재현

③ 0~100단계 / 100, 100, 100 - 검은색 / 0, 0, 0 - 흰색

④ CMYK를 모두 0단계로 하면 흰색

⑤ CMYK를 모두 100단계로 하면 검정색

2) 일러스트 색상모드 와 UI 구성요소

(1) 색상모드(RGB/CMYK)

- 일러스트 활용분야 : 포토샵과 다른점 / 픽셀과 벡터 방식의 차이 셀 최소단위 픽셀기록완성 비트맵
- 일러스트 : 수식으로 좌표값으로 계산 확대해도 좌표값 다시 계산하므로 셀 깨지지 않는 장점(로고, 마크작업)
- 각인, 인쇄, 만화, 텍스트, 경계면 정확하게 드러낼 수 있는 컬러구분 디자인분야 다목적 기능

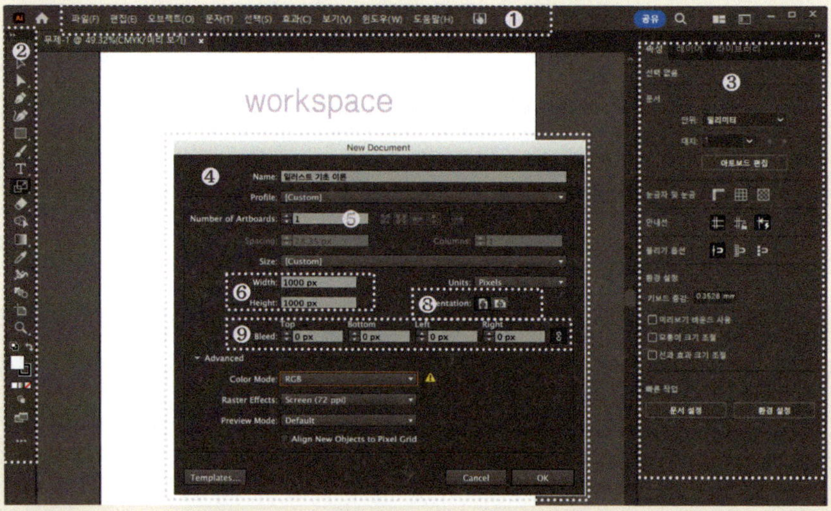

① 메뉴바 및 컨트롤 바(옵션)
② 툴 팔레트 더블클릭 2줄 교체 그 외 툴 하단 더 보기 클릭/ 옵션 고급 모든 툴 밖으로
③ 사전설정 창 툴 속성 조절창
④ 파일≪새로 만들기≪ 작업창 워크 스페이스 생성
⑤ Number of Artboards 설정 그림 페이지 수
⑥ 가로X세로의 길이 단위(Pixels)
⑦ 단위설정(Pixels/Inches/Centimeters/Millimeters/Points/Picas/Columns)
⑧ Orientation 가로 세로 용지 방향 설정
⑨ Bleed 용지의 여백 설정
⑩ 해상도 설정

(2) 툴 팔레트 기능별 속성

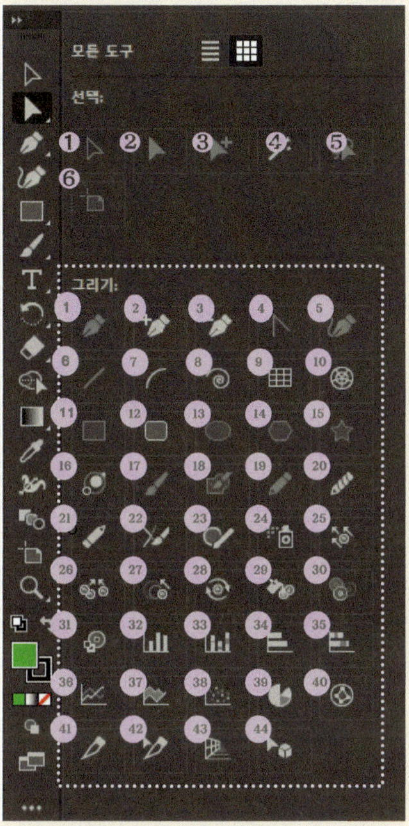

선택도구 속성

① 선택툴: 점과 선으로 이루어진 전체 오브젯 선택
② 직접 선택도구: 오브젯의 점이나 선 선택
③ 그룹선택툴: 그룹으로 묶여 있는 오브젯 및 그룹 선택
④ 자동 선택툴: 특성이 비슷한 오브젯 선택
⑤ 올가미툴: 자유롭게 드래그 영역에 포함된 점이나 선 선택툴
⑥ 대지툴: 새로운 대지 추가

그리기도구 속성

① 펜툴: 직선과 곡선의 패스를 그려주는 도구
② 고정점 추가 툴: 패스에 정점 추가
③ 고정점 삭제툴: 패스에서 정점삭제
④ 고정점툴: 패스 정점의 없애기, 만들기, 꺽기 방향성 변경
⑤ 곡률툴: 곡선의 패스 그림
⑥ 선분툴: 선 오브젯 그림
⑦ 호 툴: 원호, 오브젯 그림
⑧ 나선형툴: 나선형의 패스를 그림
⑨ 사각형 격자툴: 레이더망과 같은 원형 격자 그림
⑩ 극좌표 격자툴 레이더망과 같은 원형 격자 그림
⑪ 사각형툴: 정사각형,직사각형 오브젯 그림
⑫ 둥근 사각형 툴: 둥근 사각형의 오브젯그림
⑬ 원형도툴: 정원 또는 타원형의 오브젯그림
⑭ 다각형툴: 다각형 오브젯 그림
⑮ 별모양툴: 별모양 오브젯 그림
⑯ 플레어툴: 태양빙의 섬광 효과 그림
⑰ 페인트 브러쉬 도구: 패스에 브러쉬 효과적용
⑱ 물방울 브러쉬도구: 패스 선으로 그려지는 페인트브러쉬와 달리 색상면 패스그림
⑲ 쉐이퍼툴: 원이나 삼각형 등 도형을 대략적으로 그려 형태를 자동인지 규격화된 모양그림
⑳ 연필툴: 자유로운 형태의 선을 그리고 편집
㉑ 스므스툴: 패스를 매끄럽게 만들기
㉒ 패스지우개툴: 패스와 정점삭제
㉓ 연결툴: 끊어져 있는 패스를 연결
㉔ 심볼 분무기툴: 선택한 심볼 분무기처럼 사용 대지에 동일한 오브젯 연속추가
㉕ 심볼 이동 툴: 심볼을 이동하고 누적 순서변경
㉖ 심볼 분쇄기툴: 심볼의 위치를 조밀하게 하거나 눌러 분산
㉗ 심볼크기조절툴: 심볼의 크기 조절
㉘ 심볼회전 툴: 심볼 회전
㉙ 심볼 염색기툴: 심볼 색상변경
㉚ 심볼 투명기툴: 심볼에 투명도를 적용
㉛ 심볼 스타일툴: 심볼에 선택한 스타일 적용
㉜ 막대 그래프툴: 세로 방향의 막대 그래프 만듦
㉝ 가로막대 그래프툴: 가로 방향의 막대 그래프 만듦
㉞ 가로누적 막대 그래 툴: 가로 방향의 누적 막대 그리프 만듦
㉟ 선 그래 툴: 선 그래프 만듦
㊱ 영역 그래프툴: 선 모양의 영역 그래프 만듦
㊲ 산포 그래크툴: 점이 표시되는 그래프 만듦
㊳ 피이 그래프툴: 파이 모양 그래프 만듦
㊴ 레이더 그패프툴: 거미줄 모양의 그래프 만듦
㊵ 분할영역 툴: 아트웍을 웹 이미지로 분할
㊶ 분할영역 선택 툴: 웹 이미지로 분할된 영역선택
㊷ 원근감 격자툴: 원근감 격자 만듦
㊸ 원근감 선택툴: 원근 오브젯 선택 이동하여 평면의 오브젯 원근감 평면으로 이동
㊹ 원근감 도형툴: 원근 오브젯 선택 도형으로 이동

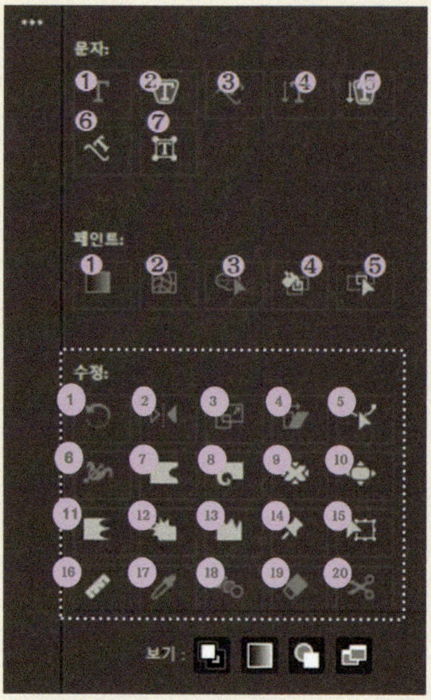

문자도구 속성

① 문자툴: 가로 문자를 입력하거나 편집
② 영역문자툴: 닫혀 있는 패스 영역에서 문자 입력편집
③ 패스상의 문자툴: 패스 모양으로 문자 입력 편집
④ 세로 문자툴: 세로 문자를 입력 편집
⑤ 세로영역 문자툴: 닫혀있는 패스 영역에서 세로 문자를 입력 편집
⑥ 패스상의 세로 문자도구: 패스 모양으로 세로 문자 입력편집
⑦ 문자 손질 툴(+) 문자별로 크기및 방향 편집

페인트도구 속성

① 그라디언트 툴: 오브젯 그라데이션
② 망 툴: 오브젯에 망점과 망선추가하여 메쉬오브젯 만들어줌
③ 도형 구성툴: 오브젯을 병합, 삭제 간단함 모양을 병합하여 복잡한 형태 만듦
④ 라이브 페인트통: 그룹 오브젯 면과 선에 색상채움
⑤ 라이브 페인트 도구: 그룹 오브젯 면과 선 선택

수정도구 속성

① 회전툴: 선택한 오브젯 되돌리기
② 반사툴: 선택한 오브젯 고정축 기준 뒤집기
③ 크기조절툴: 선택한 오브젯 크기 조절
④ 기울이기툴: 선택한 오브젯 기울임
⑤ 모양변경툴: 패스 일부분의 정점 조정
⑥ 폭 툴: 패스선에 두께 조정
⑦ 변형툴: 손으로 문지른 효과
⑧ 돌리기 툴: 패스선 소용돌이 모양으로 변형
⑨ 오목 툴: 패스 선 오목하게 변형
⑩ 볼록 툴: 패스선 볼록하게 변형
⑪ 조개툴: 오브젯 외관선 임의의 곡선추가
⑫ 수정화 툴: 오브젯 외곽선에 뾰족한 모양 추가
⑬ 주름툴: 오브젯 외곽선에 위 아래 방향으로 주름 모양 추가
⑭ 자유변형툴: 오브젯 크기조절 회전 기울기 적용
⑮ 퍼펫 뒤틀기툴: 핀을 추가하여 이동및 회전 오브젯변형
⑯ 스포이드툴: 오브젯의 색상및 특성 샘플링
⑰ 측정툴: 두 점감의 거리측정
⑱ 블렌드 툴: 오브젯간의 색상과 모양 혼합
⑲ 지우개툴: 오브젯 삭제
⑳ 가위툴: 패스를 오려냄

3. 기본툴 이해

1) 펜 도구를 사용하면 자유형 선, 모양 및 직선 또는 곡선 수정하기

(1) 펜툴 속성

펜툴은 디자인을 하면서 가장 많이 사용하게되는 일러스트레이터에서 펜 도구 사용은 벡터 모양과 선을 만들 수 있는 가장 직접적인 방법입니다.

다음 5가지 핵심 팁을 사용하여 펜 도구를 최대로 활용 할 수 있는 기능을 갖고 있습니다. 그러므로 펜 도구는 일러스트레이터의 기본 도구 중 하나입니다. 일러스트레이터에서 모양과 선을 만들고 수정할 수 있는 많은 방법이 있지만, 커스텀화된 벡터를 그리거나 스케치를 투사하기에는 펜 보다 더 유용한 도구로 특화된 기능 입니다.

(2) 펜툴의 용도별 기능

① 도형을 그리거나 자르기 툴(포토샵의 누끼 기능)입니다.

② 펜툴은 기본 디자인 기능으로결과물보다 속도 중요가 중요합니다.

③ 꼭지점 많이 생성 될수록 그래 픽 자체 수정 불규칙하여 숙달 과정이 필요 합니다.

④ 모든 도형 워크 스페이스에 얹어 펜툴로 드로잉 연습 필요합니다.

⑤ 사각형 그리기 ≪ 꼭지점 도형모서리 개수 대로 최대한 줄여야 깔끔하게 디자인할 수 있습니다.

⑥ 곡선일수록 점의 갯수 최소화 되어야 자연스런 곡선을 살릴 수 있습니다.

⑦ Shift 같이 사용하여 자연스런 라인으로 꺾임 없이 선과선을 연결하거나 직선 대각선 비율대로 표현 가능합니다.

⑧ 생성된 핸들 방향으로 꼭지점 Art + 드래그하여 길이 방향 조절 가능합니다.

⑨ Art + 중심점 클릭 진행 핸들 삭제할 수 있습니다.

⑩ 마치기 Enter or 마감 패스 더블클릭 합니다.

⑪ 수정 ≪ 선택툴 클릭 ≪ 꼭지점 드래그 ≪ 수정 할 수 있습니다.

(3) 펜 툴 응용

① 고정점 도구

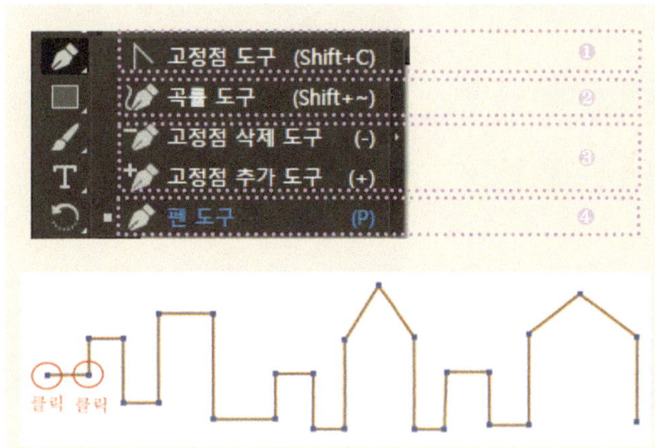

Anchor Point 도구를 사용 직접 벡터 포인트의 동작을 수정하고 바꿔보세요. 펜 도구가 선택된 상태에서, Alt 키를 눌러 Anchor Point 도구를 활성합니다. 벡터 포인트 스타일 변경하기는 선과 도구가 선택된 상태에서, 곡선 벡터 포인트를 클릭하여 바로 각으로 변경합니다. 포인트 점을 클릭 앤 드래그하여 각이 있는 포인트를 곡선이 있는 포인트로 변경할 수 있습니다. 또한 곡선의 방향을 변경하고 단일 앵글 포인트의 베지어 손잡이 잠금 해제하기는 하나의 포인트가 선택된 상태에서 벡터의 손잡이를 클릭 앤 드래그하여 단일한 선의 방향을 바꿀수 있는 이 동작은 또한 손잡이와 이에 대응하는 다른 쪽 벡터 포인트의 잠금을 해제합니다.

② 곡선 그리기

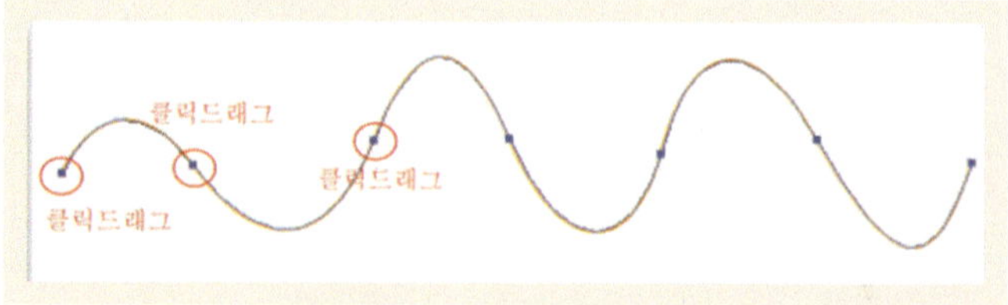

펜 도구는 가장 포괄적인 커서이기도 합니다. 벡터 포인트 위에 있는 손잡이를 사용하여 곡선을 정교하게 조절할 수 있습니다. 곡선을 그릴 때 마우스를 클릭하여 포인트를 추가하고 확장하고 싶은 곡선 방향으로 드래그하세요. 이렇게 하면 벡터 포인트 뒤에 있는 선에 영향을 주면서 반대 방향으로 베지어 손잡이 역시 확장할 수 있습니다. 이렇게 하면 부드러운 곡선을 만들 수 있습니다. 곡선 그리기는 진행하고 하는 방향으로 클릭 드래그 하여 핸들러 방향으로 다양한 곡선 표할 수 있습니다.

도형을 완성하려면 벡터 포인트 시작점을 다시 클릭하세요. 도형 뒤에서 곡선을 만들려면 커서를 클릭하여 드래그하세요. 오리지널 벡터는 이전의 위치와 선을 유지합니다. 또한 펜 도구를 핫키로 사용하여 일시적으로 다른 도구에 접속할 수 있습니다. 곡선 경로를 변경하거나, 벡터점을 곡선 벡터점으로 변경하거나, 경로에서 점을 추가/삭제 할 수 있습니다.

③ 직접 선택 도구

Direct Selection Tool 이용하려면 Ctrl 키를 활성화하여 포인트나 베지어 손잡이를 이동시키거나 선의 방향을 바꿀 수 있습니다. 또한 벡터 포인트 이동하기는 도형을 클릭하여 벡터 포인트를 확인한 다음 벡터 포인트를 클릭하여 단일 모드로 변경합니다. 다른 포인트에 영향을 미치지 않고 벡터 포인트를 이동하려면 포인트를 클릭하여 드래그합니다. 선을 변경 할 때 도형이 선택된 상태에서 간단하게 선을 클릭 앤 드래그하면 선의 동작이 연결된 벡터에 영향을 미칠 수 있으므로 선택한 선의 다른 면에서 선을 변경해야 합니다.

④ 펜 도구

기초 드로잉 포인트, 각, 직선 그리기 직선은 간단하고 마우스를 클릭하여 앵커 포인트를 설정하는 것 외에 필요한 일이 없습니다. 이렇게 하면 각이 있는 선과 다각형을 만들 수 있툴 바에서 Pen Tool을 선택하거나 키보드에서 P를 누르세요. 캔버스에서 선을 시작하고 싶은 곳을 클릭한 다음, 방향을 바꾸고 싶은 곳에서 다시 클릭합니다. 다각형 선을 그릴 때 고정점에 이어 그릴 수 있습니다. 도형을 만들려면 시작점을 클릭하여 선을 마무리하세요. 시작점 주변에서 커서를 맴돌 경우 원이 나타납니다. 점이 많은 도형에서는 경로의 시작점이 어느 것인지 알 수 있습니다. 진행하고자 하는 방향으로 클릭하거나 Shuft + 클릭으로 사선 및 45˚ 경사 그리기 할 수 있습니다.

2) 도형툴 이해

(1) 도형 툴 속성

① 일러스트에서 그림을 그릴 수 있는 가장 손쉬운 방법은 도형툴을 이용하는 것입니다 펜툴을 이용하면 자유곡선을 그릴 수 있으니 더 쉬울 것 같지만 펜툴로 내가 원하는 곡선을 그리는 것은 정말 어렵습니다.

② 네모와 동그라미는 언제나 기본이 되는 도형들이기 때문에 도형툴을 이용해 그림 그리는 것에 익숙해지면 펜툴을 이용했을 때보다 더 빠른 속도로 작업할 수 있습니다. .

③ 일러스트 도형툴은 기본적으로 여섯가지 가 있습니다

④ 마우스 클릭과 드래그로 그릴 수 있는데 쉬프트(Shift)를 이용하면 정사각형을 그릴 수 있습니다. 일러스트 그래픽요소가 벡터(Vestor) 베지어 방식으로 오브젝 입체로 인식으로 동형 이동 가능하며 확대해도 픽셀이 깨지지 않은 장점이 있습니다.

(2) 도형툴 용도별 속성

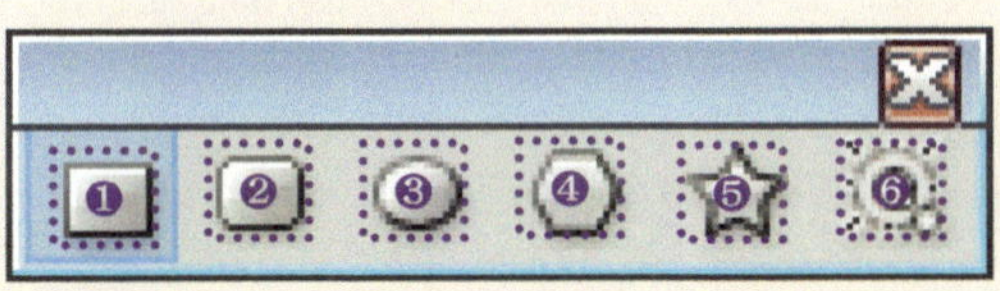

① 사각형 그리기
② 둥근 사각형그리기
③ 원형 그리기
④ 다각형(삼각형, 사각형, 오각형 등)
⑤ 별 그리기
⑥ 빛 표현하기

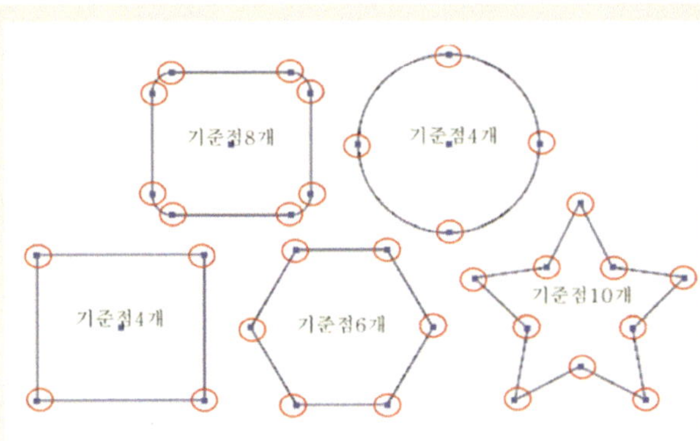

① 다각형 도구를 사용하면 아트워크에 다각형 및 삼각형 모양을 만들 수 있습니다.
② 사각형 도구를 길게 클릭한 다음 다각형 도구를 클릭합니다.
③ 다각형의 가장자리를 정렬하려면 Shift 키를 누르고 포인터를 드래그합니다.
④ 위쪽 화살표와 아래쪽 화살표 키를 눌러 다각형에 면을 추가하거나 제거합니다.
⑤ 다각형의 크기를 사용자 정의하려면 다각형을 선택하고 속성 패널에서 높이 및 폭 값을 지정합니다.

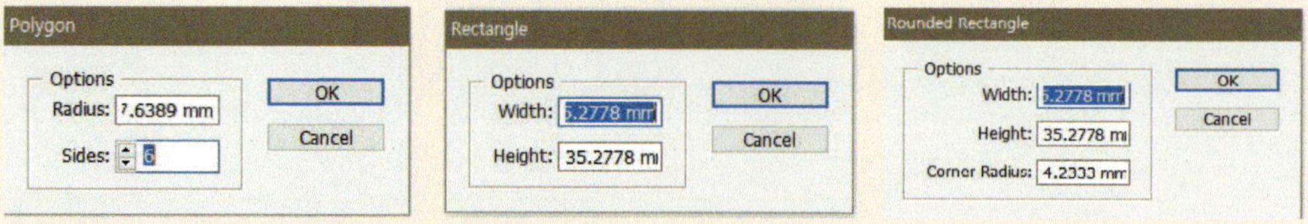

① 마우스로 빈 공간 드래그 하여 그리기를 합니다.
② 도형 툴을 화면에서 클릭하여 대화상자에 반지름, 가로, 세로 길이, 변의 수등 다양한 옵션넣기와 수정을 할 수 있습니다.

① 원형툴은 원을 그릴 때 사용합니다. 쉬프트를 누르고 그리면 정원을 그릴 수 있습니다.

② 둥근 사각형툴은 모서리가 둥근 사각형을 그리는데 사용합니다. 쉬프트를 이용하면 정사각형을 그릴 수 있습니다. 둥근 사각형툴안쪽 작은점을 드래그 하여 모서리의 둥근정도를 조정할 수 있습니다. 마우스 클릭 드래그를 하면 둥근 사각형이 그려지는데 이때 마우스 클릭을 계속 한채로 위쪽 방향키를 누르면 둥근정도가 심해지고 아래쪽 방향키를 누르면 둥근정도가 약해집니다.

③ 사각형툴은 사각형을 그리는데 사용합니다. 마우스 클릭과 드래그로 그릴 수 있는데 쉬프트(Shift)를 이용하면 정사각형을 그릴 수 있습니다.

④ 다각형툴은 기본 다각형은 오각형으로 되어있습니다. 쉬프트를 누르고 그리면 정오각형을 그릴 수 있는데 육각형 그 이상을 그리고 싶다면 다각형툴이 선택된 상태로 클릭을 한번 해주면 됩니다. 클릭을 하면 이런 창이 뜨는데 Radius 는 도형의 크기를 결정하는 곳이고 sides는 몇각형으로 할지를 결정하는 곳입니다. 육각형을 원한다면 6이라고 쓴 뒤 OK를 눌러주면 육각형이 그려집니다. 이렇게 일러스트는 선과 선이 만나 면이 되기 때문에 최소 숫자는 3이 됩니다. 3을 넣으면 삼각형이 그려집니다.

⑤ 별툴을 이용해서 별을 그리면 가장 기본이 되는 별이 그려지는데 역시 클릭을 통해 속성을 변경할 수 있습니다. 별툴을 클릭하면 다각형때와는 조금 다른 옵션들이 있습니다. Radius 1은 바깥쪽 크기를 결정합니다. Radius 2는 안쪽 크기를 결정합니다. 바깥쪽 크기와 안쪽의 크기 차이가 줄어들수록 오른쪽과 같은 별이 됩니다. 별의 꼭지점 갯수를 정해줄 수 있습니다. 포인트에 6을 넣으면 꼭지점이 6개인 별이 그려집니다.

3) 패스 파이더(PATHFINDER) 이해

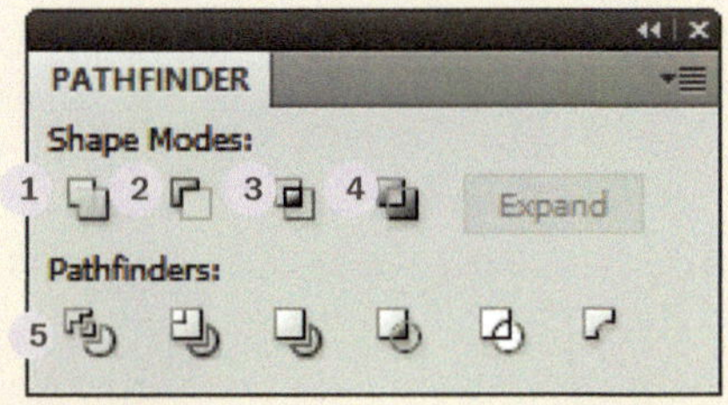

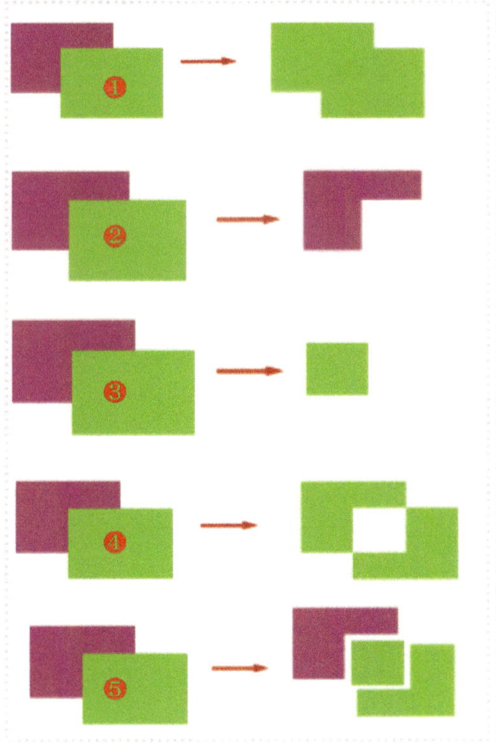

① 도형과 도형을 합쳐서 하나의 도형으로 만들기

② 아래 있는 도형 위에 올려 놓은 도형을 제외한 도형 만들기

③ 도형과 도형의 공통적으로 만나진 공간만 남기고 지워진 도형 만들기

④ 도형과 도형의 공통적으로 만나진 공간만 지우고 도형 만들기

⑤ 도형과 도형이 겹쳐진 모든 부분을 나눠서 도형으로 만들기

4) 패스파인더 응용 도형 툴 다루기

(1) 기초 오브젝트 만들기 (전체 합치기)

예제 1.

① 원을 그리고 쌓아서 전체적인 외곽형태를 구름모양으로 생성합니다.
② 면색과 선색을 사용하여 구름 느낌의 색을 지정 합니다.
③ 전체 구름 드래그 패스 파인더 ❷클릭하여 겹친 선을 삭제해 줍니다.
④ 선택툴 클릭 ≪ 전체 구름 드래그 ≪ 패스파인더의 ❶과 같이 전체 합치기를 지정합니다.

예제 2.

(2) 이동툴(V)

이동툴 선택시 바운딩 box 코너 / 변의 점모양 활성되어 도형 안에 오버시 이동 선택툴 사이드에 오버시 도형 크기 조절 가능 / 도형 동시이동 모든 도형 드래그는 동시선택

① 드래그: 비율크기 변형없이 크기조절

② Shif+ 클릭:여러개 선택(다중선택)

③ Shif+ 드래그: 수평, 수직, 45° 움직임

④ 모든 각진 도형 안에 오버 점생성은 안쪽으로 드래그 하는 라운드 기능

⑤ 도형툴 선택 빈공간 클릭 사이즈 입력 박스 패널 생성 원하는 사이즈 토큐멘트 지정

⑥ 마우스 드래그 클릭 방향에따라 확대 축소가능(Art+드래그)/ 손바닥툴 단축키는 스페이스툴

⑦ 보기 단축키(Z, V돌아가지) / 컨트롤 과 +, -

(3) 다양한 오브젝트 이동 방법

선택 도구를 사용하여 오브젝트를 드래그하거나, 키보드의 화살표 키를 사용하거나, 패널이나 대화 상자에 정확한 값을 입력하여 오브젝트를 이동

① 오브젝트를 이동할 때물리기기능을 사용하여 오브젝트를 배치할 수 있습니다. 예를 들어, 안내선과 고정점으로 포인터를 물릴 수 있고 오브젝트 경계를 격자선으로 물릴 수 있습니다.

② 또한 [정렬] 패널을 사용하여 오브젝트를 상대적 위치로, 즉 다른 오브젝트의 위치를 기준으로 배치할 수 있습니다.

③ Shift 키를 사용하여 하나 이상의 오브젝트가 x축 및 y축의 현재 방향을 기준으로 가로, 세로, 대각선으로 정확하게 이동되도록 오브젝트의 움직임을 제한할 수 있습니다.

④ 또한 Shift 키를 사용하여 오브젝트를 45°의 배수로 회전시킬 수도 있습니다.

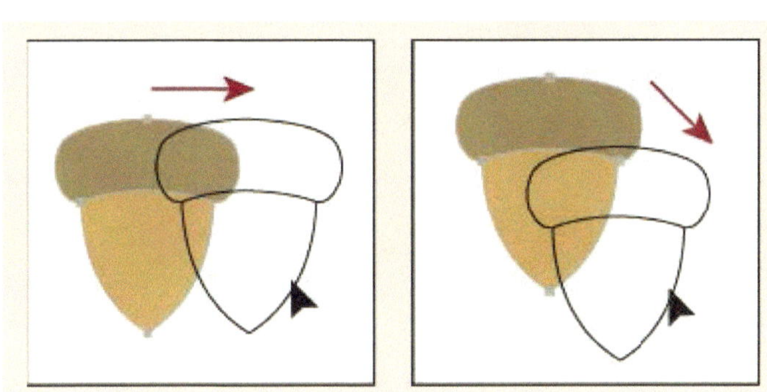

⑤ Shift 키를 누른 상태로 드래그하거나 그리면 가장 가까운 45°각도로 움직임이 제한 됩니다.

(4) 붙이기로 오브젝트 이동 또는 복제

① 하나 이상의 오브젝트를 선택합니다.

② [편집] 〉 [오리기]를 선택하여 선택 항목을 이동하거나 [편집] 〉 [복사]를 선택하여 선택 항목을 복제합니다.

③ 오브젝트를 다른 파일에 붙이려면 해당 파일을 엽니다. 레이어 간에 오브젝트를 붙이려면레이어 간에 오브젝트 붙이기를 참조하십시오.

(5) 다음 명령어 선택

① 편집 〉 붙이기

② 오브젝트를 활성 윈도우의 중심부에 붙입니다.

③ 편집 〉 앞에 붙이기

④ 오브젝트를 선택된 오브젝트의 바로 앞에 붙입니다.

⑤ 편집 〉 뒤에 붙이기

⑥ 오브젝트를 선택된 오브젝트의 바로 뒤에 붙입니다.

⑦ 편집 〉 제자리에 붙여넣기

⑧ 아트웍을 복사한 대지와 같은 위치의 활성 대지에 아트웍을 붙여 넣습니다.

⑨ 편집 〉 모든 대지에 붙여넣기

⑩ 아트웍이 현재 대지에 있는 위치와 같은 위치로 모든 대지에 아트웍을 붙여넣습니다.

(6) 드래그로 오브젝트 이동

① 하나 이상의 오브젝트를 선택합니다.

② 오브젝트를 새 위치로 드래그합니다.

③ 선택된 오브젝트에 칠이 적용되어 있으면 오브젝트 상의 어디서부터든 드래그할 수 있습니다. 선택된 오브젝트에 칠이 없거나, 아트웍을 윤곽선으로 보고 있거나, [패스로만 오브젝트 선택] 환경 설정이 선택되어 있으면 오브젝트의 패스로부터 드래그해야 합니다. 2픽셀 이내로 드래그하면 커서가 자동으로 고정점이나 안내선에 물립니다.

(7) 화살표 키를 사용하여 오브젝트 이동

① 하나 이상의 오브젝트를 선택합니다.

② 오브젝트를 이동할 방향에 해당하는 화살표 키를 누릅니다. Shift 키를 누른 채로 화살표 키를 누르면 오브젝트는 [키보드 증감] 환경 설정에서 지정한 값의 10배씩 이동합니다.

③ 화살표 키를 누를 때마다 오브젝트가 이동하는 거리는 [키보드 증감] 환경 설정으로 결정됩니다. 기본 거리는 1 포인트(1/72 인치 또는 0.3528 밀리미터)입니다

④ [키보드 증감] 환경 설정을 변경하려면 [편집] 〉 [환경 설정] 〉 [일반](Windows) 또는 [Illustrator] 〉 [환경 설정] 〉 [일반](Mac OS)을 선택합니다.

(8) 특정 거리만큼 오브젝트 이동

① 하나 이상의 오브젝트를 선택합니다.

② [오브젝트] 〉 [변형] 〉 [이동]을 선택합니다.

③ 오브젝트가 선택되면 [선택] 도구, [직접 선택] 도구 또는 [그룹 선택] 도구를 두 번 클릭하여 [이동] 대화 상자를 열 수도 있습니다.

④ 오브젝트를 왼쪽이나 오른쪽으로 이동하려면 [가로] 텍스트 상자에 음수 값(왼쪽으로 이동)이나 양수 값(오른쪽으로 이동)을 입력합니다.

⑤ 오브젝트를 위쪽이나 아래쪽으로 이동하려면 [세로] 텍스트 상자에 음수 값(위로 이동)이나 양수 값(아래로 이동)을 입력합니다.

⑥ 오브젝트의x축에 상대적인 각도로 오브젝트를 이동하려면 [거리] 또는 [각도] 텍스트 상자에 양의 각도(시계 반대 방향 이동) 또는 음의 각도(시계 방향 이동)를 입력합니다. 180~360°사이의 값을 입력할 수도 있는데, 이 경우 해당 값이 대응하는 음수 값으로 변환됩니다.

⑦ 오브젝트에 패턴 칠이 포함되어 있는 경우 [패턴]을 선택하여 패턴을 이동합니다. 오브젝트가 아니라 패턴을 이동하려면 [오브젝트]를 선택 취소합니다.

⑧ [확인]을 클릭하거나 [복사]를 클릭하여 오브젝트의 사본을 이동합니다.

(9) x 및 y 좌표를 사용하여 오브젝트 이동

① 하나 이상의 오브젝트를 선택합니다.

② [변형] 패널이나 [컨트롤] 패널의 X 또는 Y 텍스트 상자 또는 둘 다에 새 값을 입력합니다.

③ 참조점을 변경하려면 값을 입력하기 전에 참조점 로케이터의 흰색 사각형 을 클릭합니다.

(10) 한 번에 여러 오브젝트 이동

① 하나 이상의 오브젝트를 선택합니다.

② [오브젝트] 〉 [변형] 〉 [개별 변형]을 선택합니다.

③ 이 대화 상자의 [이동] 섹션에서 선택된 오브젝트를 이동하려는 거리를 설정합니다.

④ 지정한 양만큼 오브젝트를 이동하려면 [확인]을 클릭합니다.

⑤ 임의로 지정한 양만큼 오브젝트를 이동하려면 [임의] 옵션을 선택합니다. 예를 들어, 벽돌로 된 벽을 그릴 때 벽돌을 완벽하게 정렬하지 않고 약간 어긋나게 정렬하려면 [임의] 옵션을 선택합니다. 그런 다음 [확인]을 클릭합니다.

(11) 다른 오브젝트에 오브젝트 붙이기

① 붙이려는 오브젝트를 선택합니다.

② [편집] 〉 [복사] 또는 [편집] 〉 [오리기]를 선택합니다.

③ 앞이나 뒤에 붙이려는 오브젝트를 선택합니다.

④ [편집] 〉 [앞에 붙이기] 또는 [편집] 〉 [뒤에 붙이기]를 선택합니다.

⑤ 둘 이상의 오브젝트를 붙이면 붙여진 모든 오브젝트가 선택한 아트웍의 앞 또는 뒤에 나타납니다. 그러나 붙인 각 오브젝트 사이의 상대적인 페인팅 순서는 그대로 유지됩니다.

(12) 레이어 간에 개체 붙여넣기

① 붙일 때 레이어 기억 옵션은 레이어 계층에서 아트웍을 붙이는 위치를 결정합니다.

② 기본적으로 [붙일 때 레이어 기억]은 해제되어 있으며 아트웍은 레이어 패널에서 활성 상태인 레이어에 붙여집니다.

③ 붙일 때 레이어 기억 옵션이 설정되어 있으면 레이어 패널에서 어느 레이어가 활성 상태인지에 관계없이 아트웍을 복사한 레이어에 아트웍이 붙여집니다.

④ 레이어 패널 메뉴에서 붙일 때 레이어 기억을 선택하여 이 옵션을 설정합니다. 이 옵션이 설정되면 확인 표시가 나타납니다.

(13) 제자리에 붙여넣기 및 모든 대지에 붙여넣기

① 이 명령을 사용하려면 [편집] 〉 [제자리에 붙이기]를 클릭합니다. 키보드 단축키는 Ctrl + Shift + V(Windows) 또는 Cmd + Shift + V(Mac)입니다.

② 모든 대지에 붙이기 명령은 선택한 아트웍을 모든 대지에 붙여 넣습니다. [모든 대지에 붙이기] 명령을 사용하기 전에 개체를 복사하고 있는 대지가 활성 대지인지 확인하십시오.

③ 모든 대지에 붙이기 명령을 사용하려면 아트웍을 잘라내거나 복사할 때 편집 〉 모든 대지에 붙이기를 클릭합니다.

④ 아트웍을 복사한 다음 [모든 대지에 붙이기]를 선택하는 경우 아트웍이 복사되는 대지에 다시 붙여집니다.

CHAPTER

11 일러스트 타이틀 디자인 응용기법

1. 다양한 분할, 3D입체, 유기적 켈리 그라피 효과

1) 텍스트 분할 편집 도형화

(1) illustrator의 텍스트 효과 넣기

예제 1.

① Object - Envelope Distort - make with warp

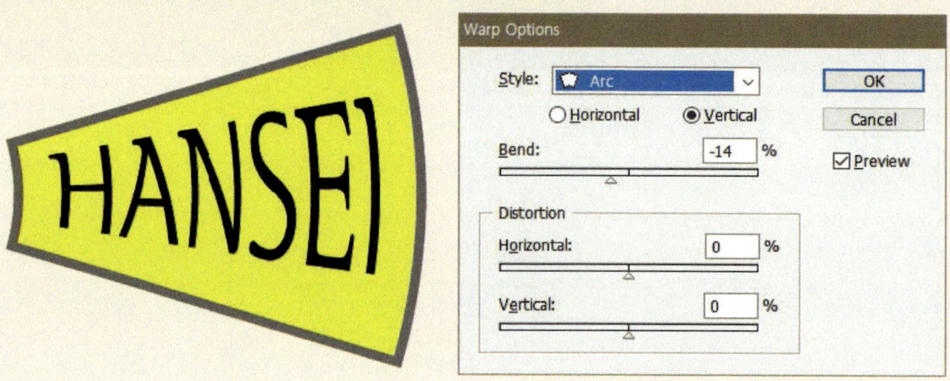

예제 2.

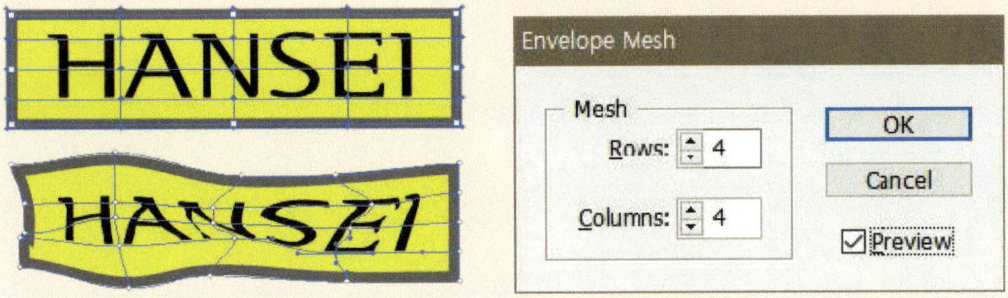

② Object ≪ Envelope Distort ≪ make with mesh

예제 3.

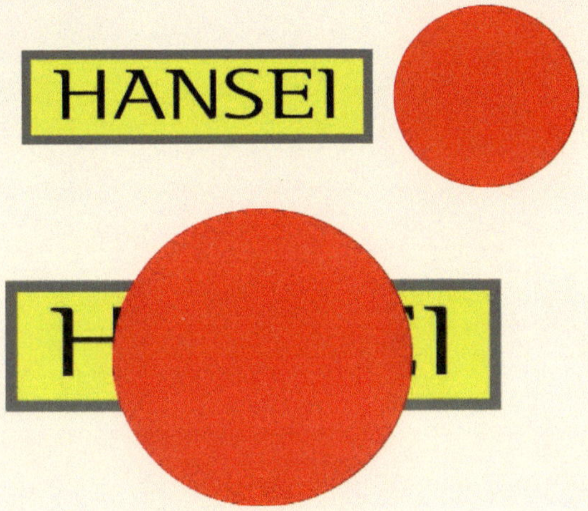

③ Object – Envelope Distort – make with Top object

2) 텍스트 라인(흐름) 효과

예제 1.

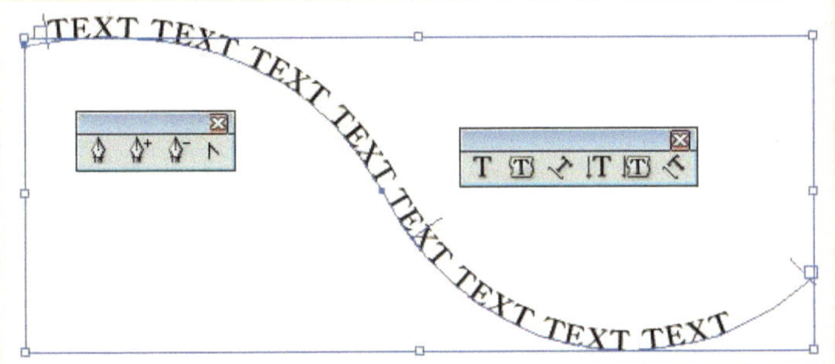

① 펜 툴로 텍스트가 지나갈 선 만들기

② 텍스트 흐름 툴로 선분 클릭하여 글자 입력하기

예제 2.

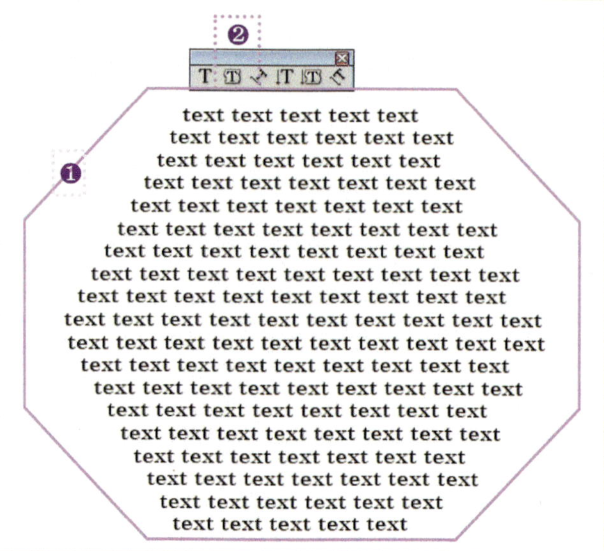

① 글자를 표현할 도형 그리기
② 텍스트 가로 입력 도형에 채우기 아이콘
③ 텍스트 입력으로 도형 안에 텍스트 넣기

예제 2.

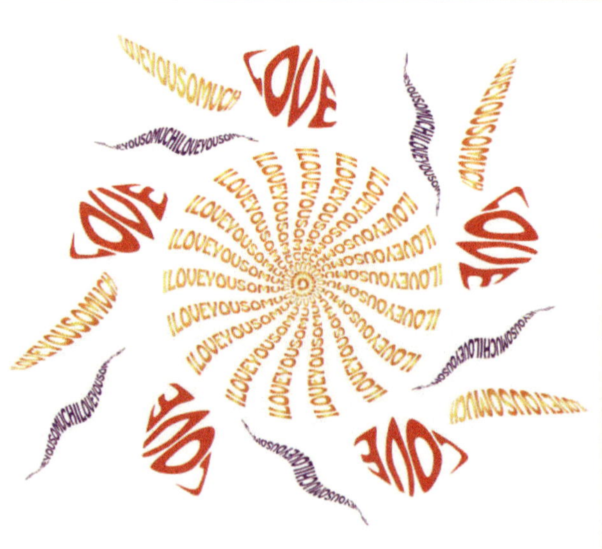

다양한 도형과 모양 텍스트 입력 순서도

① Object ≪ Envelope Distort ≪ make with warp
② Object ≪ Envelope Distort ≪ make with mesh
③ Object ≪ Envelope Distort ≪ make with Top object

3) illustrator 의 텍스트 입체 만들기

예제 2.

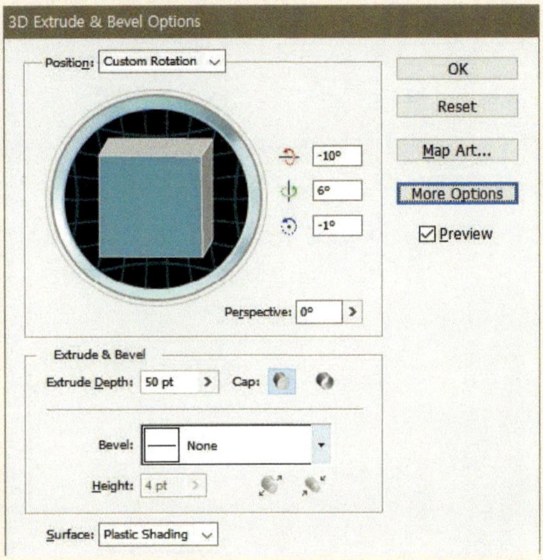

① 클릭하여 회전, 드래그 글자의 입체면 방향 설정
② 입체 면의 높이 설정
③ 입체 면의 채움과 비움 설정
④ 입체 부분의 표면처리 효과

예제 2.

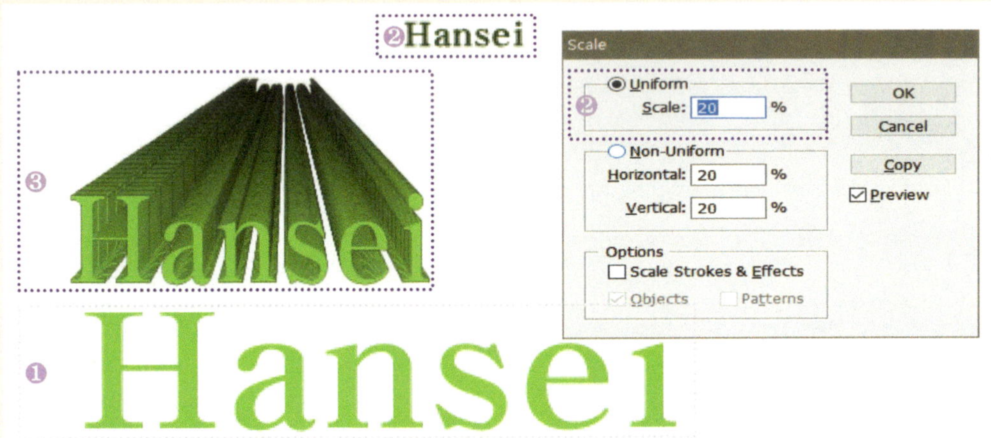

① 텍스트 입력 선색면색지정 테두리 0.25설정 – 텍스트 그림으로 바꾸기
② 복사하여 20%로 축소하여 뒤에 배치하기
③ 블랜드툴로 글자의 시작 위치점끝 위치점연결 클릭하기
④ 단계 값 변동하여 입체표현 만들기

4) illustrator 의 텍스트 3D입체 실무 응용

예제 1.

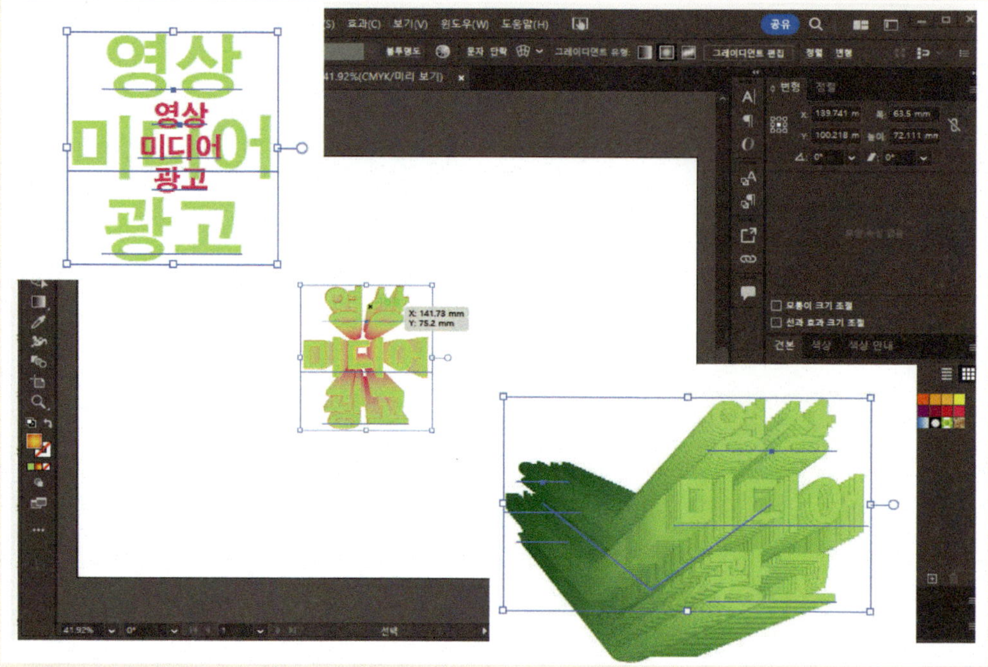

① 파일 ≪ 새로 만들기 A4 가로용지 설정
② Ctrl + C(60p) ≪ Ctrl + F(24p) 텍스트 복사 ≪ 뒤로보내기 Ctrl + [
③ 전체 드래그 Ctrl + Art + B(텍스트 사이 복사 추가)
④ 오브젯 ≪ 브렌드 ≪ 브렌드옵션 ≪ 스페샬필드 지정된 거리 1px ≪ ok
⑤ 펜툴 선택 ≪ 좌측 라운드 드로잉 ≪ 전체선택 ≪ 오브젯 ≪ 스파인 바꾸기(핸들조절 가능)

5) 패턴등록 2가지 방법

(1) 패턴을 만들기

① 패턴을 만들 아트웍을 선택한 다음 [개체] 〉 [패턴] 〉 [만들기]를 선택 합니다.

(2) 기존 패턴을 편집

① 패턴 견본에서 패턴을 두 번 클릭하거나 패턴이 포함된 개체를 선택한 다음 [개체] ≪ [패턴] ≪ [패턴 편집]을 선택합니다.

② 옵션≪패턴 옵션 대화 상자에서 패턴의 새 이름을 입력하거나 기존 이름을 수정합니다.

③ 패턴 옵션 대화 상자에서 사용가능한 기타 옵션을 수정합니다.

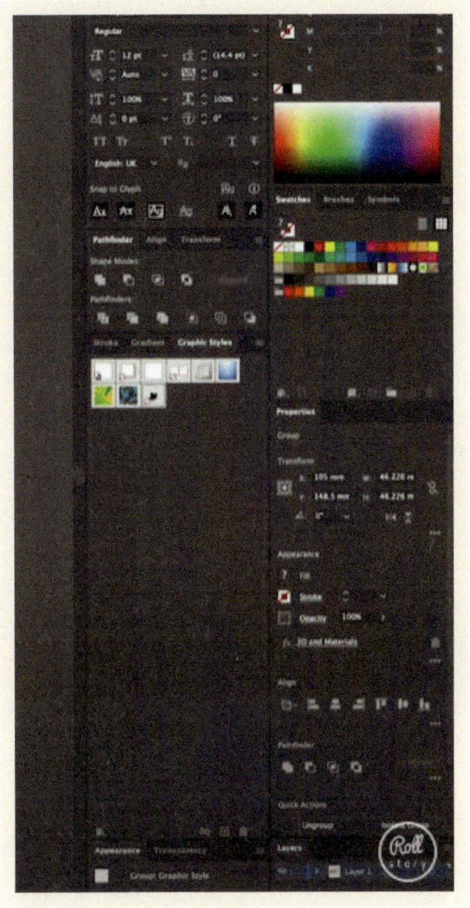

(3) 패턴 타일 유형 및 타일 배치 방법을 선택

① 격자. 각 타일의 가운데가 인접 타일의 가운데 따라 가로 및 세로로 맞춰집니다.

② 행으로 벽돌형. 타일은 사각형 모양이며 행에서 정렬됩니다. 행에서 타일의 가운데는 가로로 맞춰집니다. 대체 열에서 타일의 가운데는 세로로 맞춰집니다.

③ 열로 벽돌형. 타일은 사각형 모양이며 열에서 정렬됩니다. 열에서 타일의 가운데는 세로로 맞춰집니다. 대체 열에서 타일의 가운데는 가로로 맞춰집니다.

④ 열로 벽돌형. 타일은 육각형 모양이며 열에서 정렬됩니다. 열에서 타일의 가운데는 세로로 맞춰집니다. 대체 열에서 타일의 가운데는 가로로 맞춰집니다.

⑤ 행으로 육각형. 타일은 육각형 모양이며 행에서 정렬됩니다. 행에서 타일의 가운데는 가로로 맞춰집니다. 대체 행에서 타일의 가운데는 세로로 맞춰집니다.

6) 레이어 디자인 효과 활용기법

(1) 벽돌 오프셋 적용

① 행으로 벽돌형. 인접 행에서 수직 맞춤에서 벗어난 타일의 가운데 너비의 정도를 확인합니다.

② 열로 벽돌형. 인접 열에서 수평 맞춤에서 벗어난 타일의 가운데 높이의 정도를 확인합니다.

③ 타일의 전체 높이 및 너비를 지정합니다. 타일의 크기를 아트웍의 높이 및 너비보다 크거나 작게 지정하거나 여러가지 값을 선택합니다.

④ 아트웍 크기보다 큰 값을 지정하면 타일이 아트웍 보다 크게 만들고 타일 사이에 빈 공간을 삽입합니다. 아트웍 크기보다 작은 값을 지정하면 인접 타일의 아트웍이 겹치게 됩니다.

(2) 아트 타일 크기 조정

타일의 크기를 패턴을 만드는 데 사용 중인 아트웍 크기에 맞도록 축소하려면 이 옵션을 선택합니다.

(3) 아트와 함께 타일 이동

아트웍 이동 시 타일도 함께 이동하게 하려면 이 옵션을 선택합니다.

(4) H 간격/ V 간격

인접한 타일 사이에 지정할 간격을 결정합니다.

(5) 오버랩

인접한 타일이 겹치는 경우 앞에 표시할 타일을 결정합니다.

(6) 사본

패턴을 수정하는 동안 표시할 타일의 행과 열 수를 결정합니다.

(7) 사본 흐리게 대상

패턴을 수정하는 동안 미리 표시된 아트웍 타일 사본의 불투명도를 결정합니다.

(8) 타일 가장자리 표시

타일 주변에 상자를 표시하려면 이 옵션을 선택합니다.

(9) 견본 테두리 표시

패턴 만들기 위해 반복되는 패턴의 단위 부분을 표시하려면 이 옵션을 선택합니다.

CHAPTER

12 일러스트 캐릭터 디자인 응용실무

1. 일러스트 2D평면 3D입체도형 및 캐릭터 만들기

1) 2D평면 3D 타이틀 만들기

(1) 3D 텍스트 블랜드 옵션 도구 응용

① 파일 새로 만들기 ≪ 1920*1080 ≪ 만들기

② T ≪ 도형이나 텍스트 입력 ≪ 알트 ≪ 복사 ≪ 복사 및 모두 선택 ≪ 오브젝트 ≪ 블랜드 ≪ 만들기(Art + Ctrl + B)

③ 윈도우 ≪ 견본 또는 견본 라이브러리에서 색상 선택

④ 두 텍스트 선택 ≪ 오브젝 ≪ 블랜드 ≪ 만들기

⑤ 수정 ≪ 선의 채워진 점 클릭 ≪ 원하는 위치 드래그

⑥ 오브젝 ≪ 블랜드 ≪ 확장 ≪ 글자를 그림으로(수정 안됨) ≪ 변형 ≪ 그룹풀기 ≪ 개별 선택 가능

① 평면 ≪ 평면에 오브젝트를 병합 합니다.
② 돌출 ≪ 2D 오브젝트를 확장하여 깊이를 추가합니다.
③ 축 중심 회전 ≪ 패스나 프로필을 원형 방향으로 스윕 합니다.
④ 부풀리기 ≪ 평면 오브젝트를 부풀립니다.
⑤ 깊이 ≪ 오브젝트의 깊이를 0~2,000 사이로 설정합니다.
⑥ 비틀기 ≪ 오브젝트를 최대 360°까지 비틉니다.
⑦ 테이퍼 ≪ 오브젝트를 100%에서 1%까지 테이퍼링합니다.
⑧ 단면 ≪ 오브젝트가 속이 꽉 찬 모양 또는 속이 빈 모양으로 나타나는지를 지정합니다.
⑨ 경사 ≪ 오브젝트의 깊이를 따라 경사진 가장자리를 적용합니다.
⑩ 사전 설정 ≪ 방향, 축 및 등각을 기반으로 회전 사전 설정을 적용합니다.
⑪ 수직 회전
⑫ 수평 회전

[그림 12-1] 3D 및 재질 패널의 3D 유형

(2) 그림 3D효과 및 재질 패널의 3D 유형 순서도

① 그림 12-2와 같이 [돌출], [축 중심 회전] 및 [부풀리기]와 같은 3D 효과를 Adobe Substance의 [조명] 및 [재질]과 결합하여 3D 텍스트를 만듭니다.

② 다양한 조명 시나리오에서 본 실제 텍스처를 사용하여 2D 벡터 그래픽에 3D 효과, 조명 및 재질을 적용할 수 있습니다.

③ 광선 추적을 사용하여 이를 렌더링하여 사실적인 3D 그래픽을 쉽게 만들 수 있습니다.

(3) 3D 패널의 재질 속성 및 유형

① 기본 재질 ≪ 기본 사전 설정 재질을 적용합니다.

② Adobe Substance 재질 ≪ 일부 Adobe Substance 재질을 적용할 수 있습니다.

③ Substance 3D 에셋 ≪ Adobe Substance 에셋의 재질을 추가합니다.

④ Substance 커뮤니티 에셋 ≪ Adobe Substance 커뮤니티의 재질을 추가합니다. 새 재질 및 그래픽 추가 ≪ 재질 추가 나만의 새 재질을 패널에 추가합니다.

⑤ 그래픽 추가 ≪ 아트워크를 그래픽으로 추가합니다. 그래픽을 사용하여3D 오브젝트에 아트워크를 매핑할 수 있습니다.

⑥ 재질 속성 ≪ 기본 재질에 대해 0~1 사이의 거칢 및 금속 속성을 적용합니다. 각 Adobe Substance 재질에 대해 속성은 달라집니다.

[그림 12-2] 3D 및 재질 패널

(4) 3D 패널의 조명 속성 실습

① 사전 설정 - [표준], [확산], [상단 왼쪽] 또는 [오른쪽]과 같은 사전 구성된 조명 효과를 빠르게 아트워크에 적용합니다.

② 강도 ≪ 0~100% 범위에서 선택한 조명의 밝기를 변경 합니다.

③ 회전, 180°~180° 사이의 값으로 오브젝트를 중심으로 조명의 초점을 회전 합니다.

④ 높이 ≪ 조명을 오브젝트에 더 가까이 가져갑니다. 0°~90°사이로 조명이 낮으면 그림자가 짧아지고 높으면 길어집니다.

⑤ 부드러움 ≪ 광원이 확산되는 방식을 결정합니다. 확산 사전 설정을 0~100% 사이의 값으로 재정의 합니다.

⑥ 주변광 강도, 0~200% 사이의 값으로, 전체 조명 강도를 제어합니다.

⑦ 그림자 ≪ 토글 버튼이 켜져 있을 때 아트워크에 그림자를 적용합니다.

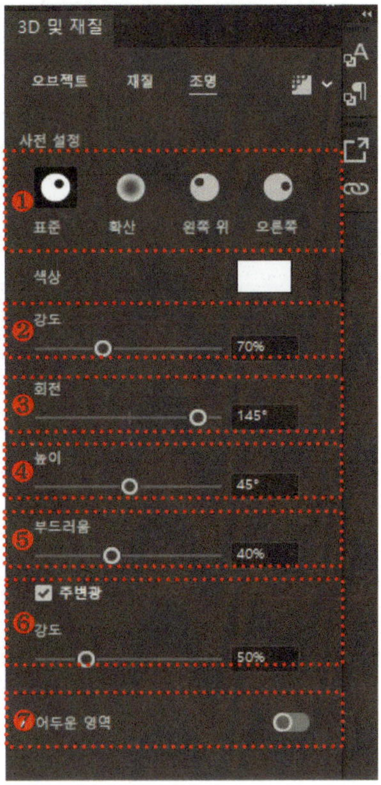

[그림 12-3] 3D 조명 및 그림자 효과 적용

2. 3D 도형효과 텍스트 만들기

1) 3D입체도형 및 텍스트 만들기

예제 1. 3D입타이틀 만들기

① 파일 새로 만들기 ≪ 픽셀 ≪ 1920 X 11080

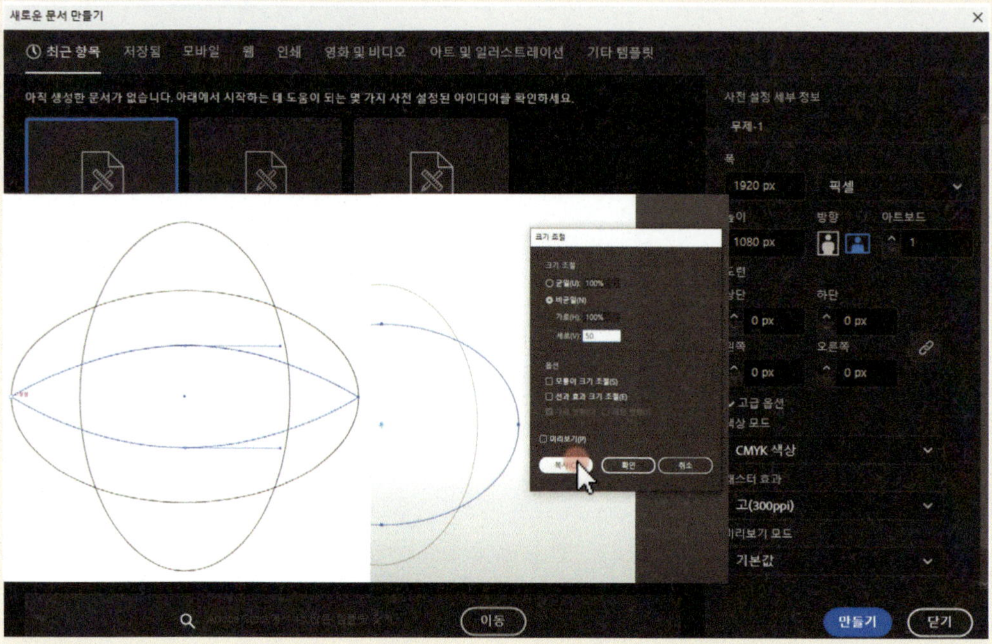

② 원형툴 선택 작업공간 클릭 드래그 타원형 그리기 ≪ 복사 ≪ Shift + 회전
③ 원형툴 ≪ 선색 ≪ 클릭 드래그 그리기

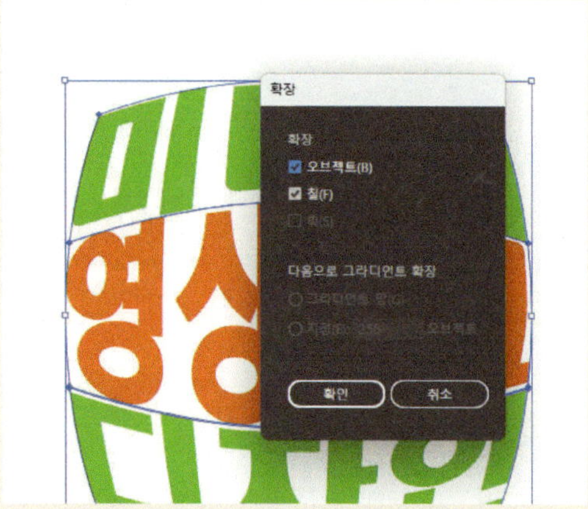

④ 편집 복사 ≪ Ctrl + F ≪ 복사본 회전 45°
⑤ 선택툴 ≪ 크기조절 툴 선택 빈 공간 더블 클릭 ≪ 좌표 창에 비균일 100 X 50 ≪ 복사

⑥ 고정점 펜도구 선택 ▣번 레이어 빼기 ≪ 좌우 고정점 클릭
⑦ 선택툴 모든 도형 선택 ≪ 도형 구성도구 선택 ≪ Art + 드래그 ≪ 분리 ≪ 사방 외곽도형 클릭 드래그 ≪ 지우기
⑧ T ≪ 텍스트 툴 선택 ≪ 미디어 / 영상광고 / 디자인 3단배치
⑨ 모든 도형 선택 정돈 ≪ 맨 앞으로 가져오기
⑩ 상단 도형 클릭 ≪ Shift+미디어 클릭 ≪ 오브젯 ≪ 둘러싸기 왜곡≪최상위 오브젯으로 만들기
⑪ 차례대로 3단 반복 ≪ Shift+미디어 글씨 윗단클 ≪ 오브젯 ≪ 둘러싸기 왜곡 ≪ 최상위 오브젯으로 만들기 / 위치조절
⑫ 모든 텍스트 도형 선택 ≪ 메뉴 ≪ 오브젯 ≪ 확장 ≪ 확인(면, 도형으로 인식)
⑬ 모든 텍스트 도형 선택 Ctrl + G 그룹으로 묶고≪색상 바꾸기
⑭ 편집 ≪ 복사 ≪ 편집 뒤에 붙이기 ≪ 복사된것 클릭 드래그 축소후 컬러 바꾸기 ≪ 두개 레이어 모두 ≪ 메뉴≪ 오브젯 ≪ 브렌드옵션 지정된거리 0.5 ≪ 확인
⑮ 오브젯 ≪ 브랜드 만들기(입체확인)
⑯ 직접 선택 도구 선택 3번 클릭 ≪ Ctrl + C ≪ 편집 제자리 붙이기
⑰ 텍스트의 선 ≪ 선 선택

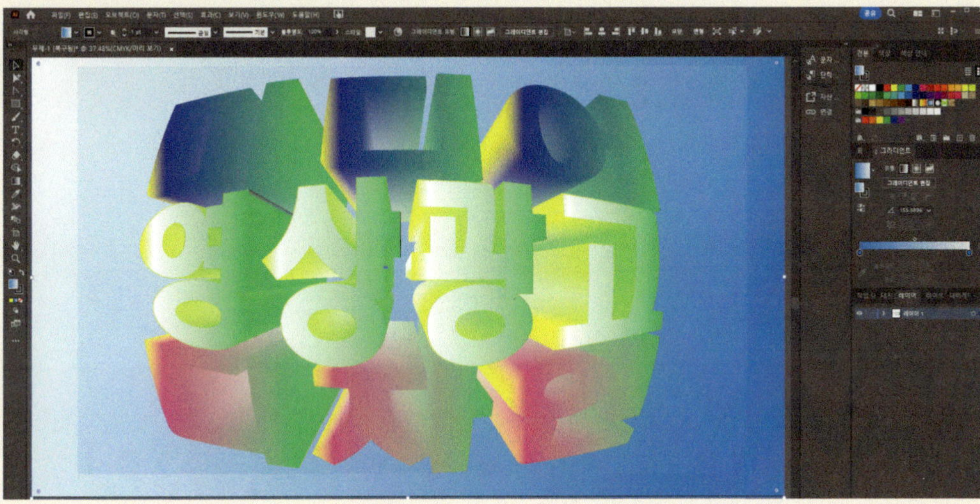

⑱ 모든 텍스트 - 클릭세번 - 다른컬러로 바꾸기(그라도 가능)
⑲ 그룹 선택툴 선택 3번클릭 - 그라디언트 적용
⑳ 바탕 화면 깔기 ≪ 사각형툴로 레이어드래그 ≪ 우클릭 ≪ 정돈 맨 뒤로 보내기
㉑ 그림자 ≪ 원형툴 ≪ 하단드래그 ≪ 그라디언트 편집기 ≪ 레디얼 ≪ 음영조절 / 컬러조절 / 투명 도조절

3. 3D 응용 텍스트 포스터 만들기

1) 텍스트 광고 효과 만들기

예제 1. 텍스트 응용기법

① 파일 새로 만들기 - A4CMYK 300ppi

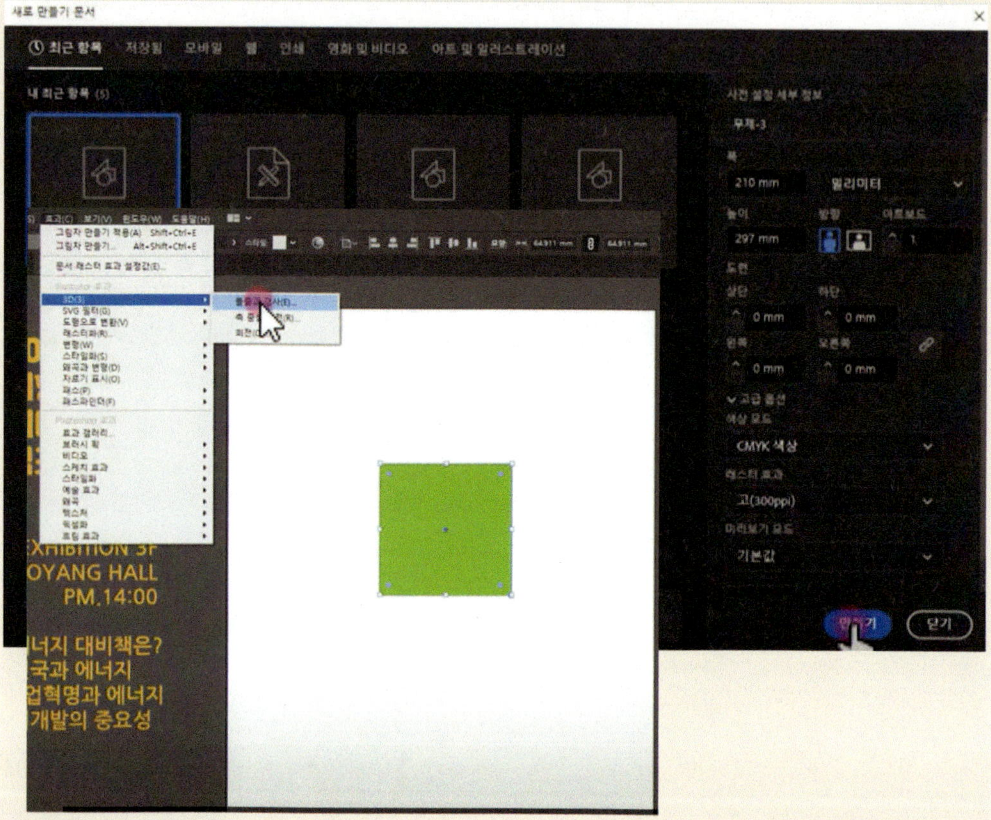

② T 툴 - 서로다른 서체 3문장 입력할 텍스트 입력
③ 3문장 중 1개 선택 ≪ 컬러 모두 교체
④ 모든 문장 심볼 등록 ≪ 창 ≪ 심볼 ≪ 클릭 ≪ 드래그 ≪ 심볼 등록 3회(이름저장)
⑤ 도형 그리기 ≪ 그림 ⑤와 같이 좌표값 입력 ≪ 사각형툴 ≪ 컬러넣게 ≪ 효과 ≪ 3D 돌출과 경사 ≪ 깊이 200 / 30' / ≪ 30' / ≪ 30' / 원근22 ≪ 확인
⑥ 효과 ≪ 3D 및 재질(3) ≪ D(기본) ≪ 입체와 경사 (기본)(E)
⑦ 윈도우 ≪ 모양 클릭 ≪ 3D 모양과 옵션 ≪ 모양 ≪ 3D 입체 및 경사 ≪ ⑥과 같이 아트 매핑 ≪ 심볼 등록, 횟수와 면 위치 확인 ≪ 반복

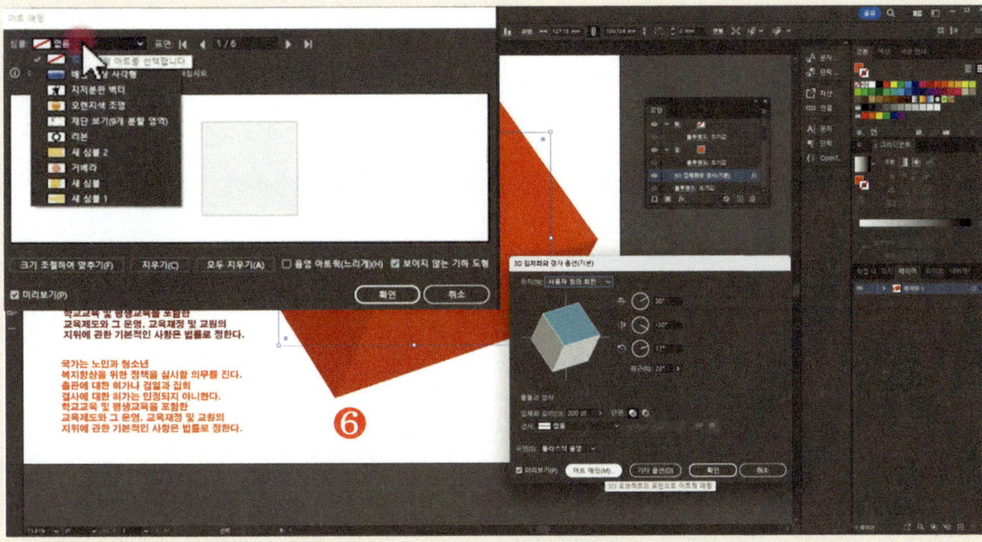

⑧ 전체 선택 ≪ 오브젯 ≪ 모양 확장(E) ≪ 마우스 우클릭 ≪ 그룹 풀기

⑨ 그룹 선택도구 클릭 ≪ 텍스트 3번 클릭 (블록)잡기 ≪ 컬러피커 선택 및 교환 수정

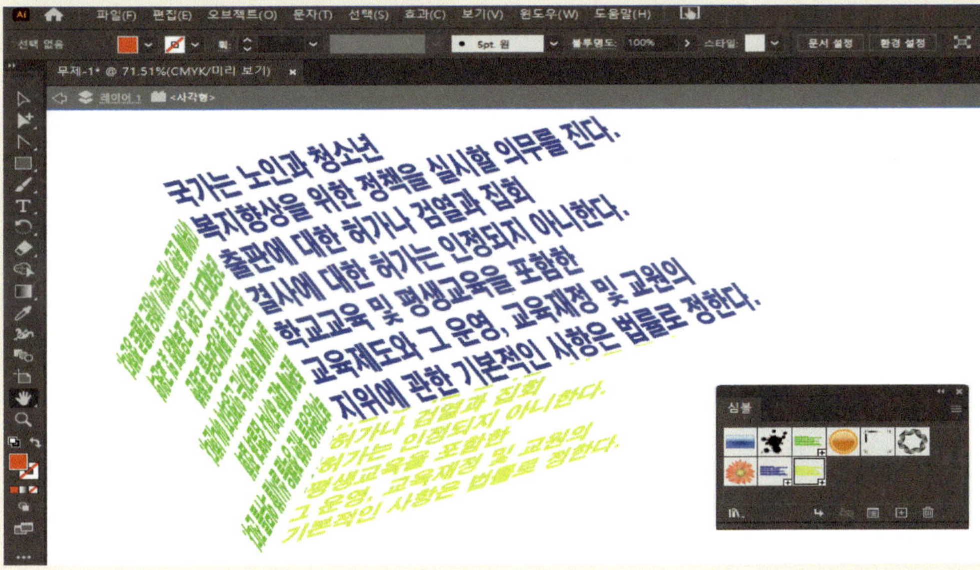

⑩ 선택툴 클릭 ≪ 전체 텍스트 드래그 선택 ≪ 복사 Art + 드래그 또는 (편집 ≪ 복사 Crtl + C, V) ≪ 투명도 처리 ≪ 뒤로 보내기

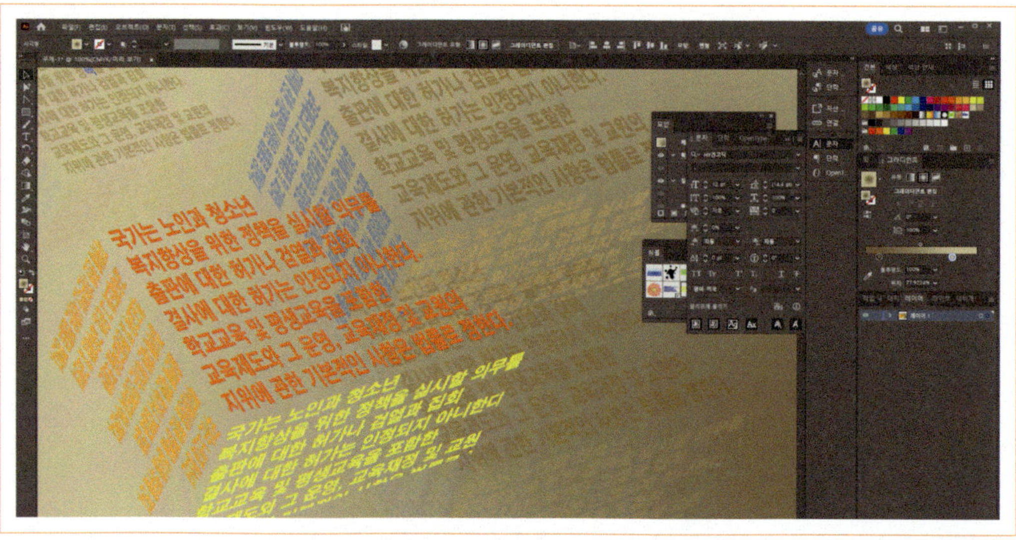

[그림 12-4] 복사 및 투명도 처리 아트워크

CHAPTER 13

일러스트 패스선 곡선 이해

1. 컨셉아트 일러스트 캐릭터 그리기

1) 그리기 도구 제작 및 패스 곡선 응용 캐릭터 그리기

① 패스는 선분과 연결되는 고정점으로 구성됩니다.

② [도구] 패널의 [선택] 도구를 사용하여 편집할 패스를 선택합니다. 변형할 전체 패스 주위에 테두리 상자가 표시됩니다.

③ [도구] 패널의 [직접 선택] 도구를 사용하여 고정점 및 패스를 선택합니다.

④ 곡선 패스는 방향 핸들이 있는 고정점으로 제어됩니다. 방향 핸들은 곡선의 모양을 제어합니다.

⑤ 패스의 모든 고정점이 연결되어 있으므로 모양이 닫힌 패스입니다.

2) 연필 도구로 그리기

① [도구] 패널의 [페인트 브러시] 도구를 클릭한 상태로 표시되는 메뉴에서 연필 도구를 선택합니다.

② 연필 도구를 더블 클릭하여 도구 옵션을 설정합니다.

③ 문서를 드래그하여 연필 도구로 패스를 만듭니다.

④ 그릴 때 패스의 시작 부분으로 돌아가서 패스를 닫고 모양을 만듭니다.

⑤ 패스의 일부 다시 그리려면 패스 상에 연필 도구를 가져갑니다. 드래그하여 다시 그리고 패스 상에서 종료합니다.

⑥ 연필 도구를 사용하여 직선 패스를 그리려면 Alt 키(Windows) 또는 Option 키(macOS)를 누른 채 드래그합니다.

3) 곡률 도구로 그리기

① [도구] 패널에서 곡률 도구를 선택합니다.

② 패스에서 고정점 설정하려면 클릭합니다. 고정점은 기본적으로 곡선 패스를 만듭니다.

③ 곡률 도구를 사용하여 직선 패스를 만들려면 더블 클릭하여 고정점을 설정하거나 기존 고정점 더블 클릭하여 패스를 직선으로 만듭니다.

④ 패스에 점을 추가하려면 포인터를 패스 위로 이동합니다. 포인터 옆에 더하기 기호(+)가 표시되면 클릭하여 포인트를 설정합니다.

⑤ 고정점 이동하려면 드래그합니다.

4) 패스모양 편집

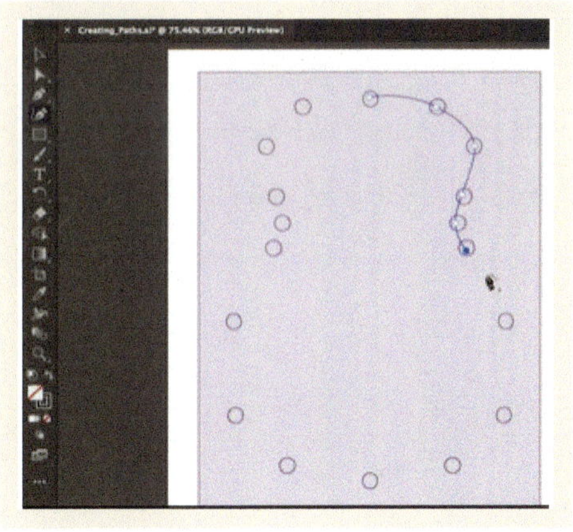

① 도구 패널에서 [선택] 도구를 선택 ≪ 모양을 클릭하거나 드래그하여 선택합니다.

② 도구 패널의 [직접 선택] 도구 ≪ 패스의 고정점을 편집합니다.

③ 패스의 가장자리를 클릭하여 고정점을 표시합니다.

④ 고정점을 드래그하면 고정점이 모양에 미치는 영향을 확인할 수 있습니다.

⑤ 곡선 패스의 일부인 경우 패스를 드래그하여 곡선을 조정합니다.

⑥ 직선 패스의 일부인 경우 패스를 드래그하여 패스를 이동합니다.

⑦ 도구 패널에서 곡률 도구를 선택하여 기존 패스를 편집합니다.

⑧ 직선 패스를 곡선 패스로 또는그 반대로 변환 하려면 고정점을 더블 클릭합니다.

⑨ 포인터를 패스 위로 이동한 다음 포인터 옆에 더하기 기호(+)가 표시되면 클릭하여 고정점을 추가합니다.

(5) 아트워크를 결합하여 패스 연결

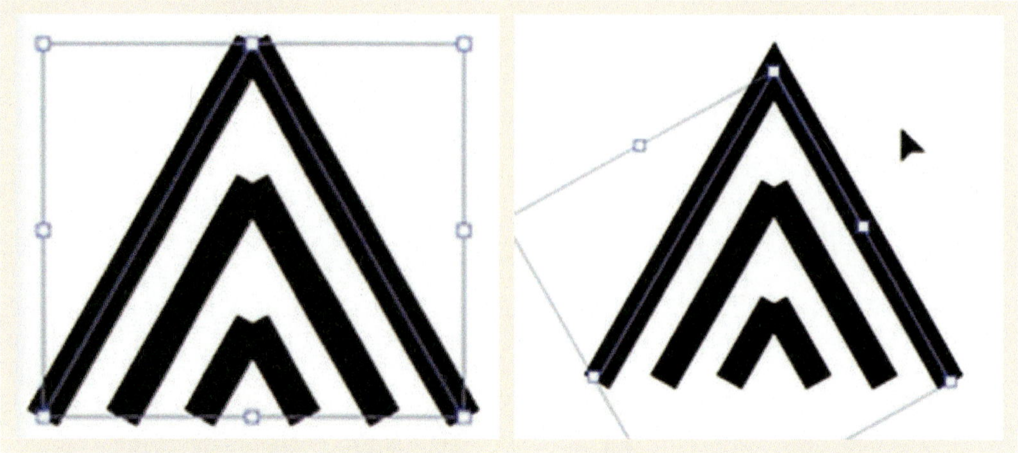

① [도구] 패널에서 [선택] 도구를 선택합니다. 모양을 클릭하거나 드래그하여 선택합니다.

② 상단 옵션바-패스 연결을 선택합니다(Ctrl+J).

2. 일러스트 패스 응용 캐릭터 그리기

1) 일러스트 브러쉬 툴 활용 심플한 캐릭터 그리기

(1) 캐릭터 만들기 일러스트 브러쉬 만들기, 클리핑마스크, 그라디언트

① 파일 ≪ 새로 만들기 ≪ 1920*1080

② 이미지 가져오기 ≪ 연결 가져오기

③ 이미지 캐릭터 잠금장치 ≪ 잠그기 ≪ 오브젝 ≪ Ctrl + 2 / 해제 Ctrl + Alt + 2

④ 가져온 이미지 투명처리 ≪ 윈도우 ≪ 레이어 더블클릭 ≪ 레이어 옵션 ≪ 밑그림, 연청색 / 이미지 흐림 30% ≪ 확인

⑤ 새 레이어만들기 ≪ 더블클릭 ≪ 머리 ≪ 확인

⑥ 면색 없음 ≪ 선색 검정 ≪ 펜툴 선택 ≪ 머리 오리기 ≪ 알트 + 방향 바꾸기 ≪ 완성 ≪ 컬러 입히기

⑦ 얼굴 그리기 ≪ 새레이어 만들기 ≪ 이름 얼굴 입력 ≪ 확인 ≪ 면색 없음 ≪ 선색 검정 ≪ (등록된 브러쉬 활용) ≪ 겹치는 머리 겹치지 않게 머리 안쪽으로 크게 그리기

⑧ 눈섭 그리기 ≪ 펜툴 라운드 그리기 ≪ 윈도우 ≪ 획 ≪ 두께 라운드 주기(등록된 브러쉬 활용)

⑨ 눈 그리기 ≪ 펜툴 라운드 ≪ 눈섭 ≪ 회전툴 선택 회전 반복 추가(등록된 브러쉬 활용)

⑩ 눈동자 그리기 ≪ 반사광 그리기 ≪ 모두 그룹 Crtl+G ≪ 복사 ≪ 회전툴 ≪ 회전도구 ≪ 반사 도구 클릭 ≪ 세로뒤집기 ≪ 복사

⑪ 눈 흰자 그리기 ≪ 눈동자 보다 크게 겹쳐 그림 ≪ 오브젝 ≪ 정돈 ≪ 뒤로 보내기 or (Ctrl + Shift + 왼쪽 대괄호)

⑫ 얼굴 칠하기 ≪ 컬러 설정 ≪ 견본에 등록 ≪ 귀 컬러 주기 ≪ 정돈 뒤로 보내기

⑬ 레이어 순서 바꾸고 머리 젤 상위 레이어로 위치 맞추기

⑭ 볼터치 만들기 ≪ 새레이어 만들기 ≪ 원형툴로 드래그 ≪ 윈도우 ≪ 1그라디언트 툴 클릭 ≪ 2그라디언트 슬라이드 ≪ 색상 패널 ≪ 삼선클릭 ≪ CMYK ≪ 견본색 ≪ 클릭 드래그

⑮ 레디얼 그라디언트 ≪ 슬라이드바 ≪ 투명도 조절 ≪ 선 없애기

[그림 13-1] 파일 가져오기 연결 가져오기 이미지

[그림 13-2] 브러쉬 등록 머리라인 표현

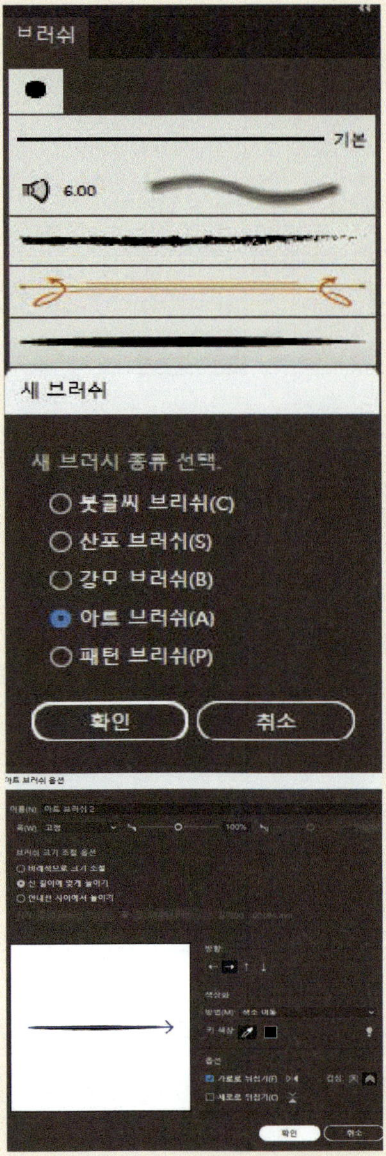

브러쉬 등록하기

① 캐릭터 머리 옷 라인 브러쉬 등록 활용

② 윈도우 ≪ 브러쉬 + 버튼 클릭 ≪ ❼과 같이 드로잉한 브러쉬 클릭 드래그 ≪ 새브러쉬 - 아트 브러쉬 ≪ 확인

③ 아트브러쒸 옵션패널 ≪ 선길이에 맞게 늘리기 ≪ 방향 ≪ 색조이동 ≪ 가로로 뒤집기 ≪ 확인

3. 컨셉아트 일러스트 캐릭터 그리기

1) 일러스트 펜툴 응용 내 캐릭터 그리기

[그림 13-3] 라이브 페인트 ≪ 만들기(Alt + Ctrl + X ≪ 오브젝 ≪라이브페인트

(1) 일러스트 연필 툴 응용 그리기

① 이미진 가져오기 ≪ 오브젝 ≪ 이미지 자르기 ≪ 선택 ≪ 위치이동 ≪ 이미지에 패널 맞추기 ≪ 엔터 ≪ 이미지 늘리기 + Shift

② 이미지 고정 ≪ 오브젝 ≪ 잠금 ≪ 선택툴

③ 연필툴 선택 ≪ 선색 검정, 1px ≪ 얼굴 라인 그리기 ≪ 목 라인 그리기 ≪ 이어그리기 직접 선택툴 선택 연필 선택

④ 머리 그리기 ≪ 상체 그리기 ≪ 하체 그리기 ≪ 다리라인 그리기 닫기 ≪ 외곽선 마감

⑤ 얼굴눈, 코, 입 ≪ 그림자 라인 그리기 ≪ 완성된 라인 원본과 분리하기 ≪ 클릭 드래그

⑥ 완성된 라인 선택 ≪ 오브젝 ≪ 라이브 페인트 ≪ 만들기(Alt + Ctrl + X ≪ 오브젝 ≪ 라이브페인트 ≪ 간격옵션 ≪ 중간, 큰 간격 / 연적색 ≪ 확인

⑦ 스포이드 툴 원본얼굴 선택 ≪ 라이브 페인트 툴(K) ≪ 라인 캐릭터에 붙기 ≪ 반복, 머리, 상체, 하체 ≪ 그림자에 스포이드(I) ≪ 라이브 페인트 툴(K) 반복

⑧ 라인 없애기 ≪ 전체 선택 ≪ 오브젝 ≪ 라이브 페인트 ≪ 확장 ≪ 남아 있는 라인 ≪ 선색 없음

(2) 펜툴 라인 그리기

(3) 일러스트 펜툴 응용 그리기

① 파일 ≪ 새로 만들기 ≪ 1920*1080

② 이미진 가져오기 ≪ 연결 가져오기 ≪ 선택 ≪ 위치이동

③ 이미지 고정 ≪ 오브젝 ≪ 잠금 ≪ 선택툴(Ctrl + 2)

④ 펜툴 선택 ≪ 면색 검정 ≪ 선색 없음 얼굴라인 그리기 ≪ 펜툴 연결 짧게 반복 작업

⑤ 목 라인 그리기 ≪ 이어 그리기 펜툴 응용

⑥ 머리 그리기 ≪ 외곽선 마무리

⑦ 얼굴 ≪ 눈, 코, 입 ≪ 그림자 라인 그리기 ≪ 완성된 라인 음영 견본 컬러 클릭

2) 일러스트 캐릭터 그리기

(1) 일러스트 펜 툴 캐릭터 그리기

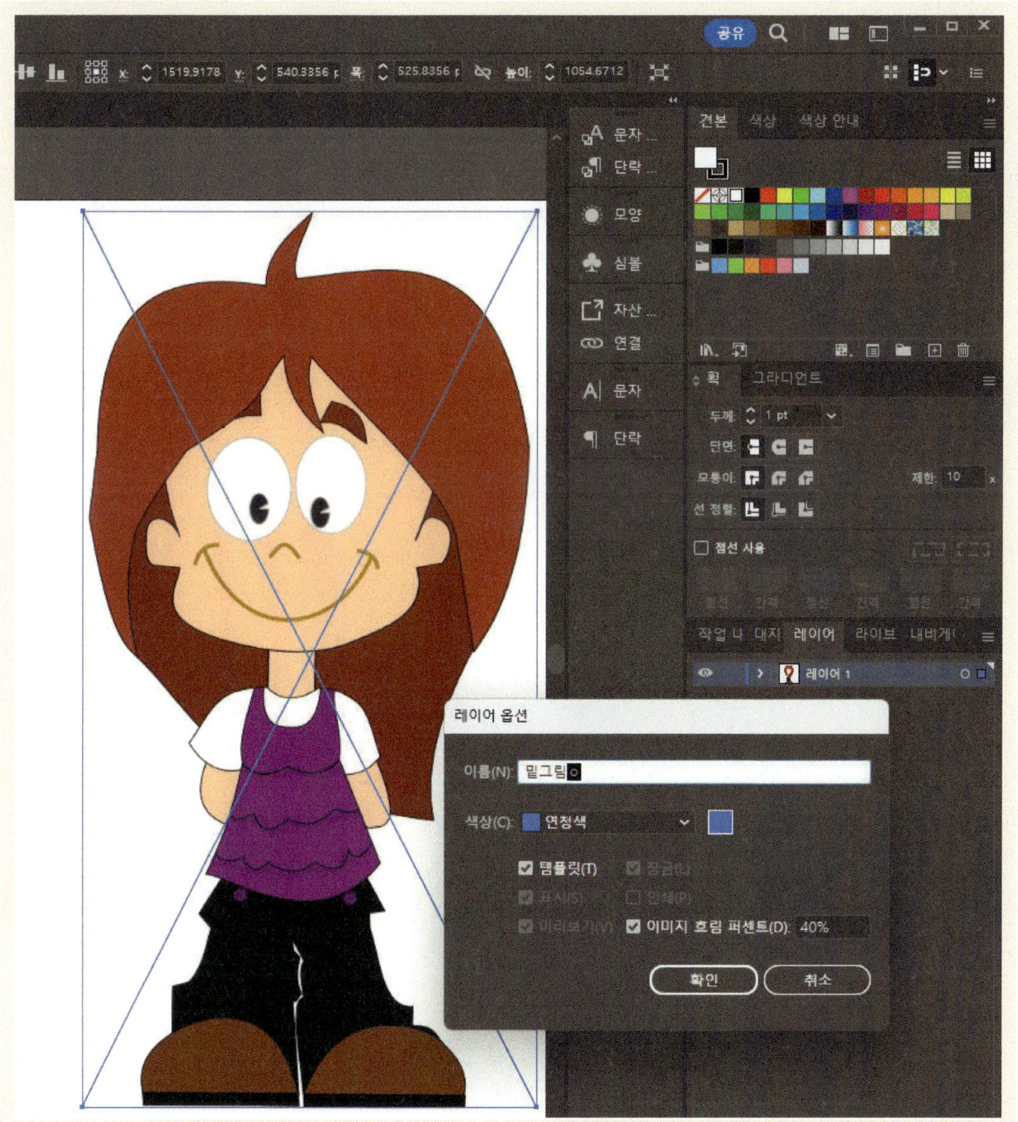

(2) 펜툴 응용 캐릭터 그리기 순서도

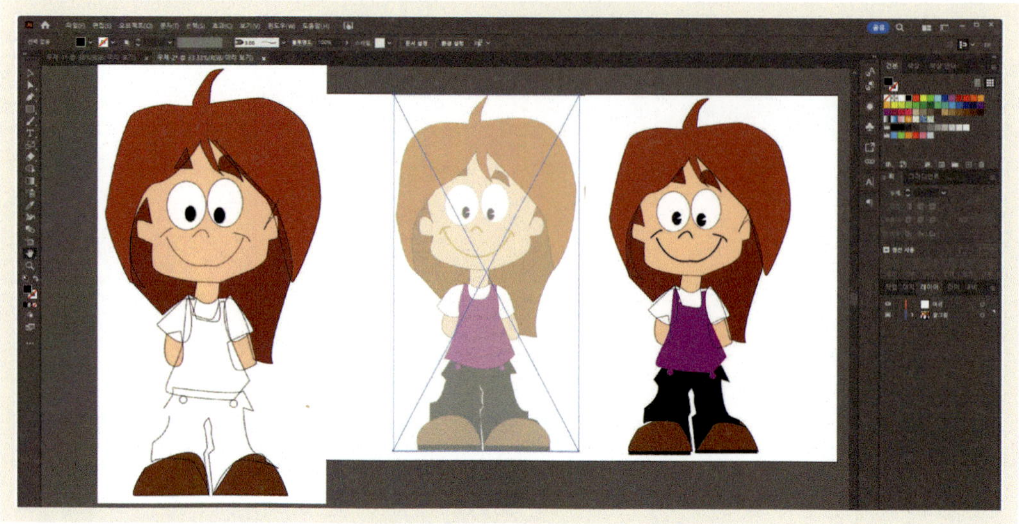

① 파일 ≪ 캐릭터 가져오기 ≪ 확인 ≪ 클릭 드래그

② 윈도우 ≪ 레이어(F7) ≪ 더블클릭 ≪ 레이어 옵션창, 밑그림 / 연청색 / 탬플릿 ≪ 농도 30% ≪ 체크 ≪ 확인

③ 새 레이어 추가 ≪ 머리 입력 확인 ≪ 컬러 면없음 획 검정 체크

④ 펜툴 선택 ≪ 얼굴, 머리, 상체, 하체 순으로 레이어 추가하고 이름 입력 ≪ 펜툴 Art+방향 이동 누끼따기

⑤ 머리 선택 ≪ 면색 지정≪색상(CMYK) 팔레트 컬러 선택 ≪ 자주 쓰는 컬러 윈도우 ≪ 견본(팔레트에 등록)

⑥ 얼굴그리기 ≪ 선색 검정 ≪ 펜툴 선택 ≪ 머리 안쪽으로 겹치지 않게 누끼따기 ≪ 면색선택 ≪ 견본 컬러클릭

⑦ 눈썹 그리기 ≪ 펜툴선택 ≪ 라운드 드래그 ≪ 이동툴 선택 ≪ 윈도우 획 패널 ≪ 선 두께/선 끝 모양 체크 ≪ 반복 그리기

⑧ 눈동자 ≪ 라운드 툴선택 ≪ 드래그 ≪ 흰 동자 ≪ 사각형툴 선택 ≪ 드래그 ≪ 선택툴(A) ≪ 오브젝 ≪ 정돈 ≪ 맨뒤로 보내기(Shift+Ctrl+[ )

⑨ 눈동자 흰동자 그룹 (Ctrl+G) ≪ 회전, 반사도구클릭 ≪ Art + 바탕화면클릭 반사패널, 세로, 복사 클릭

⑩ 귀 그리기 ≪ 펜툴 누끼따기 ≪ 얼굴 컬러 채우기 ≪ 양쪽귀 선택 ≪ 오브젝 ≪ 정돈 ≪ 맨 뒤로 보내기

⑪ 같은 레이어 ≪ 앞 / 뒤로 보내기 ≪ 다른 레이어 위치 바꾸기 ≪ 이미지 정돈

4. 스케치를 벡터 아트워크로 변환 하기

1) 벡터 이미지 변환 효과 적용하기

① Illustrator 작업 영역의 오른쪽 상단에 있는 아이콘을 선택하거나 누르거나 F1을 눌러 [검색] 패널에 액세스합니다.

② [검색] 패널에서 찾아보기 ≪ 빠른 작업으로 이동하여스케치를 벡터로 변환을 선택합니다.

③ 아트워크를 선택한 다음적용을 선택하여 손으로 그린 스케치를 벡터 아트워크를 변환합니다.

④ 빠른 작업에서 스케치를 벡터로 변환합니다. “class=”dexter-LazyImage “alt=” [적용]을 클릭하여 [검색] 패널 ≪ 빠른 작업에서 스케치를 벡터로 변환합니다.

⑤ 되돌리기를 선택하여 적용된 변경 사항을 실행 취소합니다. 이미지 추적 패널에서 옵션을 수정하면 되돌리기 버튼이 비활성화됩니다.

⑥ 수정 세션을 확장하고 이미지 추적 패널을 선택하여 벡터 아트워크를 수정합니다.

⑦ 오브젝트에 적용할 수 있는 추가적인 빠른 작업을 찾으려면 빠른 작업 찾아보기를 선택합니다.

2) 빠른 작업 클릭 한 번으로 임의의 테마를 적용하는 방법

(1) 옵션바 검색 툴 클릭

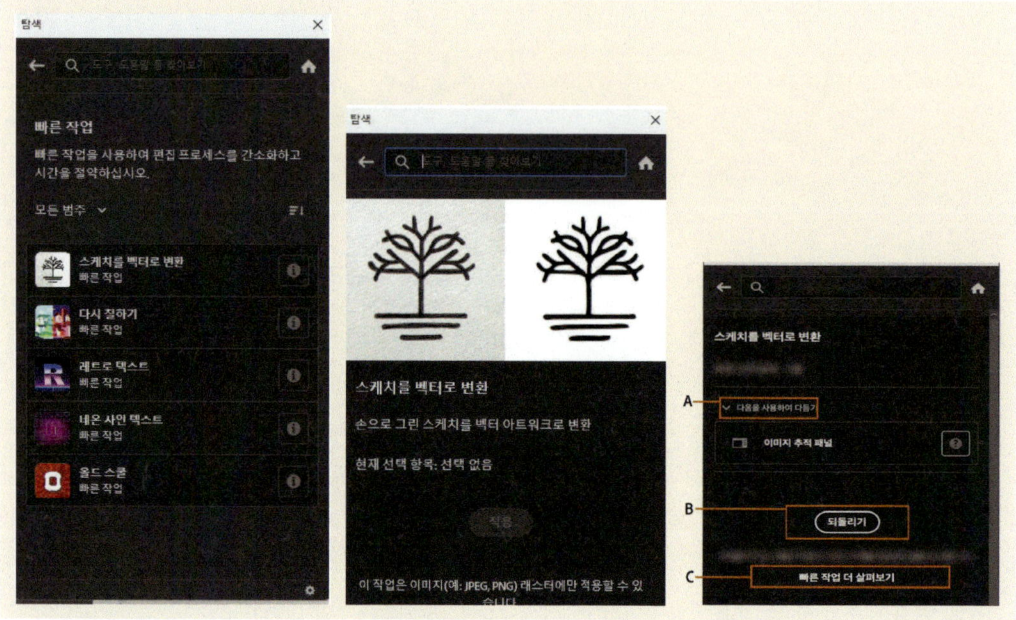

① A.수정 B.복귀 C.더 많은 빠른 작업 찾아보기[46)]

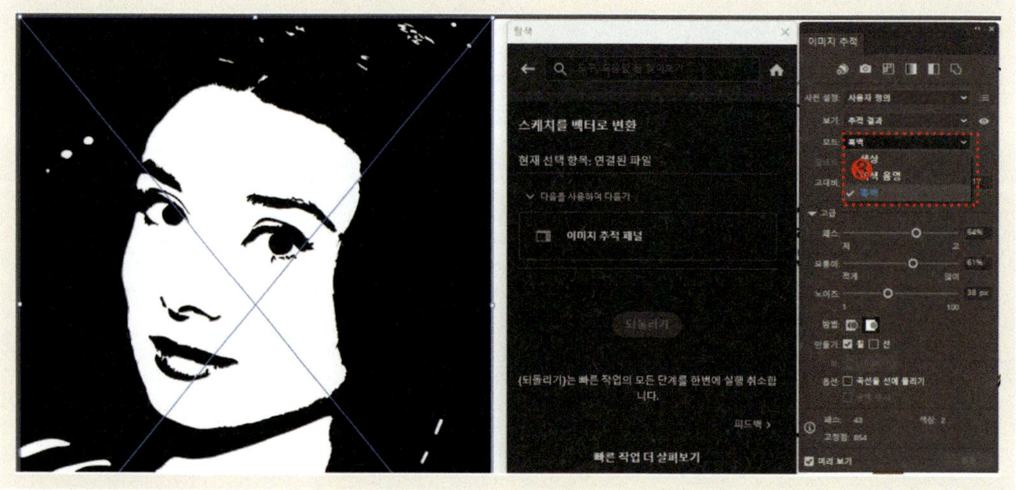

② 옵션바 검색 스케치를 벡터로 변환 빠른 작업 클릭 ≪ 적용합니다.

③ 모드 옵션 - 색상, 회색 음영, 흑백 ≪ 아트컬러 선택할 수 있습니다.

5. 일러스트 버전 UP 실행하기

1) 2022, 2023 일러스트 버전 UP 실무 익히기

(1) 2D 아이콘 버튼 3D로 제작하기

① 모양툴 선택 ≪ 큰 정원 만들기 / 큰원 투명도 20% / 가로*세로60px

② 큰 정원 Ctrl + C ≪ Ctrl + F 가로*세로 34px ≪ Enter

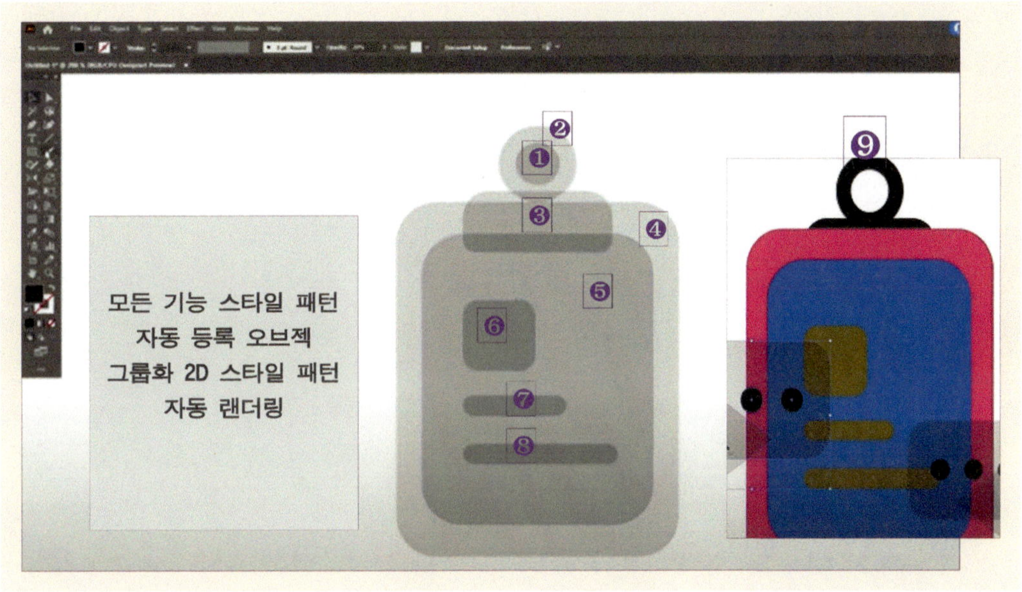

③ 사각형 모양툴 선택 116×48px(투명도20%) ≪ 트렌스폼 ≪ 상단라운드 20% 라운드10%

④ 사각형 모양툴 선택 220×280px(투명도20%) ≪ 라운드32 ≪ 다시 복사(180×230)

⑤ 사각형 모양툴 선택 180×230px(투명도20%) ≪ 라운드12

⑥ 사각형 모양툴 선택 56×56px(투명도20%) ≪ 라운드12

⑦ 사각형 모양툴 선택 16×80px(투명도20%) ≪ 라운드12

⑧ 사각형 모양툴 선택 120×80px(투명도20%) ≪ 라운드 최대

⑨ 컬러에 맞게 색상 조절

⑩ 레디알 그라디언트(Gradient)

⑪ ❶~❿Ctrl+G 그룹으로 묶기 ≪ 효과 ≪ 3D & 멀티플 ≪ 익스텐드 앤 베벨 값 설정 입력

⑫ ❻❼❽ Ctrl+G 그룹으로 묶기

⑬ 클릭 드래그 위치 다시 배치

⑭ 3D & 멀티플 ≪ 매탈 ≪ 베이스 프로퍼티스(Properties) 0%

⑮ 고리부터 틀 ≪ 유광 효과 아이콘 클릭

(2) 아이콘 버튼 3D로 제작패널 속성(3D "2022" 버전부터 가능)

① Plane(평면)

② Extrude(입체화)

③ Revolve(축 중심 회전)

④ Inflate(부풀리기)

⑤ 깊이

⑥ 볼륨

⑦ 매트리얼 ≪ 러프니스 0.1% ≪ 오브젝 광택주기

⑧ 조명 ≪ 그림자 ≪ 쉐도우 스크롤 조절

⑨ 랜더링 ≪ 마무리(자연스러운 광택 효과)

⑩ 3D 어퓨어런스(Affairance) 레이어 기록 ≪ 스타일 등록 아이콘

⑪ Ctrl + G그룹 ≪ 효과 ≪ 3D & 매트리얼 선택 ≪ 익스트루드(Extrude), & 베벨(Bevel) 새로운 기능 ≪ 패널

⑫ 기록 패턴 활용 ≪ 다른 모양 2D 아이콘 선택 ≪ 그룹화(Ctrl + G)≪저장된 기록패턴 클릭

(3) 오브젝 버전 up 옵션 응용

예제 1. 얽힘, 오브젝 정리(Intertwine) 실행하기

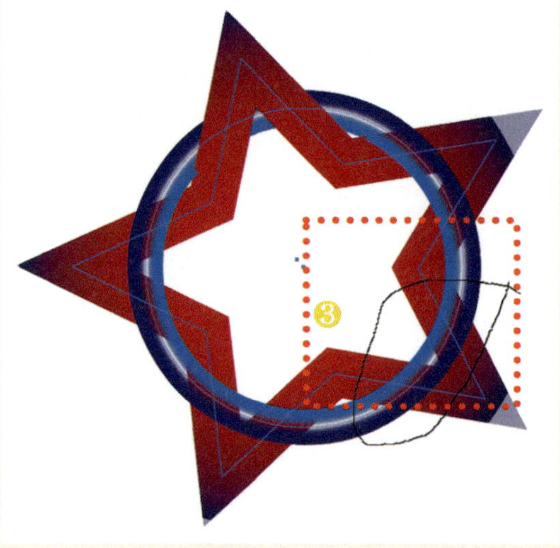

아트워크 피사체 위치 바꾸기

① 입체도형 그리기 ≪ 선택툴 ≪ 모두 선택
② 오브제 ≪ 얽힘 ≪ 만들기
③ 바꾸고 싶은 위치 선택영역 드래그 ≪ 면과 선 가능 ≪ 다시 드래그≪되 돌리기
④ 오브젯 여러개 겹쳐 있을때 ≪ 그룹(Ctrl + G)을 시키고 ≪ 오브젝 ≪ 얽힘 클릭 ≪ 드래그
⑤ 그룹화된 오브젝 되돌리기 ≪ 오브젝 선택 ≪ 도브젝 ≪ 얽힘 ≪ 편집 클릭
⑥ 오브젝 원본 상태 되돌리기 ≪ 오브젝 ≪ 얽힘 ≪ 풀기 클릭

예제 2. 문자 & 이미지 파일 얽힘 (Intertwine) 응용하기

① 문자 입력
② PNG 이미지 파일 가져오기
③ 문자 이미지 선택 활성화 ≪ 오브젝 ≪ 얽힘 ≪ 만들기 클릭 ≪ 순서 바뀔 원하는 구간만 드래그

예제 3. 번전 UP 도형 뾰족하게 만들기 및 비틀기

① 파일 ≪ 새로 만들기 1920*1080
② 사각형 그리기 ≪ 효과 ≪ 3D 및 재질 - 입체와 경사 ≪ 입체화 패널 설정
③ 재질 ≪ 벽돌선택 ≪ ❷ 비틀기 설정 - ❸ 뾰족한 끝 설정
④ 내보내기 ≪ OBJ ≪ 모든 그래픽, 동영상 호환

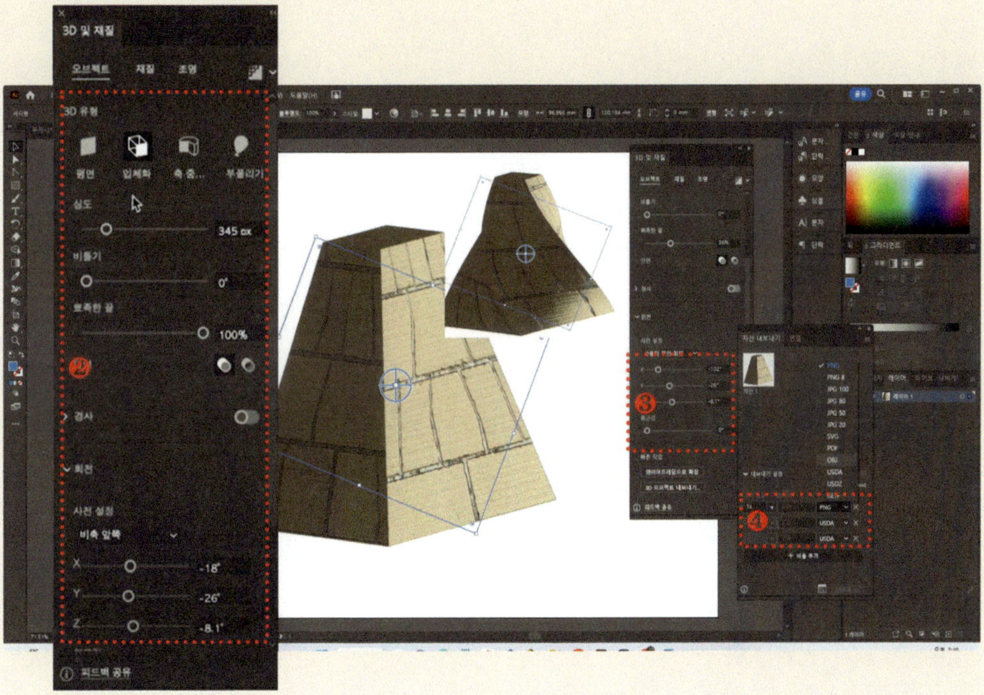

예제 4. 버전 UP 빠른 작업

① Illustrator 작업 영역의 오른쪽 상단 아이콘을 선택하거나 F1을 눌러[검색] 패널에 액세스합니다.
② 검색 패널에서 찾아보기 ≪ 빠른 작업으로 이동하여 색상 변경을 선택합니다.
③ 아트워크를 선택한 다음 적용을 선택하여 아트워크의 색상 테마를 변경합니다.
④ 빠른 작업에서 이미지 색상을 변경합니다.

⑤ 되돌리기를 선택하여 적용된 변경 사항을 실행 취소합니다.
⑥ 색상을 편집하면 되돌리기 버튼이 비활성화됩니다.
⑦ 수정 섹션을 확장하고 아트웍 색상 변경을 선택하여 아트워크의 색상을 편집합니다.
⑧ 오브젝트에 적용할 수 있는 추가적인 빠른 작업을 찾으려면 빠른 작업 찾아보기를 선택합니다.[47]

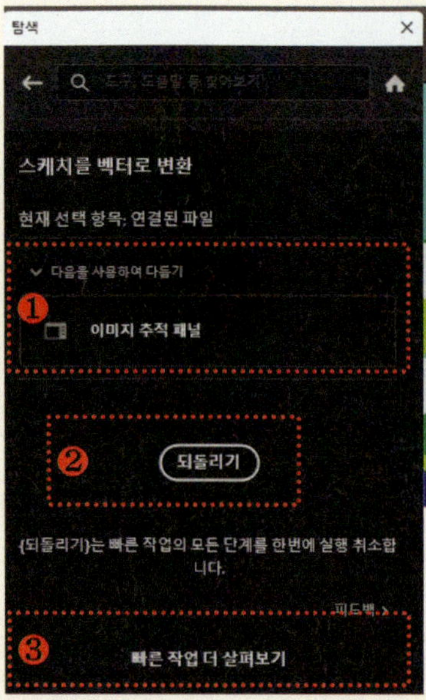

① 다음을 사용하여 아이콘을 클릭하여 목록보기 수정선택 할수 있습니다.
② 수정된 레이어 이미지 컬러를 원본 상태로 복귀할 수 있습니다
③ 더 많은 빠른 작업 찾아보기 텍스트를 클릭하면 다양한 속성 컬러를 선택 할 수 있습니다.

편집기초 SKILL

부록

포토샵 단축키

결과	Windows	macOS
자유 변형	Control + T	Command + T
동일한 브러시 모양으로 페인팅과 지우기 간 전환	~(물결표 악센트 기호)를 누르고 있습니다.	~(물결표 악센트 기호)를 누르고 있습니다.
선택 영역 해제	Control + D	Command + D
마지막 명령 실행 취소	Control + Z	Command + Z
브러시 크기 줄임	[	[
브러시 더 크게	]	]
브러시 경도 낮춤	{	{
브러시 경도 높임	}	}
브러시 끝을 1도 회전	왼쪽 화살표(반시계 방향), 오른쪽 화살표(시계 방향)	왼쪽 화살표(반시계 방향), 오른쪽 화살표(시계 방향)
브러시 끝을 15도 회전	Shift + 왼쪽 화살표(반시계 방향), Shift + 오른쪽 화살표(시계 방향)	Shift + 왼쪽 화살표(반시계 방향), Shift + 오른쪽 화살표(시계 방향)
기본 전경/배경 색상	D	D
전경/배경 색상 전환	X	X
화면 크기에 레이어 맞추기	Alt 키를 누른 채 레이어 클릭	Option 키를 누른 채 레이어 클릭
복사를 통해 새 레이어 만들기	Control + J	Command+J
잘라내기를 통해 새 레이어 만들기	Shift + Control + J	Shift + Command + J
선택 영역에 추가	선택 도구 + Shift + 드래그	선택 도구 + Shift + 드래그
브러시 또는 색상 견본 삭제	Alt 키를 누른 채 브러시 또는 색상 견본 클릭	Option 키를 누른 채 브러시 또는 색상 견본 클릭
이동 도구가 선택된 상태에서 옵션 막대 의 자동 선택 확인란 켜기/끄기	Control 키를 누른 상태에서 클릭	Command 키를 누른 상태에서 클릭
현재 문서 이외의 열려 있는 모든 문서 닫기	Ctrl+ Alt + P	Command+Option+P
모든 모드 방식 대화 상자 창 취소 (시작 작업 영역 포함)	Escape	Escape
도구 모음의 첫 번째 편집 필드 선택	Enter	Return
필드 간 이동	Tab	Tab
반대 방향으로 필드 간 이동	Tab + Shift	Tab + Shift

결과	Windows	macOS
취소를 다시 설정으로 변경	Alt	Option

도구 선택

결과	Windows	macOS
도움말 시작	F1	도움말 키
취소/다시 실행		F1
오리기	F2	F2
복사	F3	F3
붙여넣기	F4	F4
브러시 패널 표시/숨기기	F5	F5
색상 패널 표시/숨기기	F6	F6
레이어 패널 표시/숨기기	F7	F7
정보 패널 표시/숨기기	F8	F8
액션 패널 표시/숨기기	F9	Option + F9
되돌리기	F12	F12
칠	Shift + F5	Shift + F5
선택 영역 페더	Shift + F6	Shift + F6
선택 영역 반전	Shift + F7	Shift + F7
동일한 단축키를 사용하여 다른 도구로 전환	Shift 키를 누른 상태로 단축키 누름([도구 전환에 Shift 키 사용] 환경 설정이 선택된 경우)	Shift 키를 누른 상태로 단축키 누름([도구 전환에 Shift 키 사용] 환경 설정이 선택된 경우)
숨겨진 도구 차례로 전환	Alt 키를 누른 상태에서 도구 클릭(기준점 추가, 기준점 삭제 및 포인트 도구 변환 제외)	Option 키를 누른 상태에서 도구 클릭(기준점 추가, 기준점 삭제 및 포인트 도구 변환 제외)
이동 도구 대지 도구	V	V
사각형 선택 윤곽 도구 원형 선택 윤곽 도구	M	M
올가미 도구 다각형 올가미 도구 자석 올가미 도구	L	L
자동 선택 도구 빠른 선택 도구 개체 선택 도구	W	W

결과	Windows	macOS
자르기 도구 분할 영역 도구 분할 영역 선택 도구 원근 자르기 도구	C	C
스포이드 도구† 색상 샘플러 도구 눈금자 도구 노트 도구	I	I
프레임 도구	K	K
스팟 복구 브러시 도구 복구 브러시 도구 패치 도구 적목 현상 도구 내용 인식 이동 도구	J	J
브러시 도구 연필 도구 색상 대체 도구 혼합 브러시 도구	B	B
복제 도장 도구 패턴 도장 도구	S	S
작업 내역 브러시 도구 미술 작업 내역 브러시 도구	Y	Y
지우개 도구† 배경 지우개 도구 자동 지우개 도구	E	E
그레이디언트 도구 페인트 통 도구	G	G
닷지 도구 번 도구 스폰지 도구	O	O
펜 도구 자유 형태 펜 도구 곡률 펜 도구	P	P
수평 문자 도구 세로 문자 도구 수평 문자 마스크 도구 세로 문자 마스크 도구	T	T

결과	Windows	macOS
패스 선택 도구 직접 선택 도구	A	A
사각형 도구 원형 도구 다각형 도구 선 도구 사용자 정의 모양 도구	U	U
손 도구[†]	H	H
보기 회전 도구	R	R
돋보기 도구[†] 픽셀 유동화	Z	Z
기본 전경/배경 색상	D	D
전경/배경 색상 전환	X	X
표준/빠른 마스크 모드 전환	Q	Q
대지 도구	V	V
투명도 유지 전환	/(슬래시)	/(슬래시)
브러시 경도 낮춤	{	{
브러시 경도 높임	}	}
이전 브러시	,	,
다음 브러시	.	.
첫 번째 브러시	<	<
최종 브러시	>	>

† 픽셀 유동화에 동일한 단축키 사용

일러스트 단축키

자주 사용하는 바로 가기

단축키	Windows	MacOS
실행 취소	Ctrl+Z	Command + Z
재실행	Shift + Ctrl + Z	Shift + Command + Z
오리기	Ctrl + X	Command + X
복사	Ctrl + C	Command + C
붙이기	Ctrl + V	Command + V
앞에 붙이기	Ctrl + F	Command + F
뒤에 붙이기	Ctrl + B	Command + B
제 자리에 붙여넣기	Shift+Ctrl+B	Shift + Command + B
모든 아트보드에 붙여넣기	Alt + Shift + Ctrl + B	Option + Shift + Command + B
맞춤법 검사	Ctrl + I	Command + I
[색상 설정] 대화 상자 열기	Shift+Ctrl+K	Shift+Command+K
[키보드 단축키] 대화 상자 열기	Alt + Shift + Ctrl + K	Option + Shift + Command + K
[기본 설정] 대화 상자 열기	Ctrl+K	Command + K

문서 작업

단축키	Windows	MacOS
문서 만들기	Ctrl + N	Command + N
템플릿으로 문서 만들기	Shift + Ctrl + N	Shift + Command + N
[새 문서] 대화 상자를 열지 않고 문서 만들기	Alt+Ctrl+N	Option+Command+N
문서를 엽니다	Ctrl + O	Command + O
문서에서 파일 가져오기	Shift+Ctrl+P	Shift+Command+P
[파일 정보] 대화 상자 열기	Alt + Shift + Ctrl + I	Option + Shift + Command + I
[문서 설정] 대화 상자 열기	Alt + Ctrl + P	Option + Command + P
Adobe Bridge에서 탐색	Alt + Ctrl + O	Option + Command + O
문서 창 닫기	Ctrl + W	Command + W
문서에 수행된 변경 내용 저장	Ctrl + S	Command + S

단축키	Windows	MacOS
[다른 이름으로 저장] 대화 상자 열기	Shift + Ctrl + S	Shift + Command + S
문서 사본 저장	Alt + Ctrl + S	Option + Command + S
문서를 스크립트 파일로 저장	Ctrl + F12	Command + F12
[화면에 맞게 내보내기] 대화 상자 열기	Alt + Ctrl + E	Option + Command + E
[웹용으로 저장] 대화 상자 열기	Alt + Shift + Ctrl + S	Option + Shift + Command + S
문서 패키징	Alt + Shift + Ctrl + P	Option + Shift + Command + P
인쇄	Ctrl + P	Command + P
애플리케이션 종료	Ctrl + Q	Command + Q

도구 선택

단축키	Windows	MacOS
아트보드 도구	Shift+O	Shift+O
선택 도구	V	V
직접 선택 도구	A	A
자동 선택 도구	Y	Y
올가미 도구	Q	Q
펜 도구	P	P
곡률 도구	Shift + ~	Shift + ~
물방울 브러시 도구	Shift + B	Shift + B
고정점 추가 도구	+(더하기)	+(더하기)
고정점 삭제 도구	–(빼기)	–(빼기)
고정점 도구로 전환	Shift + C	Shift + C
문자 도구	T	T
문자 손질 도구	Shift+T	Shift+T
선분 도구	\(백슬래시)	\(백슬래시)
사각형 도구	M	M
원형 도구	L	L
페인트브러시 도구	B	B
연필 도구	N	N
Shaper 도구	Shift + N	Shift + N
회전 도구	R	R
반사 도구	O	O

단축키	Windows	MacOS
크기 조절 도구	S	S
변형 도구	Shift + R	Shift + R
폭 도구	Shift+W	Shift+W
자유 변형 도구	E	E
도형 구성 도구	Shift+M	Shift+M
원근감 격자 도구	Shift+P	Shift+P
원근감 선택 도구	Shift+V	Shift+V
심볼 분무기 도구	Shift + S	Shift + S
막대 그래프 도구	J	J
망 도구	U	U
그레이디언트 도구	G	G
스포이드 도구	I	I
블렌드 도구	W	W
라이브 페인트 통 도구	K	K
라이브 페인트 선택 도구	Shift + L	Shift + L
분할 영역 도구	Shift + K	Shift + K
지우개 도구	Shift+E	Shift+E
가위 도구	C	C
손 도구	H	H
돋보기 도구	Z	Z
물방울 브러시 도구를 사용하는 동안 매끄럽게 도구로 전환	Alt 키 누름	Option 누름

아트워크 보기 (선택 영역을 사용한 작업)

단축키	Windows	MacOS
마지막으로 사용한 선택 도구로 전환([선택] 도구, [직접 선택] 도구 또는 [그룹 선택] 도구)	Ctrl + `	Command + `
[직접 선택] 도구와 [그룹 선택] 도구 간 전환	Alt	Option

단축키	Windows	MacOS
[선택] 도구, [직접 선택] 도구, [그룹 선택] 도구, [라이브 페인트 선택] 도구 또는 [자동 선택] 도구를 사용하여 선택 항목 추가	Shift + 클릭	Shift + 클릭
[선택] 도구, [직접 선택] 도구, [그룹 선택] 도구 또는 [라이브 페인트 선택] 도구를 사용하여 선택 항목 빼기	Shift + 클릭	Shift + 클릭
[자동 선택] 도구를 사용하여 선택 항목에서 빼기	Alt + 클릭	Option + 클릭
[올가미] 도구를 사용하여 선택 항목 추가	Shift + 드래그	Shift + 드래그
[올가미] 도구를 사용하여 선택 항목 빼기	Alt + 드래그	Option + 드래그
올가미 도구에 대해 포인터를 십자형으로 변경	Caps Lock	Caps Lock
활성 아트보드에서 아트워크 선택	Ctrl + Alt + A	Command + Option + A
선택한 오브젝트 주위에 자르기 표시 만들기	Alt + C + O	
모두 선택	Ctrl+A	Command+A
선택 취소	Shift + Ctrl + A	Shift + Command + A
재선택	Ctrl+6	Command+6
현재 선택 영역의 위에 있는 오브젝트 선택	Alt+Ctrl +]	Option + Command +]
현재 선택 영역의 아래에 있는 오브젝트 선택	Alt+Ctrl + [	Option + Command +
오브젝트 뒤를 선택	Ctrl 키를 누른 채 더블 클릭	Command 키를 누른 채 더블 클릭
격리 모드에서 뒤를 선택	Ctrl 키를 누른 채 더블 클릭	Command 키를 누른 채 더블 클릭
선택된 아트워크 그룹화	Ctrl + G	Command + G
선택된 아트워크 그룹 해제	Shift + Ctrl + G	Shift + Command + G
선택 영역 잠그기	Ctrl + 2	Command + 2
선택 영역 잠금 해제	Alt+Ctrl+2	Option + Command +2
선택 내용 숨기기	Ctrl+3	Command+3
모든 선택 내용 표시	Alt+Ctrl+3	Option + Command +3
사용자가 정의한 증가분으로 선택 항목 이동	오른쪽 화살표, 왼쪽 화살표, 위쪽 화살표 또는 아래쪽 화살표	오른쪽 화살표, 왼쪽 화살표, 위쪽 화살표 또는 아래쪽 화살표

단축키	Windows	MacOS
사용자가 정의한 증가분의 10배만큼 선택 항목 이동	Shift + 오른쪽 화살표, 왼쪽 화살표, 위쪽 화살표 또는 아래쪽 화살표	Shift + 오른쪽 화살표, 왼쪽 화살표, 위쪽 화살표 또는 아래쪽 화살표
선택 취소한 모든 아트워크 잠금	Ctrl+Alt+Shift+2	Command+Option+Shift+2
움직임을 45° 각도로 제한([반사] 도구를 사용할 경우 제외)	Shift 키 계속 누르기	Shift 키 계속 누르기
선택 내용을 앞으로 가져오기	Ctrl +]	Command +]
선택 내용을 맨 앞으로 이동	Shift+Ctrl +]	Shift + Command +]
선택 내용을 뒤로 보내기	Ctrl + [	Command + [
선택 내용을 맨 뒤로 이동	Shift+Ctrl + [	Shift + Command + [

참고: [일반 환경 설정]에서 키보드 증분을 설정합니다(Ctrl/ Cmd + K).

그리기

단축키	Windows	MacOS
모양의 비율이나 방향 제한: - 사각형, 둥근 사각형, 원형 및 격자에 대해 같은 높이와 폭 - 선 및 호 선분에 대해 45° 증가 - 다각형, 별모양 및 플레어에 대한 원래 방향	Shift + 드래그	Shift + 드래그
도형을 그리는 동시에 도형 이동	스페이스바 + 드래그	스페이스바 + 드래그
도형의 중심에서부터 그리기(다각형, 별모양 및 플레어는 제외)	Alt + 드래그	Option + 드래그
다각형 면 수, 별모양 점, 호 각도, 나선의 굴곡 또는 플레어의 광선 수를 증가 또는 감소	드래그하기 시작한 다음 위쪽 화살표 또는 아래쪽 화살표를 누름	드래그하기 시작한 다음 위쪽 화살표 또는 아래쪽 화살표를 누름
별모양의 내부 반경을 일정하게 유지	드래그 시작 후 Ctrl 키를 누름	드래그 시작 후 Command 키를 누름
별모양의 면을 직선으로 유지	Alt + 드래그	Option + 드래그
열린 호와 닫힌 호 사이에서 전환	드래그 시작 후 C 키 누름	드래그 시작 후 C 키 누름
참조점을 유지하면서 호 뒤집기	드래그 시작 후 F 키 누름	드래그 시작 후 SF 키 누름
나선의 길이를 증가하면서 나선의 굴곡을 더하거나 뺌	드래그를 시작한 다음, Alt-드래그합니다.	드래그를 시작한 다음, Option-드래그합니다.
나선의 감소율 변경	드래그를 시작한 다음, Ctrl-드래그합니다.	드래그를 시작한 다음, Command-드래그합니다.

단축키	Windows	MacOS
사각형 격자에 수평선 또는 극좌표 격자에 동심선 추가 또는 제거	드래그하기 시작한 다음 위쪽 화살표 또는 아래쪽 화살표를 누름	드래그하기 시작한 다음 위쪽 화살표 또는 아래쪽 화살표를 누름
사각형 격자에 수직선 또는 극좌표 격자에 동심선 추가 또는 제거	드래그하기 시작한 다음 오른쪽 화살표 또는 왼쪽 화살표를 누름	드래그하기 시작한 다음 오른쪽 화살표 또는 왼쪽 화살표를 누름
사각형 격자의 가로 분할자 또는 극좌표 격자의 방사형 분할자에 대한 경사 값을 10% 감소	드래그를 시작한 다음 F 키를 누름	드래그를 시작한 다음 F 키를 누름
사각형 격자의 가로 분할자 또는 극좌표 격자의 방사형 분할자에 대한 경사 값을 10% 증가	드래그를 시작한 다음 V 키를 누름	드래그를 시작한 다음 V 키를 누름
사각형 격자의 세로 분할자 또는 극좌표 격자의 동심 분할자에 대한 경사 값을 10% 감소	드래그를 시작한 다음 X 키를 누름	드래그를 시작한 다음 X 키를 누름
사각형 격자의 세로 분할자 또는 극좌표 격자의 동심 분할자에 대한 경사 값을 10% 증가	드래그를 시작한 다음 C 키를 누름	드래그를 시작한 다음 C 키를 누름
물방울 브러시의 크기 늘리기	] (오른쪽 대괄호)	] (오른쪽 대괄호)
물방울 브러시의 크기 줄이기	[(왼쪽 대괄호)	[(왼쪽 대괄호)
물방울 브러시를 가로 또는 세로 방향으로 제한	Shift	Shift
그리기 모드를 통해 전환	Shift+D	Shift+D
둘 이상의 패스 연결	패스를 선택한 다음 Ctrl+J를 누릅니다.	패스를 선택한 다음 Command + J를 누릅니다.
둘 이상의 패스 평균	패스를 선택한 다음 Alt + Ctrl + J 누르기	패스를 선택한 다음 Option + Command + J 누르기
모퉁이 또는 부드러운 연결 만들기	패스를 선택한 다음 Shift + Ctrl + Alt + J 누르기	고정점을 선택한 다음 Shift + Command + Option + J 누르기
컴파운드 패스 만들기	Ctrl+8	Command+8
컴파운드 패스 풀기	Alt + Shift + Ctrl + 8	Option + Shift + Command + 8
패턴 편집	Shift + Ctrl + F8	Shift + Command + F8
원근감 격자 도구	Shift+P	Shift+P
원근감 선택 도구	Shift+V	Shift+V
원근감 격자	Ctrl+Shift+I	Command+Shift+I
오브젝트를 수직으로 이동	숫자 5 키를 누른 다음 오브젝트를 클릭하여 드래그합니다.	숫자 5 키를 누른 다음 오브젝트를 클릭하여 드래그합니다.

단축키	Windows	MacOS
원근감 평면 전환	[원근감 선택] 도구를 사용한 다음 왼쪽 격자의 경우 1을, 수평 격자의 경우 2를, 오른쪽 격자의 경우 3을 활성 격자가 없는 경우 4를 누릅니다.	[원근감 선택] 도구를 사용한 다음 왼쪽 격자의 경우 1을, 수평 격자의 경우 2를, 오른쪽 격자의 경우 3을 활성 격자가 없는 경우 4를 누릅니다.
원근감 있는 오브젝트 복사	Ctrl+Alt+드래그	Command+Alt+드래그
원근감 있는 오브젝트 변형 반복	Ctrl+D	Command+D
그리기 모드 간 전환	Shift+D	Shift+D

모양 편집

단축키	Windows	MacOS
[펜] 도구를 [고정점 변환] 도구로 전환	Alt	Option
[고정점 추가] 도구와 [고정점 삭제] 도구 간 전환	Alt	Option
[가위] 도구를 [고정점 추가] 도구로 전환	Alt	Option
[펜] 도구를 [매끄럽게] 도구로 전환	Alt	Option
[펜] 도구로 그리는 동안 현재의 고정점 이동	스페이스바 + 드래그	스페이스바 + 드래그
[칼] 도구로 직선 오리기	Alt + 드래그	Option + 드래그
[칼] 도구를 사용하여 45° 또는 90°로 오리기	Shift + Alt + 드래그	Shift + Option + 드래그
[패스파인더] 패널에서 [모양 모드] 버튼을 사용하여 컴파운드 패스를 만듭니다.	Alt+모양 모드	Option+모양 모드
[도형 구성] 도구를 사용하여 만들어진 원치 않는 닫힌 영역을 지우기	Alt+닫힌 영역 클릭	Option+닫힌 영역 클릭
[도형 구성] 도구를 선택합니다.	Shift+M	Shift+M
복수 패스를 쉽게 병합하기 위해 사각형 선택 윤곽 표시([도형 구성] 도구 사용 시)	Shift+클릭+드래그	Shift+클릭+드래그
(심볼화 도구 사용 시) 심볼 강도 늘리기	Shift + }	Shift + }
(심볼화 도구 사용 시) 심볼 강도 줄이기	Shift + {	Shift + {
오브젝트 혼합	Alt + Ctrl + B	Option + Command + B
혼합에 오브젝트 추가 마침	Alt + Shift + Ctrl + B	Option + Shift + Command + B
변형 모양의 둘러싸기를 사용하여 오브젝트 왜곡	Alt + Ctrl + Shift + W	Option + Command + Shift + W

단축키	Windows	MacOS
망을 둘러싸기 모양으로 사용하여 오브젝트 왜곡	Alt+Ctrl+M	Option + Command + M
다른 오브젝트를 둘러싸기 모양으로 사용하여 오브젝트 왜곡	Alt + Ctrl + C	Option + Command + C
칠과 획 간 반복 교체	X	X
칠과 획을 초기값으로 설정	D	D
칠과 획 교체	Shift + X	Shift + X
그레이디언트 칠 모드 선택	〉	〉
(그레이디언트 도구 사용 시) 그레이디언트 주석자 숨기기	Alt+Ctrl+G	Option+Command+G
색상 칠 모드 선택	〈	〈
획/칠 없음 모드 선택	/(슬래시)	/(슬래시)
이미지에서 색상 샘플링 또는 그레이디언트에서 삽입 색상 샘플링	Shift + 스포이드 도구	Shift + 스포이드 도구
스타일을 샘플링하고 현재 선택된 항목의 모양을 추가	Alt+ Shift를 누른 채 [스포이드] 도구 클릭	Option+Shift를 누른 채 [스포이드] 도구 클릭
새 칠 추가	Ctrl + /(슬래시)	Command + /(슬래시)
새 획 추가	Ctrl + Alt + /(슬래시)	Command + Option + /(슬래시)
그레이디언트를 흑백으로 재설정	Ctrl 키를 누른 채 [도구] 패널 또는 [그레이디언트] 패널에서 그레이디언트 버튼 클릭	Command 키를 누른 채 [도구] 패널 또는 [그레이디언트] 패널에서 그레이디언트 버튼 클릭
(페인트 통 도구 사용 시) 라이브 페인트 만들기	Alt + Ctrl + X	Option + Command + X
강모 브러시 크기 줄이기	[	[
강모 브러시 크기 늘리기	]	]

라이브 페인트 그룹을 사용한 작업

단축키	Windows	MacOS
[스포이드] 도구로 전환 및 칠 및/또는 획 샘플링	Alt 키를 누른 채 [라이브 페인트 통] 도구 클릭	Option 키를 누른 채 [라이브 페인트 통] 도구 클릭
[스포이드] 도구로 전환 및 이미지에서 색상을 샘플링하거나 그레이디언트에서 중간 색상 샘플링	Alt + Shift를 누른 채 [라이브 페인트 통] 도구 클릭	Option + Shift를 누른 채 [라이브 페인트 통] 도구 클릭

단축키	Windows	MacOS
반대의 [라이브 페인트 통] 도구 옵션 선택(현재 [페인트 칠] 및 [페인트 획]이 선택되어 있는 경우 [페인트 칠]로만 전환)	Shift + [라이브 페인트 통] 도구	Shift + [라이브 페인트 통] 도구
획이 적용되지 않은 가장자리를 가로질러 인접한 면으로 칠	더블 클릭 + [라이브 페인트 통] 도구	더블 클릭 + [라이브 페인트 통] 도구
같은 칠을 가진 모든 면에는 칠을 적용하고 같은 획을 가진 모든 가장 자리에는 획을 적용	세 번 클릭 + [라이브 페인트 통] 도구	세 번 클릭 + [라이브 페인트 통] 도구
[스포이드] 도구로 전환 및 칠 및/또는 획 샘플링	Alt 키를 누른 채 [라이브 페인트 선택] 도구 클릭	Option 키를 누른 채 [라이브 페인트 선택] 도구 클릭
[스포이드] 도구로 전환 및 이미지에서 색상을 샘플링하거나 그레이디언트에서 중간 색상 샘플링	Alt + Shift를 누른 채 [라이브 페인트 선택] 도구 클릭	Option + Shift를 누른 채 [라이브 페인트 선택] 도구 클릭
선택 항목 추가/빼기	Shift 키를 누른 채 [라이브 페인트 선택] 도구 클릭	Shift 키를 누른 채 [라이브 페인트 선택] 도구 클릭
같은 칠/획을 가진 연결된 모든 면/ 가장자리 선택	더블 클릭 + [라이브 페인트 선택] 도구	더블 클릭 + [라이브 페인트 선택] 도구
같은 칠/획을 가진 모든 면/가장자리 선택	세 번 클릭 + [라이브 페인트 선택] 도구	세 번 클릭 + [라이브 페인트 선택] 도구

오브젝트 작업

단축키	Windows	MacOS
[회전] 도구, [크기 조절] 도구, [반사] 도구 또는 [기울이기] 도구를 사용할 때 원점 설정 및 대화 상자 열기	Alt + 클릭	Option + 클릭
[선택] 도구, [크기 조절] 도구, [반사] 도구 또는 [기울이기] 도구를 사용할 때 선택 항목 복제 및 변형	Alt + 드래그	Option + 드래그
[선택] 도구, [크기 조절] 도구, [반사] 도구 또는 [기울이기] 도구를 사용할 때 오브젝트와 독립적으로 패턴 변형	물결표(~) 키를 누른 채 드래그	물결표(~) 키를 누른 채 드래그
변형을 오브젝트에 다시 적용	Ctrl+D	Command+D
마지막 패스파인더 효과를 선택된 오브젝트에 적용	Ctrl+4	Command+4
오브젝트 이동	Shift + Ctrl + M	Shift + Command + M
[개별 변형] 대화 상자 열기	Alt + Shift + Ctrl + D	Option + Shift + Command + D

단축키	Windows	MacOS
클리핑 마스크 만들기	Ctrl+7	Command+7
클리핑 마스크 풀기	Alt+Ctrl+7	Option + Command +7
칠과 획 간 반복 교체	X	X
칠과 획을 초기값으로 설정	D	D
칠과 획 교체	Shift + X	Shift + X
그레이디언트 칠 모드 선택	〉	〉
(그레이디언트 도구 사용 시) 그레이디언트 주석자 숨기기	Alt+Ctrl+G	Option+Command+G
색상 칠 모드 선택	〈	〈
획/칠 없음 모드 선택	/(슬래시)	/(슬래시)
이미지에서 색상 샘플링 또는 그레이디언트에서 삽입 색상 샘플링	Shift + 스포이드 도구	Shift + 스포이드 도구
스타일을 샘플링하고 현재 선택된 항목의 모양을 추가	Alt + Shift를 누른 채 [스포이드] 도구 클릭	Option+Shift를 누른 채 [스포이드] 도구 클릭
새 칠 추가	Ctrl + /(슬래시)	Command + /(슬래시)
새 획 추가	Ctrl + Alt + /(슬래시)	Command + Option + /(슬래시)
그레이디언트를 흑백으로 재설정	Ctrl 키를 누른 채 [도구] 패널 또는 [그레이디언트] 패널에서 그레이디언트 버튼 클릭	Command 키를 누른 채 [도구] 패널 또는 [그레이디언트] 패널에서 그레이디언트 버튼 클릭
(페인트 통 도구 사용 시) 라이브 페인트 만들기	Alt + Ctrl + X	Option + Command + X
강모 브러시 크기 줄이기	[	[
강모 브러시 크기 늘리기	]	]

가변 폭 점 만들기

단축키	Windows	MacOS
여러 폭 포인트 선택	Shift+클릭	Shift+클릭
비균일 폭 만들기	Alt+드래그	Option+드래그
폭 점의 복사본 만들기	폭 점 Alt+드래그	폭 점 Options+드래그
여러 폭 포인트의 위치 변경	Shift+드래그	Shift+드래그
선택한 폭 점 삭제	Delete 키	Delete 키
폭 포인트 선택 취소	Esc 키	Esc 키

문자를 사용한 작업

단축키	Windows	MacOS
한 문자 오른쪽 또는 왼쪽으로 이동	오른쪽 화살표 또는 왼쪽 화살표	오른쪽 화살표 또는 왼쪽 화살표
한 행 위 또는 아래로 이동	위쪽 화살표 또는 아래쪽 화살표	위쪽 화살표 또는 아래쪽 화살표
한 단어 오른쪽 또는 왼쪽으로 이동	Ctrl + 오른쪽 화살표 또는 왼쪽 화살표	Command + 오른쪽 화살표 또는 왼쪽 화살표
한 단락 위 또는 아래로 이동	Ctrl + 위쪽 화살표 또는 아래쪽 화살표	Command + 위쪽 화살표 또는 아래쪽 화살표
한 단어 오른쪽 또는 왼쪽 선택	Shift + Ctrl + 오른쪽 화살표 또는 왼쪽 화살표	Shift + Command + 오른쪽 화살표 또는 왼쪽 화살표
한 단락 이전 또는 이후 선택	Shift + Ctrl + 위쪽 화살표 또는 아래쪽 화살표	Shift + Command + 위쪽 화살표 또는 아래쪽 화살표
기존 선택 항목 확장	Shift + 클릭	Shift + 클릭
단락을 왼쪽, 오른쪽 또는 가운데로 정렬	Ctrl + Shift + L, R 또는 C	Command + Shift + L, R 또는 C
왼쪽으로 텍스트 강제 정렬	Ctrl + Shift + J	Command + Shift + J
모든 줄 균등 배치	Shift + Ctrl + F	Shift + Command + F
행 컴포저 교체	Alt + Shift + Ctrl + C	Option + Shift + Command +
소프트 리턴 삽입	Shift + Enter	Shift + Return
커닝 강조	Ctrl + Alt + K	Command + Option + K
가로 크기 조절을 100%로 재설정	Ctrl + Shift + X	Command + Shift + X
글꼴 크기 늘리기 또는 줄이기	Ctrl+Shift +. 또는 ,	Command+Shift +. 또는 ,
단계별로 글꼴 크기 늘리기 또는 줄이기	Alt + Ctrl + Shift + . 또는 ,	Option + Command + Shift +. 또는,
행간 늘리기 또는 줄이기	Alt+위쪽/아래쪽 화살표(가로 텍스트) 또는 오른쪽/왼쪽 화살표(세로 텍스트)	Option+위쪽/아래쪽 화살표(가로 텍스트) 또는 오른쪽/왼쪽 화살표(세로 텍스트)
자간 값 선택	Alt+Ctrl+K	Option+Command+K
추적/커닝을 0으로 재설정	Ctrl + Alt + Q	Command + Option + Q
커닝 및 자간 늘리기 또는 줄이기	Alt + 오른쪽/왼쪽 화살표(가로 텍스트) 또는 위쪽/아래쪽 화살표(세로 텍스트)	Option+오른쪽/왼쪽 화살표(가로 텍스트) 또는 위쪽/아래쪽 화살표(세로 텍스트)
커닝 및 자간 5배 늘리기 또는 줄이기	Ctrl+Alt+오른쪽/왼쪽 화살표(가로 텍스트) 또는 위쪽/아래쪽 화살표(세로 텍스트)	Command+Option+오른쪽/왼쪽 화살표(가로 텍스트) 또는 위쪽/아래쪽 화살표(세로 텍스트)

단축키	Windows	MacOS
기준선 이동 늘리기 또는 줄이기	Alt+Shift+위쪽/아래쪽 화살표 (가로 텍스트) 또는 오른쪽/왼쪽 화살표(세로 텍스트)	Option+Shift+위쪽/아래쪽 화살표 (가로 텍스트) 또는 오른쪽 /왼쪽 화살표(세로 텍스트)
[문자]와 [세로 문자], [영역 문자]와 [세로 영역 문자] 및 [패스 문자]와 [세로 패스 문자] 도구 간 전환	Shift	Shift
영역 문자와 패스 문자, 세로 영역 문자와 세로 패스 문자 간에 전환	Alt	Option
윤곽선 만들기	Shift + Ctrl + O	Shift + Command + O
[문자] 패널 열기	Ctrl+T	Command+T
[단락] 패널 열기	Alt + Ctrl + T	Option + Command + T
[탭] 패널 열기	Shift+Ctrl+T	Shift+Command+T
[OpenType] 패널 열기	Alt + Shift + Ctrl + T	Option + Shift + Command + T
글머리 기호 삽입	Alt + 8	Option + 8
저작권 심볼 삽입	Alt + G	Option + G
줄임표 삽입	Alt + ;	Option + ;
단락 심볼 삽입	Alt + 7	Option + 7
섹션 심볼 삽입	Alt + 6	Option + 6
상표 심볼 삽입	Alt + 2	Option + 2
등록 상표 심볼 삽입	Alt + R	Option + R
위 첨자	Shift+Ctrl + =	Shift + Command + =
아래 첨자	Alt + Shift + Ctrl + =	Alt + Shift + Ctrl + =
전각 대시 삽입	Alt + Shift + –	Option+Shift + –
반각 대시 삽입	Alt + –	Option + –
임의 하이픈 삽입	Shift+Ctrl + –	Shift + Command + –
자동 하이픈 연결 교체	Alt + Shift + Ctrl + H	Option + Shift + Command + H
왼쪽 큰 따옴표 삽입	Alt + [	Option + [
오른쪽 큰 따옴표 삽입	Alt + Shift + [	Option+Shift + [
왼쪽 작은 따옴표 삽입	Alt +]	Option +]
오른쪽 작은 따옴표 삽입	Alt + Shift +]	Option+Shift +]
전각 공백 삽입	Shift + Ctrl + M	Shift + Command + M
반각 공백 삽입	Shift + Ctrl + N	Shift + Command + N
모자란 공간 삽입	Alt + Shift + Ctrl + M	Option + Shift + Command + M

단축키	Windows	MacOS
가려진 문자 표시	Alt + Ctrl + I	Option + Command + I

참고: 문자 단축키에 대한 증분값을 변경하려면 편집 〉 환경 설정 〉 문자(Windows) 또는 Illustrator 〉 환경 설정 〉 문자(macOS)를 선택합니다. 크기 / 행간, 기준선 이동 및 자간 텍스트 상자에 원하는 값을 입력한 다음 확인을 클릭합니다.

패널 사용

단축키	Windows	MacOS
옵션 설정([액션], [브러시], [견본] 및 [심볼] 패널은 제외)	Alt 키를 누른 채 [새로 만들기] 버튼 클릭	Option 키를 누른 채 [새로 만들기] 버튼 클릭
측정 단위 전환	Alt + Shift + Ctrl + U	Option + Shift + Command + U
확인 없이 삭제([레이어] 패널 제외)	Alt 키를 누른 채 [삭제] 버튼 클릭	Option 키를 누른 채 [삭제] 버튼 클릭
값을 적용하고 텍스트 상자를 계속 활성 상태로 유지	Shift + Enter	Shift + Return
액션, 브러시, 레이어, 연결, 스타일 또는 견본을 일정 범위 선택	Shift + 클릭	Shift + 클릭
연속되지 않는 액션, 브러시, 레이어(같은 레벨만 해당), 연결, 스타일 또는 견본 선택	Ctrl 키를 누른 채 클릭	Command 키를 누른 채 클릭
모든 패널 표시/숨기기	Tab	Tab
[도구] 패널과 [컨트롤] 패널을 제외한 모든 패널 표시/숨기기	Shift + Tab	Shift + Tab
측정 단위의 논리적 부분에서 값 늘이기 또는 줄이기	Ctrl + 위쪽/아래쪽 화살표	Command + 위쪽/아래쪽 화살표
측정 단위를 10배 늘리기/ 줄이기	Shift + 위쪽/아래쪽 화살표	Shift + 위쪽/아래쪽 화살표

액션 패널

단축키	Windows	MacOS
액션 세트의 전체 계층 구조 [확장]/[축소]	Alt 키를 누른 채 확장 삼각형 클릭	Option 키를 누른 채 확장 삼각형 클릭
액션 세트에 대한 옵션 설정	폴더 아이콘 더블 클릭	폴더 아이콘 더블 클릭
단일 명령 실행	Ctrl 키를 누른 채 현재 선택 항목 실행 버튼 클릭	Command 키를 누른 채 현재 선택 항목 실행 버튼 클릭
확인 없이 액션 기록 시작	Alt 키를 누른 채 [새 액션] 버튼 클릭	Option 키를 누른 채 [새 액션] 버튼 클릭

브러시 패널

단축키	Windows	MacOS
브러시 옵션 대화 상자 열기	브러시 더블 클릭	브러시 더블 클릭
브러시 복제	[새 브러시] 버튼으로 브러시 드래그	[새 브러시] 버튼으로 브러시 드래그

[문자] 및 [단락] 패널

단축키	Windows	MacOS
[문자] 패널 열기	Ctrl+T	Command+T
[단락] 패널 열기	Alt + Ctrl + T	Option + Command + T
선택한 값을 작은 증분값만큼 늘리기/줄이기	위쪽 화살표 또는 아래쪽 화살표	위쪽 화살표 또는 아래쪽 화살표
선택한 값을 큰 증분값만큼 늘리기/줄이기	Shift + 위쪽 화살표 또는 아래쪽 화살표	Shift + 위쪽 화살표 또는 아래쪽 화살표
선택한 값을 일부 늘리기/줄이기	Ctrl + 위쪽/아래쪽 화살표	Command + 위쪽/아래쪽 화살표
[문자] 패널에서 글꼴 이름 필드 강조	Ctrl+Alt+Shift+F	Command+Option+Shift+F

색상 패널

단축키	Windows	MacOS
현재 색상 칠/획의 보색 선택	Ctrl 키를 누른 채 색상 막대 클릭	Command 키를 누른 채 색상 막대 클릭
비활성 칠/획 변경	Alt 키를 누른 채 색상 막대 클릭	Option 키를 누른 채 색상 막대 클릭
비활성 칠/획의 보색 선택	Ctrl + Alt를 누른 채 색상 막대 클릭	Command + Option을 누른 채 색상 막대 클릭
현재 칠/획의 반전 색상 선택	Ctrl + Shift를 누른 채 색상 막대 클릭	Command + Shift를 누른 채 색상 막대 클릭
비활성 칠/획의 반전 색상 선택	Ctrl + Shift + Alt를 누른 채 색상 막대 클릭	Command + Shift + Option을 누른 채 색상 막대 클릭
색상 안내 열기	Shift + F3	Shift + F3
색상 모드 변경	Shift + 색상 막대 클릭	Shift + 색상 막대 클릭
색상 슬라이더를 함께 이동	Shift 키를 누른 채 색상 슬라이더 드래그	Shift 키를 누른 채 색상 슬라이더 드래그
RGB의 백분율 값과 0-255 값 간 전환	숫자 필드의 오른쪽 더블 클릭	숫자 필드의 오른쪽 더블 클릭

그레이디언트 패널

단축키	Windows	MacOS
색상 정지점 복제	Alt + 드래그	Option + 드래그
색상 정지점 교체	Alt 키를 누른 채 색상 정지점을 다른 색상 정지점으로 드래그	Option 키를 누른 채 색상 정지점을 다른 색상 정지점으로 드래그
견본 색상을 활성(선택된) 색상 정지점에 적용	Alt 키를 누른 상태로 [견본] 패널의 견본 클릭	Option 키를 누른 상태로 [견본] 패널의 견본 클릭
그레이디언트 칠을 기본 흑백 선형 그레이디언트로 재설정	[그레이디언트] 패널에서 Ctrl 키를 누른 채 [그레이디언트 칠] 상자 클릭	[그레이디언트] 패널에서 Command 키를 누른 채 [그레이디언트 칠] 상자 클릭
그레이디언트 화살표 표시/숨기기	Ctrl + Alt + G	Command + Option + G
각도 및 끝점 함께 수정	Alt 키를 누른 채 그레이디언트 주석자의 끝점 드래그	Option 키를 누른 채 그레이디언트 주석자의 끝점 드래그
드래그하는 동안 [그레이디언트] 도구 또는 그레이디언트 주석자 제한	Shift + 드래그	Shift + 드래그
선택한 그레이디언트 칠이 적용된 오브젝트에서 그레이디언트 주석자 보기	G	G

레이어 패널

단축키	Windows	MacOS
레이어를 추가합니다	Ctrl + L	Command + L
[새 레이어] 대화 상자를 여는 동안 레이어 추가	Alt + Ctrl + L	Option + Command + L
레이어의 모든 오브젝트 선택	Alt 키를 누른 채 레이어 이름 클릭	Option 키를 누른 채 레이어 이름 클릭
선택한 레이어를 제외한 모든 레이어 표시/숨기기	Alt 키를 누른 채 눈 모양 아이콘 클릭	Option 키를 누른 채 눈 모양 아이콘 클릭
선택한 레이어에 대해 [윤곽선 보기]/[미리보기] 선택	Ctrl 키를 누른 채 눈 모양 아이콘 클릭	Command 키를 누른 채 눈 모양 아이콘 클릭
다른 모든 레이어에 대해 [윤곽선 보기]/[미리보기] 선택	Ctrl + Alt를 누른 채 눈 모양 아이콘 클릭	Command+Option을 누른 채 눈 모양 아이콘 클릭
다른 모든 레이어 잠금/잠금 풀기	Alt 키를 누른 채 잠금 아이콘 클릭	Option 키를 누른 채 잠금 아이콘 클릭
전체 계층 구조를 표시하도록 모든 하위 레이어 확장	Alt 키를 누른 채 확장 삼각형 클릭	Option 키를 누른 채 확장 삼각형 클릭
새 레이어를 만들면서 옵션 설정	Alt + [새 레이어] 버튼 클릭	Option + [새 레이어] 버튼 클릭

단축키	Windows	MacOS
새 하위 레이어를 만들면서 옵션 설정	Alt 키를 누른 채 [새 하위 레이어] 버튼 클릭	Option 키를 누른 채 [새 하위 레이어] 버튼 클릭
레이어 목록 맨 아래에 새 하위 레이어 가져오기	Ctrl+Alt를 누른 채 [새 하위 레이어] 버튼 클릭	Command+Option을 누른 채 [새 하위 레이어] 버튼 클릭
레이어 목록 맨 위에 레이어 가져오기	Ctrl 키를 누른 채 [새 레이어] 버튼 클릭	Command + [새 레이어] 버튼 클릭
선택한 레이어 아래에 레이어 가져오기	Ctrl + Alt를 누른 채 [새 레이어] 버튼 클릭	Command + Option을 누른 채 [새 레이어] 버튼 클릭
선택 항목을 레이어, 하위 레이어 또는 그룹으로 복사	Alt 키를 누른 채 선택 항목 드래그	Option 키를 누른 채 선택 항목 드래그

견본 패널

단축키	Windows	MacOS
새 별색 만들기	Ctrl 키를 누른 채 [새 견본] 버튼 클릭	Command 키를 누른 채 [새 견본] 버튼 클릭
새 전체 배합 색상 만들기	Ctrl + Shift를 누른 채 [새 견본] 버튼 클릭	Command + Shift를 누른 채 [새 견본] 버튼 클릭
견본을 다른 견본과 바꾸기	Alt 키를 누른 채 견본을 다른 견본 위로 드래그	Option 키를 누른 채 견본을 다른 견본 위로 드래그

변형 패널

단축키	Windows	MacOS
값을 적용하고 편집 필드 강조	Shift + Enter	Shift + Return
값을 적용하고 오브젝트 복사	Alt + Enter	Option + Return
값을 적용하고 폭 또는 높이의 비율에 따라 크기 조절	Ctrl+Enter	Command+Return

투명도 패널

단축키	Windows	MacOS
마지막 효과를 선택된 오브젝트에 적용	Shift + Ctrl + E	Shift + Command + E
효과 대화 상자에서 값을 조정하여 마지막 효과를 선택된 오브젝트에 적용	Alt + Shift + Ctrl +E	Option + Shift + Command + E
편집을 위해 마스크를 회색 음영 이미지로 변경	Alt 키를 누른 채 마스크 축소판 클릭	Option 키를 누른 채 마스크 축소판 클릭

단축키	Windows	MacOS
불투명 마스크 사용 불가	Shift 키를 누른 채 마스크 축소판 클릭	Shift 키를 누른 채 마스크 축소판 클릭
불투명 마스크 다시 사용 가능	Shift 키를 누른 채 사용 불가능한 마스크 축소판 클릭	Shift 키를 누른 채 사용 불가능한 마스크 축소판 클릭
불투명도를 1% 증분 단위로 늘리거나 줄이기	불투명도 필드 + 위쪽 화살표 또는 아래쪽 화살표 클릭	불투명도 필드 + 위쪽 화살표 또는 아래쪽 화살표 클릭
불투명도를 10% 증분 단위로 늘리거나 줄이기	Shift 키를 누른 채 불투명도 필드 + 위쪽 화살표 또는 아래쪽 화살표 클릭	Shift 키를 누른 채 불투명도 필드 + 위쪽 화살표 또는 아래쪽 화살표 클릭

기능 키

단축키	Windows	MacOS
도움말 호출	F1 키	F1 키
오리기	F2	F2
복사	F3	F3
붙이기	F4	F4
브러시 패널 표시/숨기기	F5	F5
색상 패널 표시/숨기기	F6	F6
레이어 패널 표시/숨기기	F7	F7
새 심볼 만들기	F8	F8
정보 패널 표시/숨기기	Ctrl+F8	Command+F8
그레이디언트 패널 표시/숨기기	Ctrl + F9	Command + F9
획 패널 표시/숨기기	Ctrl + F10	Command + F10
속성 패널 표시/숨기기	Ctrl + F11	Command + F11
복귀	F12	F12
그래픽 스타일 패널 표시/숨기기	Shift + F5	Shift + F5
모양 패널 표시/숨기기	Shift + F6	Shift + F6
정렬 패널 표시/숨기기	Shift + F7	Shift + F7
변형 패널 표시/숨기기	Shift + F8	Shift + F8
패스파인더 패널 표시/숨기기	Shift + Ctrl + F9	Shift + Command + F9
투명도 패널 표시/숨기기	Shift + Ctrl + F10	Shift + Command + F10
심볼 패널 표시/숨기기	Shift + Ctrl + F11	Shift + Command + F11

키보드 단축키 목록을 텍스트 문서로 내보내기

아래에 주어진 단계에 따라 Illustrator에 있는 도구와 메뉴 명령에 대한 기본 키보드 단축키와 사용자 지정 키보드 단축키 목록을 텍스트 문서로 내보낼 수 있습니다.

1) 편집>키보드 단축키를 선택합니다.

2) 키보드 단축키대화 상자의 왼쪽 하단에서텍스트 내보내기를 클릭합니다.

3) 원하는 위치로 이동하여 텍스트 파일을 저장합니다.

4) [저장]을 클릭합니다.

미주

CHAPTER 01

1) 송현수(2016). 예술공예운동의 디자인적 요소 분석을 통한 제품디자인의 발전 방향에 관한 고찰. 상품문화디자인학연구(KIPAD 논문집), 47: 243-253.

2) 아르 누보(프 art nouveau)19세기 말에서 20세기 초에 걸쳐 건축·공예·회화에 나타난 미술 양식《곡선 형식이 특징임》.

3) JIANDONG SUN·김형기(2020). 역사문화재의 디지털 디스플레이 디자인 - 유물 예술 프로젝션을 중심으로 -. 예술과 미디어, 19(2), 259-290.

4) 이기상(2006). 지구지역화와 문화콘텐츠: 지구촌 시대가 기대하는 한국 문화의 르네상스. 인문콘텐츠, 8: 7-37.

5) 안호림·박태순(2013). 융합미디어 환경에 따른 문화다양성 범주 설정 및 분석 프레임 연구. 한국언론정보학보, 76-100.

6) LEW, Michael S., et al.(2006). Content-based multimedia information retrieval: State of the art and challenges. ACM Transactions on Multimedia Computing, Communications, and Applications (TOMM), 2(1): 1-19.

7) 장용훈(2003). 디지털 미디어 환경에서의 멀티미디어 아트의 가능성에 대한 접근. Archives of Design Research, 309-318.

8) 안종배(2022). 인공지능 메타버스시대 미래전략. 국제미래학회/출판.박영사/발행2022.11.01.

9) 임기욱·오길록(1987). 컴퓨터 기술.전자공학회지, 14(2), 97-105.

10) 송병호·정민아·이성로(2010). 사례 기반 추론을 이용한 적조 예측 모니터링 시스템 구현 및 설계. 한국통신학회논문지, 35(12): 1819-1826.

11) ISO。6 9 0。NGUYEN, Tin A.., et al.(1987). Knowledge-base verification. AI magazine, 8(2): 69-75.

12) 김돈한(2001). 퍼지이론에 기초한 지적 감성검색 시스템에 관한 연구. Archives of Design Research, 5-14.

13) CHUNG, T. J.(1995). Basic Element Technology of the High-Speed Digital Picture Signal Processing. Electronics and Telecommunications Trends, 10(3): 1-14.

14) 구교영·조민수·이식(2010). 슈퍼컴퓨터 사용자지원프로그램 조사 비교.

15) 박두순, et al.(1995). 병렬처리를 위한 동기화 기법. Communications of the Korean Institute of Information Scientists and Engineers, 13(7): 130-142.

16) BAEK, Gwan-Ho(1987). 컴퓨터 기술의 발전 동향과 미래. Electronics and Telecommunications Trends, 2(2): 3-27.
17) https://ko.wikipedia.org/wiki/
18) https://namu.wiki/w/%EC%9C%84%ED%82%A4%EB%B0%B1%EA%B3%BC
19) 서종우·박동철(2016). 양자화 진화알고리즘을 적용한 널 패턴합성 알고리즘의 특성 연구. 한국군사과학기술학회지, 19(4): 492-499.
20) 곽종훈·이일항(1990). 광 신경회로 컴퓨터의 연구 동향. 전자공학회지, 17(5): 458-465.
21) 출처 : [네이버 지식백과] 컴퓨터공학 [Computer Science] (학문명백과 : 공학, 형설출판사)
22) YEO, Hwan-Seop(2022). 확장형 양자컴퓨터를 위한 초전도 큐비트 연구 동향. Superconductivity and Cryogenics, 24(1): 4-9.
23) 남윤재(2000). 인간-컴퓨터 상호작용 에서의 청각 인터페이스에 관한 연구. 연세대학교 대학원 신문 방송학과.
24) 홍석주·이칠우(2006). 지능형 로봇을 위한 인간-컴퓨터 상호작용(HCI) 연구동향. 한국콘텐츠학회 종합학술대회 논문집, 4(2): 507-511.
25) KIM, Yong(2008). Design and Implementation of an Authentication Method for Secure Distribution and Use of E-documents in Online Environment. Journal of the Korean Society for information Management, 25(1): 75-98.
26) NICKERSON, Raymond S.(1998). Applied experimental psychology. Applied Psychology, 47(2): 155-173.
27) 남재우·남태우(2010). 도서관 모바일 웹사이트의 콘텐츠 구성에 관한 연구. 정보관리학회지, 27(4): 153-168.
28) PARK, Chan·YOO, Kwan-Hee(2008). 차세대 웹을 위한 RIA(Rich Internet Application) 기술의 현황 및 전망. Review of Korea Contents Association, 6(4): 10-14.
29) 원정관·김재형·송두삼(2016). 개별분산공조시스템에서의 제어방식에 따른 에너지 사용량 비교 분석. 대한 설비공학회 학술발표 대회논문집, 831-834.
30) 김묵한(2015). 소유의 공유, 공유의 소유--공유경제의 명암에 대한 시론. 도시인문학연구, 7(2): 51-69.
31) 한국정보통신기술협회 보고서. '블록체인', 웹 3.0 기술 생태계 동향.
32) KARISTO, Petteri·KISDI, Éva.(2017). Evolution of dispersal under variable connectivity. Journal of theoretical biology, 419: 52-65.

CHAPTER 02

33) 백승원. http://gooddmorning.pe.kr/v1Design/designer/01.html

34) 권은정(2019). 개인방송 규제에 관한 법체계적 고찰-'통합방송법안'에 대한 비판과 대안적 규제입법 논의를 중심으로. 공법연구, 47(4): 299-333.

35) 김선진(2007). 웹 2.0의 등장으로 인한 미디어 환경의 변화와 함의. 정보과학회지, 25.10: 12-15.

36) 최혜실(2004). 한국 문화산업 육성을 위한 이론적 토대로서의 문화콘텐츠. 인문콘텐츠, 3: 68-80.

CHAPTER 04

37) 홍종필(2011). 미디어 컨버전스 시대에 있어서 매스 미디어와 개인 미디어의 경계에 대한 개념적 고찰. 사회과학연구논총, 26, 171-207.

38) 김형우(2015). "1인 가구와 방송 트렌드 변화: 먹방, 쿡방을 중심으로". 미디어와 교육 5.1: 152-171.

CHAPTER 07

39) https://helpx.adobe.com/kr/photoshop/using/video-animation-overview.html

CHAPTER 09

40) 박경미(1994). "전문지 커버디자인에 대한 사진적 연구 표현".

41) 최도원·이헌우·이현석(2014). 디지털 컨셉 아트 전문 스튜디오에 관한 사례 비교 연구: 애니메이션 및 게임 분야를 중심으로.만화애니메이션 연구, 167-187.

42) [File: Concept-design-2.jpg|thumb|Concept-design-2]

43) 정재민·윤경현(2007). 실루엣 에지 그룹화를 이용한 테크니컬 일러스트레이션. 한국멀티미디어학회 학술발표논문집, 219-222.

44) CHO, Sookyung·LEE, Eunyoung(2012). Domestic Technical Designers' Work and Coping Strategies on Fit-related Issues.Fashion Information and Technology, 9: 73-83.

45) 최근혜·서구원(2015). 인포그래픽, infographics, 이 광고 주목도와 광고태도에 미치는 영향. 조형미디어학, 18(3): 267-274.

CHAPTER 13

46) https://helpx.adobe.com/kr/illustrator/using/create-3d-graphics.html

47) https://helpx.adobe.com/kr/illustrator/using/create-3d-graphics.html

참고문헌

1. 송현수(2016). 예술공예 운동의 디자인적 요소 분석을 통한 제품디자인의 발전 방향에 관한 고찰. 상품문화 디자인학 연구 (KIPAD 논문집), 47: 243-253.
2. 아르 누보(프 art nouveau)19세기 말에서 20세기 초에 걸쳐 건축·공예·회화에 나타난 미술 양식《곡선 형식이 특징임》.
3. JIANDONG SUN·김형기(2020). 역사 문화재의 디지털 디스플레이 디자인 - 유물 예술 프로젝션을 중심으로. 예술과 미디어, 19(2), 259-290.
4. 이기상(2006). 지구 지역화와 문화콘텐츠: 지구촌 시대가 기대하는 한국 문화의 르네상스. 인문콘텐츠, 8: 7-37.
5. 안호림·박태순(2013). 융합미디어 환경에 따른 문화다양성 범주 설정 및 분석 프레임 연구. 한국언론정보학보, 76-100.
6. LEW, Michael S., et al.(2006). Content-based multimedia information retrieval: State of the art and challenges. ACM Transactions on Multimedia Computing, Communications, and Applications (TOMM), 2(1): 1-19.
7. 김명산·송낙웅(2002). 캐릭터 디자인의 산업적 특성과 교육의 중요성. 디지털디자인학연구, 3: 21-34.
8. 장용훈(2003). 디지털 미디어 환경에서의 멀티미디어 아트의 가능성에 대한 접근. Archives of Design Research, 309-318.
9. 안종배(2022). 인공지능 메타버스시대 미래전략.인공지능 메타버스 시대 미래전략. 국제미래학회. 박영사.
10. 임기욱·오길록(1987). 컴퓨터 기술. 전자공학회지, 14(2), 97-105.
11. 송병호·정민아·이성로(2010). 사례 기반 추론을 이용한 적조 예측 모니터링 시스템 구현 및 설계. 한국통신학회논문지, 35(12): 1819-1826.
12. ISO。6 9 0。NGUYEN, Tin A.. , et al.(1987). Knowledge-base verification. AI magazine, 8(2): 69-75.
13. 김돈한(2001). 퍼지이론에 기초한 지적 감성 검색 시스템에 관한 연구. Archives of Design Research, 5-14.
14. CHUNG, T. J.(1995). Basic Element Technology of the High-Speed Digital Picture Signal Processing. Electronics and Telecommunications Trends, 10(3): 1-14.
15. 구교영·조민수·이식(2010). 슈퍼컴퓨터 사용자지원프로그램 조사 비교.

16. 박두순, et al.(1995). 병렬처리를 위한 동기화 기법. Communications of the Korean Institute of Information Scientists and Engineers, 13(7): 130-142.
17. BAEK, Gwan-Ho(1987). 컴퓨터 기술의 발전 동향과 미래.Electronics and Telecommunications Trends, 2(2): 3-27.
18. https://ko.wikipedia.org/wiki/
19. https://namu.wiki/w/%EC%9C%84%ED%82%A4%EB%B0%B1%EA%B3%BC
20. 서종우·박동철·양자화(2016). 진화알고리즘을 적용한 널 패턴 합성 알고리즘의 특성 연구. 한국군사과학기술학회지, 19(4): 492-499.
21. 곽종훈·이일항(1990). 광 신경회로 컴퓨터의 연구 동향. 전자공학회지, 17(5): 458-465.
22. 출처 : [네이버 지식백과] 컴퓨터공학 [Computer Science] (학문명백과 : 공학, 형설출판사).
23. YEO, Hwan-Seop(2022). 확장형 양자컴퓨터를 위한 초전도 큐비트 연구 동향. Superconductivity and Cryogenics, 24(1): 4-9.
24. 남윤재(2000). 인간-컴퓨터 상호 작용 에서의 청각 인터페이스에 관한 연구. 연세대학교 대학원 신문 방송학과 .
25. 홍석주·이칠우(2006). 지능형 로봇을 위한 인간-컴퓨터 상호작용(HCI) 연구 동향. 한국콘텐츠학회 종합학술대회 논문집, 4(2): 507-511.
26. KIM, Yong(2008). Design and Implementation of an Authentication Method for Secure Distribution and Use of E-documents in Online Environment. Journal of the Korean Society for information Management, 25(1): 75-98.
27. NICKERSON, Raymond S. Applied experimental psychology. Applied Psychology, 1998, 47.2: 155-173.
28. 남재우·남태우(2010). 도서관 모바일 웹사이트의 콘텐츠 구성에 관한 연구. 정보관리학회지, 27(4): 153-168.
29. 이진(2009). 편집 디자인 측면에서의 IPTV UI 분석. 디자인 융복합연구, 8(4): 87-95.
30. PARK, Chan·YOO, Kwan-Hee(2008). 차세대 웹을 위한 RIA (Rich Internet Application) 기술의 현황 및 전망. Review of Korea Contents Association, 6(4): 10-14.
31. 원정관·김재형·송두삼(2016). 개별분산 공조시스템에서의 제어방식에 따른 에너지 사용량 비교 분석. 대한 설비공학회 학술발표 대회 논문집, 831-834.
32) 김묵한(2015). 소유의 공유, 공유의 소유–공유경제의 명암에 대한 시론. 도시 인문학 연구, 7(2): 51-69.
33. 한국정보통신기술협회 보고서 '블록체인, 웹 3.0 기술 생태계 동향.
34. KARISTO, Petteri·KISDI, Éva(2017). Evolution of dispersal under variable connectivity. Journal of theoretical biology, 419: 52-65.

35. 백승원. http://gooddmorning.pe.kr/v1Design/designer/01.html
36. 권은정(2019). 개인방송 규제에 관한 법체 계적 고찰-'통합방송법안'에 대한 비판과 대안적 규제 입법 논의를 중심으로. 공법연구, 47(4): 299-333.
37. 김선진(2007). 웹 2.0의 등장으로 인한 미디어 환경의 변화와 함의. 정보과학회지, 25(10): 12-15.
38. 최혜실(2004). 한국 문화산업 육성을 위한 이론적 토대로서의 문화콘텐츠. 인문 콘텐츠, 3: 68-80.
39. 홍종필(2011). 미디어 컨버전스 시대에 있어서 매스미디어와 개인 미디어의 경계에 대한 개념적 고찰. 사회과학연구논총, 26, 171-207.
40. 김형우(2015). 1인 가구와 방송 트렌드 변화: 먹방, 쿡방을 중심으로. 미디어와 교육 5(1): 152-171.
41. https://helpx.adobe.com/kr/photoshop/using/video-animation-overview.html
42. 박경미(1994). 전문지 커버디자인에 대한 사진적 연구 표현.
43. 최도원·이헌우·이현석(2014). 디지털 컨셉 아트 전문 스튜디오에 관한 사례 비교 연구: 애니메이션 및 게임 분야를 중심으로. 만화애니메이션 연구, 167-187.
44. File:Concept-design-2.jpg|thumb|Concept-design-2
45. 정재민·윤경현(2007). 실루엣 에지 그룹화를 이용한 테크니컬 일러스트레이션. 한국 멀티미디어학회 학술발표논문집, 219-222.
46. CHO, Sookyung·LEE, Eunyoung. Domestic Technical Designers' Work and Coping Strategies on.
47. https://helpx.adobe.com/kr/illustrator/using/create-3d-graphics.html
48. 남혜인(1998). 국내 사외보 편집디자인에 관한 연구: 5개 그룹 사외보 편집디자인을 중심으로. Archives of Design Research, 127-134.
49. 이옥수(2000). 디자인 전문지〈에미그레(Emigre)〉 편집디자인의 혁신과 진보. Archives of Design Research, 163-174.
50. 이현주·홍미희. 국내 웹 디자인 변천사 - 디자인 표현기법과 기술적 변화를 중심으로. 한국콘텐츠학회논문지, 2020, 20.3: 200-208.
51. 임경란. 디자인 전문 포탈 사이트의 디렉토리 구축체계에 관한 연구. Archives of Design Research, 2002, 223-232.
52. 박남춘. 컨텍스트 (Context) 중심의 UX 디자인 방법론. 한국통신학회지 (정보와 통신), 2012, 29.7: 56-61.
53. 이정재(1987). 잡지의 표지 디자인에 관한 연구.
54. 강현주(2001). 20세기 미국 그래픽 디자인의 전개와 자기 정체성. Archives of Design

Research, 147-155.
55. 류수민·박지혜·송지원(2008). 유비쿼터스 환경에서의 비즈니스 문서 편집 기기 디자인에 관한 연구. 한국 HCI 학회 학술대회, 1274-1279.
56. CHOE, Gwang-Seon·HAM, Yeong-Gyeong·KIM, Seon-Ho(2013). 빅데이터 시각화. KSCI Review, 21(1): 33-43.
57. 이소희(2018). 1인 미디어 시대의 상호 수동성. 동아시아문화연구, 73: 11-27.
58. 권성호·김성미(2011). 소셜 미디어 시대의 디지털 리터러시 재개념화: Jenkins 의 '컨버전스'와 '참여문화'를 중심으로. 미디어와 교육, 1(1): 65-82.
59. 고영민(2019). 동영상 플랫폼과 1인 미디어 시대: "모든 시민이 미디어의 주체자이자 소비자". 지역 정보화, 117: 66-69.
60. 이주희·고경아·하대권(2018). 1인 미디어 이용자들의 라이브 스트리밍 방송 시청 동기 및 사용자 반응에 관한 연구: 후기 수용 모델 (PAM)을 중심으로. 한국광고홍보학보, 20(2): 178-215.
61. 이강석(2022). 1인 미디어 시대의 영상 콘텐츠 산업의 현황과 발전 방안에 관한 연구.디지털콘텐츠학회논문지, 23(3): 523-530.
62. 강진숙(2010). 1인 미디어로서의 블로그 이용문화와 기술적 상상: 플루서의 코무니콜로 기론을 중심으로. 언론과 사회, 18(3): 2-34.
63. 이종원(2020). [뉴미디어] 1 인 미디어 시대 '유튜브 재벌'의 등장. 월간 샘터, 98-98.
64. 금희조(2011). 소셜 미디어 시대, 우리는 행복한가?: 소셜 미디어 이용이 사회 자본과 정서적 웰빙에 미치는 영향. 한국방송학보, 25(5): 7-48.
65. 한선(2013). 네트워크 시대 '경제적인 것'되기 (becoming) 의 통치술: '공모전 참여' 대학생을 중심으로 한 질적 연구. 한국언론학보, 57(3): 431-454.
66. 김혜영·안보섭(2018). 온라인 1인 미디어 개인방송 BJ에 대한 매력도와 신뢰성이 미디어 채널에 대한 시청 몰입, 상호 작용성, 인지된 즐거움과 이용자의 반응에 미치는 효과 연구. 광고연구, 118: 78-126.
67. 유혜원·김학민(2021). 1인 미디어시대의 문화콘텐츠 개념 확장에 관한 연구. 한국 디자인리서치 학회, 6(1): 19-35.
68. 남궁진·이진균(2020). 1인 미디어 인터넷 방송 이용 동기와 사회적 시청이 브랜드 태도, 브랜드 관여 및 구매 의도에 미치는 영향. 한국 콘텐츠학회 논문지, 20(7): 30-46.
69. SEO, Ung-Chan·KIM, Gi-Il·JEONG, Jun-Seok(2013). 스마트 시대에서의 실감 미디어 기술 동향. Information and Communications Magazine, 30(5): 79-87.
70. 기획특집III. 중국 '1인 미디어' 출현과 전통 미디어 산업에 주는 함의.
72. 양선희(2020). 유튜브 저널리즘의 시대, 전통적 저널리즘의 대응현황과 과제. 사회과학 연구,

31(1): 245-262.
73. 류철균·박나영(2007). 컨버전스 시대 UCC 의 활용. 한국콘텐츠 학회논문지, 7(6): 89-98.
74. 설정숙·김종기(2005). 1인 미디어 시대의 Self-Gallery 인터페이스 연구. 한국디자인학회 국제학술대회 논문집, 146-147.
75. 김수아(2014). 소셜 웹 시대 팬덤 문화의 변화. 사이버 커뮤니케이션 학보, 31(1): 45-94.
76. 윤영민(2013). 소셜 미디어 시대의 인간 상호작용: 가능성과 위험. Entrue Journal of Information Technology, 12(1): 71-81.
77. 이윤복(2014). 소셜미디어 시대에서의 사회적 소통과 미디어 윤리. 철학연구, 129: 219-246.
78. 홍석경·박소정(2016). 미디어 문화 속 먹방과 헤게모니 과정. 언론과 사회, 24(1): 105-150.
79. 박주연(2013). 디지털 시대 청소년의 미디어 리터러시에 관한 탐색적 연구: Jenkins의 참여문화 향상을 위한. 커뮤니케이션학 연구, 21(1): 69-87.
80. 고시면(2020). '1인 미디어 시대'의 최강자 '유튜브'(YouTube) 등과 관련된 법률 문제. 사법행정, 61(11): 2-14.
81. 한영주·하주용(2019). 미디어 이용 동기, 개인적 성향, 인지된 개혁의 특성이 1인 방송 시청에 미치는 영향: '이용과 충족' 이론과 '개혁의 확산' 이론을 중심으로. 방송통신 연구, 152-190.
82. 심미선(2008). 융합환경 하에서의 미디어 이용에 관한 이론적 고찰. 미디어 경제와 문화, 6(2): 7-44.
83. 황용석, et al.(2012). 디지털 미디어 환경과 커뮤니케이션 능력 격차 연구: 세대 요인을 중심으로. 한국 언론학보, 56(2): 198-225.
84. 이승영(2017). 다채널 미디어 환경에서 브랜디드 콘텐츠 마케팅의 유형에 관한 연구. 한국디자인문화 학회지, 23(1): 445-456.
85. 윤재성(2002). 퓨전 디지털미디어 시대의 타이포그래피 연구. 한국디자인포럼, 7: 204-217.
86. 김태룡·안승범(2021). 뉴 노멀 시대 기독교 유튜브 콘텐츠의 기능과 가능성-국내 크리스천 1인 미디어 채널을 중심으로. 신앙과 학문, 26(1): 165-193.
87. 이원태·민희(2015). 소셜미디어 시대 사회갈등의 재탐색: '온라인 사회갈등' 사례를 중심으로. 21세기 정치학회보, 25(1): 265-284.
89. 박진선(2020). 크리에이터는 어떻게 노동하는가?: 1인 미디어 생산 경험에 대한 비판적 고찰. 미디어 경제와 문화, 18(1): 73-110.
90. CHOE, Yong-Seok(2020). 포스트코로나 시대 디지털 미디어 서비스 발전 방향. Broadcasting and Media Magazine, 25(4): 73-79.
91. 이동후(2021). 코로나19 시대의 디지털 교실에 관한 미디어 생태학적 탐구: '줌'이 매개한 비대면 교실 환경을 중심으로. 한국방송학보, 35(2): 98-130.
91. 김진경, et al.(2017). 1인 미디어 방송을 고려한 방송시스템 설계. 한국방송미디어공학회 학

술발표대회 논문집, 120-122.

92. 김성문(2002). 디지털 영상 제작과 콘텐츠의 미디어 문화적 함의. 한국방송학보, 16(1): 110-139.

93. 이성균·윤영두(2010). 미디어 교육 전문가 양성을 위한 교육과정 모델 연구: 온라인 대학을 중심으로. 한국 콘텐츠학회 논문지, 10(1): 468-476.

94. 이동후(2012). 포스트 TV 시대의 텔레비전 시청 경험에 관한 질적 연구: 20대들과의 심층 인터뷰를 중심으로. 한국 언론정보학보, 172-192.

95. 설원태(2011). 스마트미디어 시대의 소셜 미디어와 여론. 한국방송학회 학술대회 논문집, 129-130.

96. 강신규(2019). 디지털 미디어 시대, 방송광고 가치의 재구성. 방송문화, 416: 48-63.

97. 최성인·이재현(2022). 포스트 TV 시대, 미디어 이용 리듬의 구성과 적용. 언론정보 연구, 59(1): 139-184.

98. 양인정(2022). 디지털 미디어시대의 주술적 상상력과 그 현대적 의미 고찰. 문화와 융합, 44: 589-610.

99. 김다영(2017). 디지털 시대, 소셜미디어 환경에서 디지털 콘텐츠 마케팅의 전략 제안. 유럽 문화예술학 논집, 8(2): 55-75.

100. 최귀영·여운장(2000). 디지털 미디어시대의 디자인 探究. 한국 디자인포럼, 5: 138-151.

101. 경계에; 개념적. 미디어 컨버전스 시대에 있어서 매스 미디어와 개인 미디어의.

102. 김성태, et al.(2011) 뉴미디어를 통한 소통 채널의 확장과 정치참여 변화 연구: 인터넷과 소셜 미디어를 주목하며. 평화연구, 19(1): 5-38.

103. 임성원(2007). 미디어 융합시대 방송 플랫폼의 경쟁구조 연구: 수용자 선택 요인의 플랫폼별 적소비교를 중심으로. 한국방송학보, 21(3): 276-326.

104. 이정기(2011). 온·오프라인 공간에서의 '저항적(대안적) 정치참여'에 관한 연구: 미디어 이용량, 미디어 신뢰도, 정치신뢰도, 정치효능감이 저항적(대안적) 정치참여 경험과 의도에 미치는 영향을 중심으로. 미디어, 젠더 & 문화, 18: 73-109.

105. 신보혜·손재영(2023). 광고와 1 인 미디어 융합 상품인 브랜디드 콘텐츠의 크리에이터 특성이 소비자의 인게이지먼트와 브랜드 태도에 미치는 영향 연구. 한국과학예술융합학회, 41(1): 207-219.

106. 이란·현은자(2014). 디지털 시대의 아동 미디어 관련 연구 동향 분석. 아동학회지, 35(4): 17-40.

크리에이터
편집디자인

1판 1쇄 2023년 3월 8일

저자 박찬자
발행인 이경화

발행처 디자인21
주소 04560 서울특별시 중구 퇴계로 293-1(쌍림동 원진프라자 3층)
전화 02-2269-6561(대)
팩스 02-2269-6568
e-mail 21publish@naver.com

등록번호 제1-1128호
등록일자 1991. 2. 12

ISBN 978-89-6131-108-3 93000

정가 27,000원

http://21publish.co.kr/
https://blog.naver.com/publish21